小穿芳峪
发展志略

A BRIEF RECORDS OF
XIAOCHUANFANGYU'S
DEVELOPMENT

苑雅文　罗海燕　著

社会科学文献出版社
SOCIAL SCIENCES ACADEMIC PRESS (CHINA)

"小穿芳峪文库"编辑委员会（左起：罗海燕　苑雅文　罗澍伟　孟凡全　刘学良）

《龙泉师友遗稿合编》影印本

点校本《小穿芳峪艺文汇编·初编》
《小穿芳峪艺文汇编·二编》

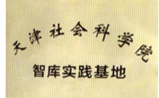

天津社会科学院智库实践基地揭牌仪式

小贵芳峪全景图

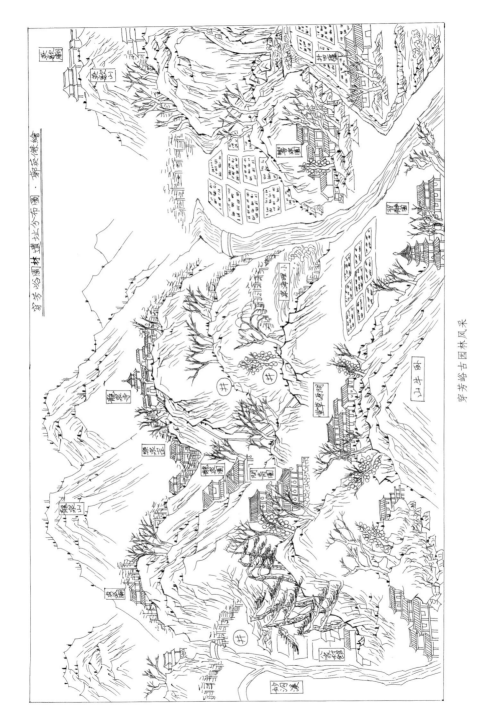

穷芳峪古园林遗址分布图 · 郑宏杰绘

穷芳峪古园林风采

响泉园古井

古安梨树

旧时地契

龙泉园图（木刻板拓画）

民兵合影（1971年）

孟凡海	张敏	王芳	尹福旺
张云	尹贵	张永	尹存
李勤	冯连印	刘明娅	李淑敏
尹淑华	刘明志	张素芹	孟凡荣
王秀芸	尹淑平	王秀华	张冒
尹素芝	张勤		

为国奉献的革命军人及奖章证书等

建设中的村路（2012 年）　　　　　　　新村路（2017）

老人在回忆

村民文体活动

新村貌（2017）

苗木种植基地

荣誉与认证

茅庐农舍

房车基地

乡野公园一角

穿芳老街

党员宣誓

选民榜

孟凡全在村务报告会上做年终总结（此图为《天津新闻》视频截图）

响泉园旧照

穿芳义塾残碑

人民日报报道

邵窝牌匾

传承优秀传统文化，建设独具魅力的社会主义新农村

——兼"小穿芳峪文库"总序

    小穿芳峪村坐落在蓟州东北部的穿芳峪镇，是个风景秀丽、空气清新的小山村，有人口 268 人，山场 200 亩，耕地 295 亩，已经发展为国家 AAA 级旅游景区。近年来，村里的经济发展很快，从 2012 年的集体经济零收入发展到 2016 年的 50 万元，村民人均收入也从 8400 元提升到 26000元，旅游产业得到长足发展。

    我在这里长大，和村民们一样，对这片土地上的一山一水、一草一木都有着难以割舍的乡愁与乡恋。正是这种情感，让我们满怀激情地投入旅游村的建设中，努力走出一条绿色、可持续的乡村发展道路，让这片土地成为村人与游客共同的宜居乐园。

    我们的村庄地处半山区，地貌极具特点，呈群山环绕状：村东是卧牛山，村西有穿芳山，村北有半壁山，村东北有龙泉山、鹦哥山。听村中老人讲，卧牛山状如卧牛因此而得名，牛尾横扫处是著名的龙泉溪水，遗憾的是现已干涸。穿芳山山峦起伏，林木花草茂密。半壁山"一峰崛削，壁立千寻"，被誉为小华山。历史上这里山泉交错环绕，泉水之美之妙，古籍中有相当多的描述。

    每次听人说起小穿的历史与文化，心中都有一种自豪感。新中国成立前，小穿芳峪村与穿芳峪村、南山村合属一个村落，清末时李江等八位雅士在这里修建园林，耕读劳作，敬老教子，留下很多美好故事。他们与乡

亲们友好相处，建起了义塾义仓，普及文化、播撒爱心、弘扬美德，让这片土地受到优秀传统文化的熏陶，民风淳朴，崇德向善。

我的爷爷曾任响泉园的园丁，我的童年记忆中还有美丽的园林和清澈的水塘，如今还可见到古井、古树的遗迹。一直以来，村民们对历史的记忆主要依靠长辈们的口碑相传，对文字资料少有提及。因此，当天津社会科学院的老师们来到村里调研，告知我还有详实的古籍文献时，我的感觉是既惊又喜：惊的是这么珍贵的历史文化资源一直被忽视，缺乏系统的研究与宣传；喜的是经过专家们的挖掘与考证，这段历史被还原，让我们找到了地域优秀文化的传承脉络，也让小穿的旅游活动有了更为厚重的历史依托。

洋洋洒洒近百万字的古籍文献资料，为我们留下了丰富的知识与信息。书中清晰记录着八位雅士在穿芳峪建园的来龙去脉，叙述着他们劳动和生活的经验与乐趣，也表达着他们读书的体会与感悟。这八座园林与主人是：龙泉园——李江，问青园——王晋之，八家村馆——李树屏，问源草堂——崇绮，响泉园——万青藜，习静园——赵静一和邓显亭，乐泉山庄——纶雨芗，井田庐——八人共有。如今村里可见各处园林遗迹，可觅古树、匾额、园林照片、画模、课本等古物。古籍中的记载印证了我们听到的故事，展现的信息更加详实和丰富，让我们更加深入透彻地了解了自己的家乡。

书中弘扬的人与自然和谐共处的理念以及耕读文化，潜移默化地影响着我村村民的生产和生活。书中对地域风光有着很多美好描述，"三面山环绕，东南少开张。入山不见村，惟有树苍苍。山山有流泉，流多源并长"，"山水难相兼，吾园据其胜。泉源讶斛涌，峰势俨虹互。入谷不见宅，到门尚迷径"。李江、王晋之等雅士重视植树，并颇有研究，《山居琐言》记有"居山先宜树木、树田宜近而贱、种树可占正田、种树先宜编篱、编篱得利而无他患、树秧岁宜多养、种树亦宜用粪、删树五诀"等精辟论述。今天我们村依然延续着植树的风尚，既是产业发展方向也是家园美化建设。先人们对于农耕更是亲力亲为，认为"耕织种植皆宜专精其事"，还发展种蔬养蚕，开辟了中草药园。对于持家守礼更是倡导忠诚守信，提出"兴家勤俭是根，传家忠厚是根，保家诗礼是根"。在生活上很有情趣，亲手制作小烧酒、梨醋、蜂蜜、醉梨、漤豆、雷蘑等特色农产品，颇有地道农家风味。劳作之余，雅士们笔耕不辍，留下大量的美文，"约伴游山，即以觅句"，"课儿句读，即以温书；循溪散步，即以行饭"，为我们描绘了当年的乐居景象。

生活在这样的古村落，我既感到幸运，更感受到肩负的历史责任。我们党提出培育和践行社会主义核心价值观要立足中华优秀传统文化，利用好中华优秀传统文化蕴含的丰富思想道德资源，使其成为涵养社会主义核心价值观的重要源泉。作为党的基层组织，我们应该甄别先人留给我们的精神财富，传承优秀的传统文化，扎牢文化的根脉，为建设社会主义新农村的先进文化积淀养分。这套书是"小穿芳峪文库"的第一辑，我们计划今后将更多的乡村文化产品纳入出版和宣传中，在发展经济的同时，积极开展文化建设，让文化提升村民的生活品质，让文化助力乡村经济的发展，将小穿建设成为具有独特魅力的社会主义新农村。

习近平总书记高度重视优秀传统文化的传承，提出："不忘历史才能开辟未来，善于继承才能善于创新。我们要善于把弘扬优秀传统文化和发展现实文化有机统一起来，紧密结合起来，在继承中发展，在发展中继承。"立足于这样优秀的历史文化资源，村两委班子对村庄的发展做了更深入的思考与规划：先人们曾建立了形式和内涵丰富的园林群，这种素材很符合现代人休闲旅游的诉求，应该积极恢复和精心经营；文人雅居的丰富典故，更是有助于挖掘小穿芳峪旅游文化的深层次内涵，把旅游活动提升到文化创意层面；丰富的文献资料和历史文物，是这一地域风土民情与历史繁荣的一手证据，可以吸引游客参与到寻访与调研考证活动中，创新设计出多元化的旅游活动。

郑重感谢穿芳峪镇党委、镇政府一直以来对我村经济和文化建设的指导和帮助！感谢小穿芳峪村两委班子和广大村民对我的信任和支持！今后，我将更加努力工作，为家乡的发展奉献更多的智慧。

最后，向苑雅文、罗海燕两位老师致谢！他们对待工作严谨而认真、踏实而务实，让我们感受到科研人员服务乡村、甘于奉献的心愿与抱负。他们的努力让大家多了一个了解我家乡的渠道，也希望朋友们来到小穿做客，了解这片土地，爱上这片土地！

天津市蓟州区小穿芳峪村党支部书记　孟凡全

2017 年 7 月 1 日

序

在今年难耐的暑热中，苑雅文博士又主持完成了作为"小穿芳峪文库"之一、可以代表小穿芳峪、本原面貌和本真价值的《小穿芳峪发展志略》。

党的十八大以来，中共中央以高瞻远瞩的历史眼光和文化胸怀，把重构新型城乡关系、重构人与自然的关系，提升为时代的呼唤。党中央明确指出，"乡土文化的根不能断，农村不能成为荒芜的农村、留守的农村、记忆中的故园"，同时要求各地农村，要"走符合农村实际的路子，遵循乡村自身发展规律，充分体现农村特点，注意乡土味道，保留乡村风貌，留得住青山绿水，记得住乡愁"。

党中央之所以把乡村问题放在这样的高度，我想，其中重要原因之一，就是因为"中国社会是乡土性的"，中国人无论走到何处，最终还要回到乡土中去。费孝通先生70多年前对中国社会的深刻观察，至今仍不失其重要的研究和参考价值。

千百年来，很多中国人心目中都有一个不解的田园梦——向往田园生活，视乡村为最理想的家园；大量诗词文献遗存也足以证明这一点。许多专家甚至预料，无论未来中国的工业文明如何发达，城市如何现代，田园牧歌式的乡村生活方式，依然会成为不少人的追求和向往。传统村落作为积淀数千年农耕文明的载体，有形的，像民居、古井、小桥、宗祠……无形的，像耕读传家、诗书继世、勤学求达……承载着整个民族的人文印迹，乡土风情历来是中华文明的瑰宝与根脉。

然而在工业文明的潮推浪卷中，人们又发现，当前大量建设的新农村，与我们梦想中的田园渐行渐远，"耕读传家"的田园景象早已模糊不清，质朴悠远的乡愁更是无处寄托。因此，当前非常有必要唤醒乡村复兴的意识和理性，重新认识乡村文明的价值和使命。

正是在这样的背景下，天津社会科学院的专家学者来到蓟州区小穿芳峪；调查发现，青山掩映的小穿芳峪自然遗产丰富，乡野氛围浓厚，环境优美，自然真实，几百年来的田园文化传承和文化生态保持相对完整，符合当代社会人文生活对自然的追求，被誉为今日的"小桃花源"。

不宁唯是，小穿芳峪还是乡村改革的前锋。

2015 年这里进行了宅基地改革试点，村民以宅基地入股，宅基地流转进入村集体，由村集体交给旅游公司统一招商。经过统一规划，小穿芳峪村发展格局鲜明：村中东部为农业发展区，发展观光农业和高效生态农业；西北部是生态保护区，村北部统建安置小区。村民原有宅基地转为产业用地，交由村管的公司经营，以发展乡村旅游，实现居住用地与产业用地分离；建设用地指标，通过腾退村内空闲地和宅基地的途径进行解决，避免民宿业过度开发。由于"整合了土地资源，从一家一户变成了抱团发展"。

在此基础上，小穿芳峪按照传统园林设计，实现了全村的景观化改造，建成"乡野公园"、"农耕文化体验园"和"房车基地"等休闲旅游项目；同时对每户宅院进行改造，由旅游公司统一配送客房餐厅用品与食材，使农家院经营走向标准化。

平整的路面，古朴的木桥，构建出小穿芳峪错落有致的座座农家院。环境美了，夜晚亮了，农家院、农耕园热闹起来了，好一派山居盛景！2016 年小穿芳峪入选农业部的"中国美丽休闲乡村"。

中国自古以农立国，中国的现代化道路与以工商业为主要经济活动的西方社会不同，因为中国现代化过程中还有十分重要的"另一半"——乡土化的农村。所以，探索如何使特色乡村田园建设成为促进乡村复兴的长远战略，走出一条能够回应时代呼声的乡村复兴之路，是时代赋予的重任。换句话说，特色田园乡村建设，并非某个乡村的美化行动，而是中国现代化建设新阶段的一场深刻革命，对于怀有几千年"田园梦"的中国人来说，还是一条文明有根的现代化之路。

探索这样的"田园文化",既不失传统"具鸡黍,话桑麻"的清纯高爽,又可吸引城市中更多追求田园生活的生态理想主义者包括一批生态公民,到乡村来轻松享受自然之美,享受具有山林品质的优雅生活。走这样一条道路,无论在当代田园乡村建设方面,还是在推动和助力传统村落可持续发展方面,都具有极大的参考价值。

总之,乡村的重建与复兴,需要发挥自身的独特禀赋,需要自下而上的内生动力,需要以田园生产、田园生活和田园生态为核心要素,重塑"山、水、田、林、人、居"和谐共生关系。当代田园乡村建设,既是乡村生产和乡村生活方式螺旋上升后的回归,也是生产、生活、生态"三生"空间的有机融合,更是从农业文明、工业文明向生态文明的跨越性探索。只有如此,才能促进乡村经济的整体进步,促进承载乡愁记忆、富有传统意境和充满桃源意趣的当代田园乡村的形成。

几年来,苑雅文博士的团队,为努力贯彻习近平总书记提出的"乡村文化振兴战略","深入挖掘优秀传统农耕文化蕴含的思想观念、人文精神、道德规范",努力履行好乡村志书承载乡愁、延续历史文脉的重要使命,把这部《小穿芳峪发展志略》写得内容丰富而不杂,叙述全面而有序,文字简洁而平实,目的就是让我们的乡村"望得见山,看得见水,记得住乡愁",让传统文化不再流失,让人们的心灵找到回归的空间,"为当代提供资政辅治之参考,为后世留下堪存借鉴之记述"。

当前,只有认知古老乡村文明的现代价值和使命,形成有生命力的田园文化和新时代的乡村美学,让历史古村落拥有未来,拥抱未来,为未来记录历史,才能使我们的城镇化成为记得在乡愁的城镇化,让我们的现代化成为守住中华文化之根的现代化。

罗澍伟

2018 年 8 月 8 日

作为"小穿芳峪文库"第二辑的重要组成部分,《小穿芳峪发展志略》正式出版。这是小穿芳峪村的一件大事,是村两委班子落实党的十九大提出的乡村振兴战略、实施"文化振兴"的一项实践举措,也是"'活化古籍 传承历史'乡村优秀传统文化体验活动"项目和天津社会科学院"智库实践基地"建设的阶段性成果之一。

小穿芳峪村位于天津北部的半山区,村庄历史悠久,文化底蕴深厚。在这片土地上,勤劳、淳朴、勇敢、智慧的小穿芳峪人为追求光明、自由、富裕,付出了一代又一代人的艰辛努力,创造出独特的乡村文化和物质文明。1949年中华人民共和国成立后,小穿芳峪人积极投身社会主义建设,特别是改革开放后,积极落实家庭联产承包责任制,农业和加工业得到稳步发展,村民的生产和生活水平不断提高。进入21世纪,干部群众发挥睿智、创新和果敢的"小穿精神",利用得天独厚的地理和环境优势,摒弃挖土卖地的掠夺式开发手段,确立了以生态旅游为核心的发展思路。同时深入挖掘特色文化资源,打造文化特色旅游村。经过多年的不懈努力,小穿芳峪人不断充实与提高,积极探索、大胆创新,把一个传统的自然村落,打造成一个美如花园的社会主义新农村。2016年,小穿芳峪村入选农业部"中国美丽休闲乡村","小穿乡野公园"被评为国家AAA级旅游景区,旅游设施建设与服务水平同步提高,成为区域内颇有知名度的旅游专业村。

盛世修志是中华文化的优良传统。村镇修志是保留历史、铭记乡愁、凝结乡情的重要形式。家乡的山水草木、村街里巷、乡俗民情,是人类最美好的情愫和最珍贵的记忆,如实记录村落里的人和事,留住乡村文化的根脉，能更加激发人们热爱家乡的情怀。鉴于此，在多方的大力支持下，我们尽可能充分挖掘，旁征博引，对小穿芳峪村的历史与现状进行考究，力求将小穿芳峪 600 多年的历史概貌梳理清楚，并对清末李江等乡贤定居穿芳的史实进行深入分析；同时将改革开放作为重点，重点记述了近四十年来翻天覆地的变化，特别是近年来旅游村建设上取得的突出成就。从《小穿芳峪发展志略》中，人们可以了解村庄所承载的历史文化信息，了解保家卫国、投身革命的穿芳勇士，了解改革开放带来的巨大变化，还可以领略小穿芳峪秉承天地灵秀的大美，接触到崇德向善、勇于创新的小穿芳峪人……

但是，由于村级主体档案资料相对缺乏，相关内容调查和挖掘的深度和广度尚有拓展空间，一些有关村域特色文化和乡村建设等方面的内容仍需要进一步探究，所以本书虽以志书的体例记述下来，而命名为"发展志略"。全书除概述、大事记和附录之外，共分十三编，分别为"建置地理""人口""村域文化""村域经济""乡村旅游""村庄建设""乡村政事""村民生活""风土民情""艺文杂记""军事""人物""专记"。《左传》云："筚路蓝缕，以启山林。"从这种意义上来讲，这是对小穿芳峪村发展经验的及时总结，也为今后"村志"的编纂奠定下坚实基础。

本书的顺利完成，离不开市委、市政府的大力支持，并获得了天津市文化产业专项资金资助。同时，在写作的过程中，我们还得到了蓟州区和穿芳峪镇党政领导的多方援助，以及热心村民——郑中和、孟庆志、刘军、李温、张小猛、张敏、刘学良、蔡凤芹等——奉献的很多宝贵资料。此外，小穿芳峪村孟凡全、孟凡河等编辑委员以及罗澍伟、张殿成、康军等专家学者，在资料的挖掘整理、写作思路和具体撰写上，都不遗余力，竭诚配合和悉心指导。正是多方通力合作，才使得本书结构完整，内容翔实，特色文化挖掘细腻而深入，乡村生活展示立体而生动。

值此小穿芳峪村新一届两委班子上任之际，第二届"小穿论坛"即将召开之际，谨以此书作为献礼，祝小穿芳峪和广大的乡村迈入科学发展的振兴之路！

凡例

一　《小穿芳峪发展志略》（以下简称《志略》）以马克思列宁主义、毛泽东思想、邓小平理论、"三个代表"重要思想、科学发展观和习近平新时代中国特色社会主义思想为指导，坚持历史唯物主义、辩证唯物主义观点和实事求是原则，严格执行国务院颁布的《地方志工作条例》，坚持质量第一，确保政治观点正确。

二　《志略》全面、系统地记述小穿芳峪村自明初建村至今数百年的历史与现状，主要突出改革开放和民计民生，努力用客观鲜活的史料揭示村庄的发展规律，体现时代特征和地方特色。力求科学性、著述性、资料性的统一。

三　《志略》的当代部分记述范围为小穿芳峪村域，而与原属村共有的历史和器物、人物等未做界分，均以穿芳峪村名记述。

四　《志略》记述时间上限为明朝初年，下限至 2018 年 7 月。为保持地域历史的完整性，有些记述上溯至发端。

五　《志略》采用述、记、志、传、图、表、录并用体，以志为主，一般不缺要项，记述上"述而不作"。概述、篇前小序以叙为主，间或有论。图表照片附于相关部类，力求图文并茂、史料翔实、文字简练、内容全面，为存史、资治、育人服务。

六　《志略》按照目前出版规范编写，各种名称首次出现用全称，再次出现酌用简称。因一些事物具体时间不详，故多沿用"是（这）年"的传统写法。

七　《志略》按类立编，编下设章，章下设节、目，部分目下设条目。

八 《志略》的纪年，1949年新中国成立前用朝代年号纪年，括注公元纪年；新中国成立后用公元纪年。

九 《志略》人物传严格遵循"生不立传"原则，而对一些有成就、有名望和对村经济文化有贡献者，采取简介的方式记入。

十 《志略》计量单位执行1984年国务院颁发的《关于在我国统一实行法定计量单位的命令》，统一使用现行法定的计量单位，如千克、千米、公顷等。而为尊重阅读习惯和史实，土地仍用亩数，个别计量单位仍用传统单位。

目录
CONTENTS

概述

一　传承六百载的美丽山村

小穿芳峪村位于天津市蓟州区东北部的穿芳峪镇境内，是一个不足百户人口的小山村。由于地处低山区，村域系山前洪积扇平原，地势总体呈坡形，又兼背倚卧牛山，除山林等自然资源外，古来耕作条件并不优越，因而直到明朝永乐年间，始有几户先民来此定居，开荒耕作，繁衍生息。后随着人口不断迁入，人们相邻而居，逐渐发展成为近三百人的村庄。

虽然村落不大，却有着得天独厚的自然环境：村域三面环山，曾经的村畔绿水萦绕，甘泉遍地。春夏时节，山披绿装，峪谷笼翠，林间鸟鸣，野溢花香。人过其境，如穿行花间柳丛，芳香袭人，令人神清气爽，于是人们给这里起了个充满诗意的名字——穿芳峪。

由于地近京师，一些达官贵人、文人雅士，包括清代的帝王多来览胜观奇，面对这里的青山秀水、花果飘香，人们感叹大自然天造地设的瑰奇，醉心于山水盎然的意趣，传扬着"穿芳峪"这一神奇的名字。

今日的小穿芳峪人，充分发挥自然环境资源优势，以现代生态乡村建设为理念，大胆创新，把一个传统的小山村，打造成美如花园的旅游村，将以农耕林果为主业的落后山村，改造成以旅游为主、全产业链发展的社会主义新农村。小穿芳峪村2014年被评为全国休闲农业与乡村旅游示范点，2015年被评为全国美丽宜居村庄，2016年获"中国美丽休闲乡村"称号、被评为国家AAA级旅游景区。

二 乡贤文化绽异彩

穿芳峪人古来纯朴善良，崇文重教。村庄一直有着读书上进的良好风气，明清时曾涌现出秀才、举人等科举人才，更受到村民的推崇并被视为楷模。

2016年获"中国美丽休闲乡村"称号

难得的自然和人文环境，不仅吸引世人的观光游览，还吸引了以李江为代表的清代文人和官员前来"落户"。他们建园筑舍，携亲挈子，使自己和家人成为穿芳峪人，在这一片依山傍水的地域上建起中国北方罕见的巨大园林群。

更为难得的是，他们都身在草泽而心系天下，把"治国平天下"的志向化作"为苍生谋福祉"的行动，他们用自己有限的资财，用口和笔，在穿芳峪开始了笔耕和教化：倡导、募捐兴建了"穿芳义塾"，使村中贫苦农家子弟得以入塾读书；耕读劳作，用返璞归真的生活方式求得心灵的安适；研讨学问，使生命的价值并不因寄身田野草泽而减色；著书立说，写下了大量的诗文和著述，为后人留下了宝贵的精神财富。

天津社会科学院的科研人员在实践调研时发现了这一份有价值的文化遗产，认识到挖掘和保护乡土文化资源、形成良性乡村文化生态对于社会主义新农村建设的重要意义。基于这样的目的，天津社会科学院与小穿芳峪村合作，对村域流传下来的特色文化进行了发掘整理，编纂了"小穿芳峪文库"，其中《龙泉师友遗稿合编》（影印本）、《小穿芳峪艺文汇编·初编》（点校本）和《小穿芳峪艺文汇编·二编》（点校本）于2017年9月面世，《小穿芳峪发展志略》和《小穿芳峪艺文汇编·三编》（点校本）即将面世。这些成果将成为开展乡村文化旅游的原生资料，使中华优秀传统文化在乡村旅游和文化村镇建设中，彰显独具特色的风采。

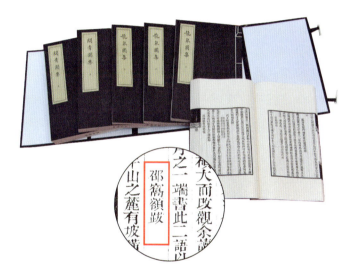

《龙泉师友遗稿合编》影印本书影

三　敌后抗战堡垒村

　　世代生活在山岭和坚实的土地上，穿芳峪人培育出坚韧意志和与强暴抗争到底的不屈品格，这在反抗封建政权压迫和异族侵略上表现得尤为突出。

　　蓟县地处战略要地，1937年"七七事变"爆发后，穿芳峪等山区成为抗日战争的前沿，也成为给抗日武装提供弹药并与其配合开展活动的可靠基地。

　　正是在这一时期，中国共产党在穿芳峪成立了地下组织，发展了穿芳峪的第一批党员。在上级党组织领导下，穿芳峪党支部发动群众参加冀东大暴动，加入抗击侵略者的队伍。许多村民加入民兵组织，村妇联发动妇女做军鞋、军袜，儿童团帮助站岗放哨、防奸防特、保护革命干部。

由于地理位置特殊，八路军冀东军区十三团派本地人刘秀松回乡组织开展抗日工作，在小穿芳峪建立了小型兵工厂，地下党员和抗日志士们白手起家，用缴获的手榴弹作为研发样本，成功生产了大批地雷、手榴弹、爆破用的炸药包和雷管，为冀东军区和当地民兵的斗争胜利做出了特殊贡献。

随着抗日局势的变化，小穿芳峪成为日军占领区，日伪军在村中修建炮楼，烧杀抢掠，实行白色恐怖。但不屈的小穿芳峪人从未停止过与敌人的斗争：村民建起多个堡垒户，掩护地下党和抗日武装；民兵配合县大队攻打炮楼，传送情报、筹集粮草、救护伤员；村中教师为八路军编写识字课本、传单和标语，编写抗战歌曲，鼓励抗日救国；村民自发画出敌炮楼和武力配备图，不顾危险递送给抗日武装，甚至许多孩童自动承担起观察敌情、传递情报的任务。不论敌人如何威逼恐吓、严刑拷打，村中无一人变节投敌，成为革命老区真正的堡垒村和红色基地。

抗日战争期间，这块土地上发生了许多感天动地的壮烈事迹。面对敌人的屠刀，兵工厂负责人刘秀松大义凛然说道："我就是共产党！"他宁死不屈，壮烈牺牲；在与日伪战斗中，小穿芳峪土地上有多名抗日志士牺牲或受伤，村里曾安葬过三个烈士，至今犹存一无名烈士墓，清明时节都会有学生和村民前往凭吊缅怀。这些长眠于小穿芳峪的英烈和为民族解放做出贡献的小穿芳峪人，将永远为后世所铭记！

四 意趣盎然的小穿乡野公园

小穿芳峪村紧邻九龙山国家森林公园、元古奇石林风景区、王爷陵等景观，具有独特的自然生态资源和历史文化资源优势。自 2012 年始，小穿芳峪村整合开发优势资源，以"小穿乡野公园"为载体，在 600 亩山地上建设了大型苗圃，点缀了 11 栋乡野小屋和近 1000 平方米的云杉餐厅，先后开发了园林风光、房车度假、农耕休闲、邵窝安居、特色农家等一体化综合旅游项目，可以承接户外婚礼、会议团建、家庭聚会等个性团队活动。

小穿乡野公园风景

　　小穿乡野公园景色优美，旅游设施完备，具有一定的接待能力和旅游吸引力，节假日游客可达 1000 ～ 1500 人，年接待游客（含参观学习人员）达 6 万人次。

　　近年来，村里确立了立足历史文化遗存，全面提升旅游文化内涵的发展思路，规划出"一园、二景、四板块"的总体发展布局：一园是指小穿乡野公园，二景为卧牛山风景区、望牛岭风景区，四板块指农家食宿、山水观光、文化体验、邵窝乐居四块内容。陆续推出历史园林群落 VR 体验、耕读文化体验等新项目，将源于李江等古人的餐饮方式"蝴蝶会"植入当今的乡村旅游活动中，将"穿芳品泉""半壁栖云""梨坞书声"等典故打造为特色景观，建设了集读书休闲为一体的"亦爱庐""邵窝"区域，全面布局民俗民宿特色老街，打造出集农事体验、休闲度假、现代婚庆、文化学习为一体的旅游村。

　　古朴典雅的生态人文环境与现代怡人景观的融合，使人们在游览美景的同时，体验古今"厚厚的乡情，浓浓的野趣"。

五　时代典范新农村

　　1949 年新中国成立前，由于生产能力低下，小穿芳峪村百姓居住条件恶劣、生活极为困苦。新中国成立后，生产逐年发展，生活不断改善，人民安居乐业，再无冻馁之忧。在历史的演进中，村庄不断发生变化，茅屋草舍被砖瓦房取代。20 世纪 80 年代，随着家庭联产承包责任制的落实，生产力得到解放，村中农业、林业、养殖业迅速发展。至 90 年代初，村容村貌大为改观。2000 年全村人均纯收入达到 4000 元，2005 年为 5500 元，2012 年增至 8400 元，2017 年突破 3 万元。

"农村富不富，关键在支部"。农村的基层党组织必然要承担经济建设的职能。2012 年以来，小穿芳峪村稳步实现转型，实行土地流转，重新确立村社会经济发展方向，驶入"乡村振兴"的快车道。村里的党员干部积极引领、甘于奉献，在宅改、农家院经营等方面率先示范，在乡村治理进程中舍小家为大家。村里的党员干部经常出义工，为全村"统一规划、统一经营"营造出良好的氛围，奠定了坚实的群众基础。

为了走出一条对村民、对社会都有益的发展道路，村里摒弃了挖土卖地的掠夺式发展方式，确立了"集体 + 公司 + 农户"的发展模式，实现了小农经济向规模化发展的转化，壮大了集体经济实力。首先将村民的土地流转到村集体，实施统一经营；其次在村内发展风格统一的农家民宿，分散经营，统一监控。专项旅游与乡村民宿形成了良性互动的格局。

为了打造富有个性特点的旅游活动，村里注重优秀文化的挖掘，并且采用 VR（虚拟现实）、"互联网 +"等新科技手段，开展多角度文化体验，增强乡村旅游活动的互动性开发，增加客流，提高利润水平。优秀历史文化的传承，提高了村民的自信。同时村民文化生活的建设，比如每年一届的"小穿年会"，更是激发了村民团结向上的生活态度。村民文化自信的树立，不仅提高了自身的生活品质，也营造了更加稳定的投资和旅游环境。

良好的生态环境是社会持续发展的基础，在发展中贯彻"绿水青山就是金山银山"的发展理念，搞好污水处理和垃圾回收等环保工作，发展生态农业和养生旅游，以生态自信赢得产业发展的机遇。2015 年，小穿芳峪村成为全国首批农村宅基地改革试点村，推进了宅基地置换、民居与产业发展用地分离，昔日的小山村正在实现"华丽转身"！

小穿芳峪人将齐心合力，砥砺前行，以自己的勤劳和智慧，谱写出现代化新农村的华丽篇章，一个更加美丽、文明、富庶、和谐的社会主义新农村将呈现在世人面前。

大事记

东晋

永和二年(346)，村北一里许龙泉山半山腰处建龙泉寺，占地二亩四分。佛寺建筑雄伟，彩绘色彩绚丽，规制齐整。

唐

相传，唐初大将尉迟恭带兵清剿隋兵残部过此，见寺残破，奏请重修龙泉寺。

元

元贞二年（1296），在小理海泉东南卧牛山后，建响泉庵，又名东庵。

大德八年（1304），于禅院东南角处建有镇寺的汉白玉石塔，塔高一丈三尺六寸，雕工精细，美观大方。另铸大钟一面，钟面铸刻有经文。后此钟被移于村东柏树下。同年，玉田县乌龙院道观主持窦士章化缘来到穿芳峪，见一山寨废弃，呈请蓟州官衙批准，接管山寨。后到处游说劝善，由善男信女施舍钱粮，建成英歌寨庙，塑三尊神像享受香火。至明清时期，每年二月十九观音诞日为域内民众的重要活动日，民间称菩萨庙会，商品交易、民间演艺火爆，亦吸引一些流动商贩、手艺人来村定居。该庙于20世纪50年代被拆除。

明

洪武初年，王、苑二姓于此定居，为村庄最早居民。

永乐八年（1410），一尹姓青年流落至村而居，为第三姓，故人称村落为"三家村"。

永乐十八年(1420)，建福缘庵，又叫中月庵，位于穿芳峪街中路北。

成化六年（1470），大水，田禾受灾减产。

成化十七年（1481）五月二十四，蓟州地震。六月初一又有震声，日凡3次。两次地震村中均有强烈震感。

弘治二年（1489）七月二十九，蓟州地震4次，村民闻有声如雷。

弘治六年（1493）闰五月十五，境内大雨暴风雷电交加，房屋震动，瓦石皆飞，拔木偃禾，村田禾严重受灾。

正德六年（1511），大水，村成灾七分。

正德十六年（1521），春旱，村中大饥。

嘉靖元年（1522），八个月不雨，至翌年三月村麦尽死。

嘉靖二十九年(1550)春，发生蝼蛄灾，屋瓦门窗飞打有声。

隆庆元年（1567），入夏霖雨三个月不止，田禾受灾。

正统五年（1440），重修龙泉寺。时于院西南角立石碑，以记其事。

正统年间（1436～1449），于龙泉西麓山脚建真武庙，有正殿三间，殿前西厢配殿两间，东厢配殿两间，另有简房两间。

万历五年(1577)，秋大水，村民麦粟受灾。

万历三十二年（1604），村域大雨积水。

万历四十六年(1618)夏，一连数日天降暴雨，境内水淹田园，民房倒塌，村人巢于树。

天启四年(1624)二月十三，地震自寅至辰不止，村屋壁半颓，村民惊骇。

崇祯十二年至十四年(1639～1641)，连续三年大旱，旱情百年不遇，村大旱饥，无以食。

崇祯十四年(1641)，村闹蝗灾，田禾树木被损无数。

清

顺治九年（1652）仲夏至孟秋，阴雨连绵，日夜相继，村低洼地尽遭淹没，连岁无禾。

康熙十四年（1675）三月二十六，异风黄霾蔽天，村瓦如飞燕，茅屋尽揭。

康熙十八年（1679）七月二十八午，地大震，村房屋倒塌多所，人不敢家居。

康熙三十八年（1699）夏秋，大雨水，村闹饥荒。

康熙五十四年（1715）六月，大水，村禾苗几无存，免税粮。

康熙五十八年（1719）六月二十九，村域"大风拔树"。

雍正八年（1730）八月十九，地震有声，震中位于北京西郊，波及村中。

雍正十一年（1733）六月，大雨如注，山洪骤发，村田被淹，秋禾被涝，房舍倒塌。

乾隆三年（1738）夏秋之交，淫雨为患，田禾减产五成以上。

乾隆八年（1743）五月，村干旱、大暑、苦热，人多中暑。

乾隆二十四年（1759）九月二十六，村大雪。

乾隆四十年（1775）七月二十五至三十，连雨不止，村田被淹歉收。

嘉庆元年（1796）正月初七、八、九严寒，井冻，花木多冻死。

嘉庆六年（1801），因连续暴雨，山洪暴发，致村田庐民舍冲毁，为两百年罕见大洪水。

嘉庆七年（1802)、嘉庆八年（1803），村域连年蝗灾。

嘉庆十六年（1811）六、七月间，连降大雨，山水势涨发，村低洼地被淹浸，秋末歉收四分。

嘉庆二十二年（1817）秋，大旱，歉收。

道光五年（1825)，蝗灾。

道光十一年（1831），建西庵，位于村西北一里的山坡上，由龙泉寺主持承修，历时一年半，寺将成时，不慎失火烧毁，只留西庵空名。

道光十二年（1832）春，大旱。七月，大雨，村成灾五分。

道光二十年（1840）七月，大雨数昼夜，村田园皆被淹。

道光二十五年（1845），村被水、旱、雹、虫连灾，大饥。

咸丰五年（1855），蓟州城东南八洼庄人赵连增，在穿芳峪尹家购得一块园田，营造房屋三间，后被称为"习静园"。

同治九年（1870）九月初九，李江建成"龙泉园"，匾额为崇绮所题。另有"龙泉精舍""桃花园里人家"等匾额楹联，俱为相善文人雅士所题。是年秋，村福缘庵迁到村东路北唐槐后新建庙堂，原址改建为"穿芳义塾"。

同治十年（1871），王晋之迁居穿芳峪村，在与龙泉园只隔一小溪的南下坎置地，建"问青园"。

同治十一年（1872），吏部尚书万青藜在龙泉园东侧建起一座园林，名"响泉园"。是年，村真武庙遭雷击焚毁，只余残垣瓦砾，泥塑真武塑像被移入村东大庙西耳房中，遗址于学大寨修梯田时被铲平。

同治十二年（1873）六月，大雨不止，村歉收四分。

同治十三年（1874）六月，伏中大热，村人多中暑。

光绪元年（1875），李树屏在村域建"八家村馆"。常邀李江、王晋之等八位文友来此组建诗社，同办义学，习文作画，饮酒作诗。

光绪二年（1876），清状元崇绮在穿芳峪大街上寻朋访友，发现古树"槐抱榆"出现一处缺损，即出资立碑保护，请人镌刻亲手题写的"唐槐"二字于石碑上，石碑至今保存完好。是年，穿芳峪村尹顺之妻马氏因矢志守节，经吏部尚书兼顺天府尹万青藜题旌，朝廷赐予"清标彤管"匾额。

光绪四年（1878），河南观察使纶雨艿在穿芳峪建成"乐泉山庄"。

光绪五年（1879），户部尚书、热河都统崇绮置"建问源草堂"。

光绪九年（1883）六月十四后，连旬大雨，势如倾盆，复被风、被雹、被虫，是年大饥。

光绪十六年（1890），京畿发大水，京东各县灾情严重。李树屏回乡时，见村民以野菜充饥，尽浮肿，急赴官府为民筹赈，得银150两，全村饥民得以赈济。

光绪十九年（1893）、二十年（1894），村连年淫霖不止，造成大饥荒，两年饿死 40 口人。面对大灾，李树屏心急如焚，多方托请，向京兆府尹陈六舟请赈，得银 150 两。又见乡亲无有御冬棉衣，又请得赈银 150 两，买棉衣数十件，发给灾民。

宣统三年 (1911)，春大旱，村粟谷多不吐穗。

中华民国时期

1913 年，蓟州更名为蓟县，穿芳峪遂为蓟县下辖行政村。是年，县内建里甲保长制度，穿芳峪村按规定建制。

1914 年，入夏后淫雨为灾，村域受灾。

1920 年，村域蝗灾，禾苗树木受损严重。

1922 年，自春至夏点雨不落，村秋麦颗粒未收，春麦亦未得播种。

1925 年，七月，大雨伤稼，村农田歉收五分。

1926 年，村建小学校，英歌寨建分校。

1927 年，是年，因常出匪患，各村户均堵后门，改临街前门，在村东西两头修建大门楼。为筹措修建门楼的资金，龙泉寺古石塔（相传魏晋年代所建）以 280 块银圆卖给一位古董商人，村民痛惜流泪。

1928 年，春至夏未得雨，村田禾枯槁，年内歉收饥荒。

1929 年，自春至夏亢旱为灾，麦收歉薄，田禾枯萎，蝗灾。8 月 3 日至 5 日，连降大雨，村禾苗淹没殆尽。

1931 年，村中有保卫团，设有团正、团佐，维护村中治安。

1932 年，七月，村连日淫雨山洪暴发，秋禾几近绝收。

1933 年，夏，天旱、奇热。5 月 21 日，南京国民党政府与日军签订《塘沽协议》。按此卖国协议，蓟运河以西均为日军自由出入区，小穿芳峪经常受到日军骚扰。

1934 年，六至八月，蓟县阴雨连绵，洪水暴发，村农田村庄受灾，收成大减。是年，村民孟宪春在响泉园养花种菜，养蜂多时达二十多桶，深受民众欢迎。后将养蜂技术传于其子，今犹存蜂箱数桶。

1935年，春，久旱不雨。夏，水涝，村二麦无收，秋禾未及生长。

1936年，去冬无雨雪，春又寒，大风终日，滴雨未下，经此冷、旱两灾，村庄稼枯萎十之八九。是年，英歌寨分校并入穿芳峪小学校。

1937年，"九一八事变"后，日本侵略军到穿芳峪设置据点，因汽车过村时迎客松有碍，便强行把大树杈锯掉，树形被破坏，村民对日寇毁树行径极为愤恨。

1938年，7月，在中共冀热边特委领导下，冀东人民举行抗日暴动。穿芳峪人民配合抗日武装，采用坚壁清野和游击战术与日伪斗争，为抗击侵略者做出贡献。本月，罕见大水，庄稼尽被淹，村房屋多倒塌。

1939年，春旱，蓟县麦苗干枯。夏暴雨，村庄稼被淹。是年歉收饥荒。5月，中共地下县委领导马力、王伦、张九江在响泉园鸣泉轩举行第二批发展党员会议后，穿芳峪村成立第一个党支部，刘宏恩当选为党支部书记，蔡祥为委员。是年，冀东军分区和地方武装在小穿芳峪西头路北靠山坡处，秘密建立一个小兵工厂，主要生产手榴弹和地雷。新中国成立后，由正式兵工厂接管，小兵工厂停产。

1940年，中国共产党在穿芳峪建立地下党支部，直接受县委领导。县委书记李子光和委员马力、张九江在响泉园发展了4批党员。为配合冀东军区抗日活动，地下党秘密组建了一个爆炸班，负责埋地雷，下"地枪"，炸桥梁，拔敌人电话杆，对敌斗争。

1941年，秋，爆炸班长张福德率9名战士，一夜之间锯倒日军用于通信的280根电杆，割电线达300丈，日军对抗日民众疯狂报复，对北辛庄、姚铺村、台头村和穿芳峪开始拉网式清乡，残虐群众，穿芳峪的李景义、蔡玉珠和北辛庄刘志文英勇牺牲，其他村多名民兵受折磨。

1942年，6月15日，村气温最高达42.7℃，酷热罕见。是年，12个日本鬼子和46名伪军在穿芳峪设立据点（时称"机关地"），从各村强迫征集砖瓦木料，拆民房，抓壮工，在村中间路北建长宽各二丈五尺、高五丈的砖木结构三层炮楼。另在后街中段和龙泉山顶各建同样结构的炮楼。

1943 年，6 月 16 日，降大雨、冰雹 2 小时，村受灾严重。是年，游击队长刘继抗在半壁山抗战洞召集抗日积极分子开会，研究攻打穿芳峪敌据点，布置战斗任务。经此一役，日伪军龟缩半个月，未敢离开炮楼。是年，蓟县二区政府到村响泉园动员有志青年加入革命队伍，村民孟庆忠加入二区区小队（武装工作队），成为一名年轻的战士。

1945 年，2 月 1 日，王玉合参加八路军。王玉合参加过锦州战役、抗美援朝，双耳震聋、多处轻伤，1953 年 7 月退伍回村。8 月 15 日，日本宣布无条件投降，村民欢庆抗日战争胜利。是年，大水，村庄稼被淹，粮食歉收。

1946 年，年初，孟庆忠从县大队加入第四野战部队开往东北，参加辽沈战役，在战场上光荣加入中国共产党。

1947 年，夏秋，淫雨为灾，村田园多被淹歉收。是年，村进行阶级复查，开群众大会，由学校儿童维持会场。

1948 年，12 月，宣传《土地法大纲》，群众分胜利果实。贫农地亩增加 1/3 左右。

1949 年，春，组织儿童团调查地主富农破坏革命的活动。4 月，继续宣传《土地法大纲》，群众分胜利果实。7 月 9 日至 8 月 13 日，连降 6 次大雨，村土地被淹、房屋多被水浸损，受灾极为严重。

中华人民共和国成立后

1949 年，10 月 1 日，新中国成立。二区工作人员组织村干部、民兵、学生和群众张贴标语，悬挂写有"庆祝中华人民共和国成立"的三角彩旗，上街游行，高呼"毛主席万岁""中国共产党万岁"口号，以示庆贺。11 月，村成立以贫下中农为主的"五委会"，即党支部、村委会、民兵、妇联、贫农协会 5 个组织，开展村务工作。12 月，建农民夜校，冬季农闲时扫除文盲。

1950 年，4 月，区委派工作人员进村，组织儿童团"拿懒汉"，评选积极农民和军烈属，奖给"肥田粉"。7 月 1 日、17 日至 18 日，村域连降大雨，农田受灾，粮食减产五成以上。7月，组织村民学习《中华人民共和国婚姻法》，破除传统婚姻观念。10月，村各家各户获县政府发放的农村土地、房屋所有证。

1951年，6月，发生蝗灾，村禾苗受损。10月，村开展抗美援朝宣传，实行增产节约，动员村民捐钱粮，支援赴朝志愿军。冬，开展扫盲运动，村中办起夜校，发送扫盲课本，村民参加夜校学习识字有60多人，经过4个月的夜校学习，全部脱盲。是年，开展镇压反革命分子活动，在村中发动群众，张贴《镇压反革命条例》，组织宣讲，进行宣传。

1952年，6月，村中成立"中苏友好协会"，向会员发会徽，发动村民穿苏联花布，在校大多数学生穿上花衣服。6月下旬，村组织青壮年去青甸洼消灭蝗虫。9月，村进行查田定产。村土地平分确权发证，土地改革结束。秋，村中继续开展扫盲活动，巩固扫盲成果。经过三次考核，50多人摘掉文盲帽子。年底，县派工作队到村进行整党建党。是年，穿芳峪建立共产主义青年团组织，小穿芳峪王志深、刘静文被批准入团。是年，村民孟庆忠参加抗美援朝战争，至1955年回国，其间立下大功1次，小功7次。

1953年，4月，成立穿芳峪乡政府，下辖穿芳峪等13个村；村成立第一个互助组，参加农户有高政、郑中和、梁玉、蔡义田、蔡文华5家。6月，穿芳峪乡进行人口普查，村中进行人口登记。11月，组织村民学习党中央提出的过渡时期总路线。12月，向村民宣传粮食统购统销政策。是年，村内掀起扫盲高潮，开办扫盲学习班，每天晚上上课。是年，村民蔡荣琴主演的评剧在二区马伸桥会演中获一等奖，在全县联合会演中获二等奖。

1954年，3月，开始组建以贫下中农为主的初级生产合作社。6月，村进行基层普选，选举穿芳峪乡人民代表，小穿芳峪张福全、尹钟当选。7月27日至28日，大雨，村农作物被淹。8月9日，大雨，村农田受灾。10月，村中宣传《中华人民共和国宪法》。12月，成立穿芳峪评剧团，演出剧目《小女婿》《柳树井》《小二黑结婚》等，小穿芳峪村民尹素芸、白素兰参加演出。

1955年，年初，继续组织村民学习《中华人民共和国宪法》。5月，村春小麦发生条锈病，收成减产；开展粮食三定（定产、定购、定销），村干部、财粮员、统计员集中去马伸桥中心小学搞三定计算，小穿芳峪孟庆志参加。7月，贯彻国家《兵役法》，村张海、张连春被作为补充兵源入伍。10月，村成立生产合作社，以土地、林果、农具、牲畜作价为基金底垫款。是年，小穿芳峪进行单独经济核算，成立村委会，张福全任党支部书记，尹友任村长，张福德为民兵连长，王才任财粮管理员。

1956年，2月26日，大雪，村积雪深度11厘米，为近数十年2月份降雪量之最。2月，各合作社进行物资评定作价，对入社的户进行张榜公布。7月，撤区并乡，穿芳峪建立乡人民委员会。夏秋，连降数场暴雨，村耕地受灾，秋粮减产。

1957年，春，村中开展击退"反社会主义逆流"运动。4月，在村东挖渠，响泉水东引灌溉农田，建花石崖白铁大渡槽。5月，在村东桥东北处挖"社会主义大眼井"（直径二三米、深一二米的抗旱用水井，以上口大得名）一口。10月，开展反官僚主义、反宗派主义、反主观主义为中心内容的"开门整风"运动，村民每晚集中学习。12月，村柿树发生圆斑病，占总数1/3。

1958年，2月，村中开始搞"大跃进"，订"跨黄河""过长江"指标，搞浮夸风。5月，开展宣传贯彻社会主义总路线、大跃进运动。5月28日，连降7次暴雨，村坡地受损毁，有房屋倒塌。村7月11日至15日，连续普降大暴雨，村庄受灾，多家民房倒塌。7月，龙泉寺建高级小学；穿芳峪建人民公社，村归其所辖，称小穿芳峪生产大队，成立大队党支部。当年，村办公共食堂，取消口粮定量，吃饭实行"供给制"。7月，村中"钢铁升帐"，砸锅、拔钉子、拆锁吊，在响泉东下坎耕地内建炼钢铁小高炉，用于大炼钢铁。后村干部带队到马伸桥东操场集中大炼钢铁。10月1日，村食堂搞"粗粮细做"。是年，村内庙宇被拆毁。

1959年，4月，村内出现"一平二调"现象。7月21日至22日，大暴雨，村田禾被淹，受灾严重，粮食极度歉收，村民处于饥饿状态。9月，大队全开展"反右"斗争，进行社会主义教育，开展大鸣、大放、大字报、大辩论的整风运动。

1960年，2月，村民生活极为困难，村食堂粮食不足，将玉米骨、玉米皮、麦花用石灰泡烂制成淀粉做窝头、夹谷糠为食，将树叶、萝卜缨子等加工代食品充饥。7月下旬，连降暴雨，积水成灾，村多地块减产或无收成。10月，小穿芳峪村和果香峪村成立小集市。是年，开展除"四害"、讲卫生活动，生产队制造混合肥。

1961年，6月10日，出现历史上罕见的高温天气，极端最高温41.2℃，天气闷热，村多人中暑。6月，村撤销食堂，恢复民户领粮做饭。7月下旬，村域发生大豆虫灾，部分大豆叶子被吃光。11月，我国第一颗原子弹、卫星、氢弹发射成功后，全村人口参加万人大会，庆祝"两弹一星"发射成功。

1962年，春，村发生牛肺疫，经防疫注射得以控制。4月，全国贯彻农业发展纲要60条，经济核算下放到生产队自行核算，农业种植由生产队自己安排，大队统一管理。5月，给社员分配适当自留地。7月18日，村域遭龙卷风袭击，瞬时风速达28米/秒，风力达10级以上，造成农作物受灾和房屋倒塌。7月25日，大暴雨，村耕地成灾。是年，村中通电，开始用电机抽水灌溉。

1963年，1月，农村社会主义教育中的"四清"（清账、清仓库、清财务、清公分，改为工分）运动延伸入村，村干部被"上楼清查"。3月，毛主席"向雷锋同志学习"题词发表后，全村掀起学雷锋做好事热潮。5月，村推行"下蛋白薯"，栽高粱苗，施用化肥种地，麦田小畦改大畦。6月8日，村域出现雷阵雨及大风、冰雹天气，夏收作物受灾，106户403间房屋受损。9月，村组织人员去平谷参观机播种麦。11月，村派遣6名青年参加根治挖海河。

1964年，2月，县派工作组到村进行社会主义教育，开展活学活用毛主席著作活动，各生产队进行粗线条"四清"，清仓库，清账目，清财务，清理干部多吃多占。3月，响应毛主席"一定要根治海河"号召，村民参加治河工程。4月，开始学大寨活动，村中开山造田，种"大寨田"。5月，计划生育提倡男性结扎避孕法。6月，村户全部安装电灯照明。8月，连降暴雨，这是新中国成立后第三个多雨年，村耕地遭受程度不同的沥涝灾害。是年，村中开始办电。唐山地区20多人到村帮助架设电杆，用时数天完成。自此，村中用上电灯照明，安装电动钢磨和碾米机。

1965年，4月11日至19日，村域出现低温，正在开花的梨、红果树受冻害，有的果树被冻死，有的第二年也未结果，杏树全部受灾。4月，为适应全国民兵大比武的形势，穿芳峪大队从民兵骨干里挑选出16人，成立"青年突击队"，蔡森为连长。后来又从各生产队抽出8人充实到青年突击队。穿芳峪6个生产队无论哪里有硬任务，突击队员们就雷厉风行、打着红旗排着整齐的队伍进入劳动阵地，各项任务都能提前完成。8月10日，村遭受暴雨和冰雹袭击，农田受灾。是年，村两个生产队开展修白土区山梯田"引水上山"，浇灌东岑子地块。

1966年，2月20日，村域降雪，21日夜间气温降至-23℃，出现近70年罕见的低温天气。因降雪和春寒，村小麦多有死苗。春，干旱严重，村社员全力抗旱保墒。7月28日至29日，大暴雨，村组织社员清除排积水。8月，村开始"破四旧、立四新、揪黑帮，横扫一切牛鬼蛇神"，开展"文化大革命"运动。学校张贴大字报，学生停课，进行"破旧改新"，到地主富农家查抄纠斗"地、富、反、坏、牛鬼蛇神"。本月，玉米、谷子等作物发生黏虫，杂交玉米发生大斑病。年初，青年突击队扩充到48人，吸收一部分女民兵参加，原来的"青年突击队"改成"穿芳峪硬汉子创业队"，为民兵连建制。

1967年，5月22日，村遭受风雹袭击，历时40分钟，风力达10级，雹粒大的如茶碗，一般的如核桃，树木和农作物受损。7月，村发生玉米大斑病，减产20%以上。是年，村内成立贫下中农管理委员会。

1968年，春，在村北挖井时，村民挖出一万年前古马化石。是年，成立村贫下中农宣传队。

1969 年，1月，县委"斗批改"领导小组宣传队进村，指导村内"斗批改"工作。对查出的"四类份子"和"走资派"挂牌批斗。8月，村内"备战备荒"，挖"防空洞"，建地下室。

1970 年，4月，村民兵在村东头土塘挖防空洞。4月下旬，村麦田暴发黄矮病，病株率最重地块达 50% 以上。是年，在村东口路北，建起小型粉料厂，村购买中型粉石机一台，小型石米机一台，机械化加工石米，每天可生产数吨产品。用马车运送石料。是年，张福顺任村党支部书记。

1971 年，3月，村里开展"活学活用"毛主席著作和"创四好"活动，召开"学习毛主席著作积极分子"演讲大会。7月，村开展斗、批、改运动。10月，村民参加公社在武家坟地前召开的万人大会，庆贺"林彪反革命集团"被粉碎。

1972 年，2月，批林整风和路线教育运动在村中开展，重点批判林彪叛国出逃罪行。2 日至 7 月中旬，发生百年不遇的特大干旱，降雨量仅 33.5 毫米，造成河渠断流、井水干枯，村农田均受灾。村干部群众协力抗旱保种，挑水栽苗、保苗，有些地块补种四次苗仍未出全，全年总产量减产近 50%。4月，村引入苹果树苗，分别在英歌寨、西下坎、东岭子、白土山栽植。派人到马伸桥供销社学习苹果树管理技术，到北奉庄村果园实习后，回村管理果树。7月 26 日夜，3 号台风经过县境，风力 5 ～ 6 级，阵风 9 级，最大瞬时风速 22 米 / 秒，伴有暴雨，造成村大树连根拔起，木质电杆被刮倒，电线折断，农作物倒伏。是年，村购置第一台 20 马力带车斗拖拉机，刘汉如为村第一任驾驶员，为粉料厂运送石料。

1973 年，春，村中使用高扬水泵引水浇地成功，解决东岭子上百亩地浇水难题。3月，穿芳峪水库动工，指挥部设在响泉园，村民 4 人参加工程。4月，村民多数人家断粮。因上年歉收，社员未分到口粮，大队借红米厂生产资金，垫付购粮款，帮助村民度荒。7月 22 日 1 时，降雹，历时 10 分钟，大者似核桃、小者如玉米粒，厚度 2 ～ 3 寸，对农作物造成不同程度损害。

8 月上旬，村域"白单四号"等杂交玉米普遍发生丝黑穗病，粮食减产。秋，村中进行水利工程建设，得到八方支援。驻南山解放军侦察营派来一个连官兵，公社派来 40 多名教师，英歌寨和半壁山村派来壮劳力，共同帮助建引水上山的水泵台。秋收后，进行农田平整，播种小麦。不到一周时间播种水浇小麦 70 多亩，为村有史以来播种小麦最多的一年。是年，运石料的拖拉机添置犁，为村内第一个大型农机具。

1974 年，2 月，村内批林批孔运动持续开展，到 6 月转为"评法批儒"。6 月 20 日，雷雨天气并伴有冰雹，小麦被砸得掉粒。7 月 11 日，出现冰雹大风天气，部分农田受灾。秋，在村东土塘南修大水渠，在火山子北面开挖红石沟山坡渠，为姚铺洼农田灌溉。

1975 年，1 月，掀起学习宝坻县小靳庄办政治夜校高潮，村里组织社员办夜校，学唱样板戏，开展赛诗会、故事会等活动。春，大旱，200 多天无雨，村耕地不能适时播种。4 月，村开始平坟，推行火化。6 月中旬，村发生玉米病毒病，严重地块达 60% 以上。7 月 13 日，出现大暴雨及大风天气，穿芳峪、宋家营、官庄公社山区降冰雹半小时，大的如栗子，小的如玉米粒，村耕地成灾 1 ~ 3 成。8 月，水库工程全部竣工。11 月，县"路线教育工作队"进村，开展教育工作。

1976 年，1 月 8 日，村干部群众沉痛悼念周恩来总理逝世。5 月 10 日，降雹 7 分钟，雹大如鸡蛋，村农作物有轻灾。6 月 16 日，降雹持续 60 分钟，村农作物受轻灾。7 月 28 日，唐山发生强烈地震，波及村域，部分房屋受损，干部群众奋起抗震救灾，在村小学操场搭抗震棚。9 月，毛泽东主席逝世，村民参加公社召开的追悼会，沉痛悼念毛主席逝世。10 月 6 日，村民庆贺粉碎"四人帮"集团。是年，村把社员自留地和家庭副业当资本主义尾巴加以限制。学习小靳庄，大唱样板戏和搞赛诗会。

1977 年，3 月，村里掀起批判林彪、"四人帮"第二战役。4 月上旬，发生春寒，村小麦发生冻害，造成严重减产。5 月 25 日，村遭受风、雹、暴雨灾害，最大风力 7 级，降雹持续 20 ~ 40 分钟，冰雹大如核桃，伴有暴雨倾泻，多所房屋进水。当年果树无收，上级政府给村以救济。8 月 2 日至 3 日，大暴雨，村部分耕地积水受灾。9月,大队生产粉石米羊肝紫,发动群众养鸡、养猪,生产队建养猪场。是年,张旺当选村党支部书记。

1978年,1月,村开展对"四人帮"揭批查运动。3月10日,村内开始平反冤假错案。5月,小穿芳峪被县委、县政府评为学大寨先进单位,奖励磷肥一吨。7月25日至28日,村域下大暴雨到特大暴雨,雨量100～500毫米,为有史以来单日最大降雨量。村大部分耕地积水,农作物受灾。12月,全村党员干部学习党的十一届三中全会公报。

1979年,3月,村给"四类分子"摘掉帽子,纠正右派分子的管制,原"四类分子"李段氏不再受管制。4月,全县发生春寒,村小麦遭受严重冻害。6月中旬,村麦茬玉米发生二代黏虫,经喷洒农药虫害得到控制。8月,村改正错划的阶级成分,将"地主富农"子女家庭出身改为社员,将错划成分户刘敏、李温两家改为中农成分。11月16日,村受特大寒流袭击,日平均气温0.8℃,最低气温−9.5℃,未及时收获的大白菜冻于田间,损失甚重,为新中国成立后罕见。

1980年,1月29日至2月6日,受强冷空气侵袭,连续出现大风降温天气,气温猛降10℃左右,村小麦越冬受到影响。5月,村取消"革命委员会"。12月,村内开展"五讲四美三热爱"活动。

1981年,2月至7月,村域松树发生松毛虫害,村中进行人工捕捉幼虫。3月中旬,全县发生春寒,小麦死苗较多。是年,村大队实行生产责任制,两个生产队划分生产作业组,分为农业组、副业组、林业组等。是年,村苹果树出现病害,公社派人去外地学习技术治理。

1982年,5月,村集体经济实体解散,生产队将牲畜、车辆、农机、果树等固定资产估价处理,集体资金平均分配给社员群众,将土地按人口承包到户,村中实行联产承包责任制。7月1日,全国进行第三次人口普查,村中统计各项人口数字。7月,村棉花出现枯萎病。

1983年,4月,将公社改为乡镇制,小穿芳峪村属穿芳峪乡,村大队长改为村主任。8月3日至5日,村连降三次雷雨,并伴有大风,农作物受灾。9月29日,遭遇雷雨、风雹灾害,降雹10～15分钟,每平方米降雹 1500 ~ 2500 粒，厚度 6 ~ 9 厘米，伴有 8 ~ 9 级大风，卧牛山前的柿子多烂毁。

1984 年，3 月，出现大风降温天气，发生春寒，小麦遭受严重冻害，农业受害较严重。6 月 15 日，大风雷雨天气，村农作物和果树受灾较重。7 月 14 日，村遭受暴风雷雨袭击，风力 8 级，阵风 9 ~ 10 级，最大风速 11 米 / 秒，农作物和林木受灾。7 月，村民王述华所承包村头梨树丰收，被评为"县先进生产者"。

1985 年，7 月，村发生二代黏虫，每百株玉米平均有虫 400 ~ 500 头，严重的每株有虫 20 头，多有麦田套种玉米被吃光。8 月，全县颁发居民身份证，村民领取第一代身份证。是年，孟庆如当选村党支部书记，王志刚任村主任。

1986 年，7 月 7 日至 14 日，村三次遭受暴雨风暴袭击，降雨量 233 毫米，多处农田受灾。9 月 11 日下午，村遭受大风冰雹灾害，冰雹小的如玉米粒，大的似鸡蛋，地面积雹厚度 10 ~ 15 厘米，降雹历时 20 分钟，村果树和农作物受灾。12 月，成立村民委员会，生产大队和小队同时撤销。是年，王志全开展工程劳务，成为村中第一个专业建筑队。

1987 年，5 月 22 日，雷阵雨，大风 7 ~ 8 级，村麦田有倒伏。5 月，流行小麦白粉病，村麦田受到影响。6 月，村农田发生黏虫害，粮食减产。

1988 年春，干旱严重，4 月和 5 月降水量比常年偏少 30% ~ 40%，其中 4 月降水量偏少 70%，村庄人畜饮水困难。4 月 20 日，出现 8 级以上大风，风力 8 级，阵风 9 级，村树木和地膜类作物遭受不同程度损失。是年，张立当选为村党支部书记，张敏为村主任。是年，村建成初级小学。

1989 年春，干旱严重，出现农作物"卡脖旱"，村玉米等农作物减产。3 月，张永才建养猪场，成为村第一个养猪专业户。5 月 18 日，村遭受暴风雨、冰雹灾害，最大风力 8 级，部分地区降雹时间 30 ~ 40 分钟，降雹密度为每平方米 100 粒，雹粒大者如栗子。

1990 年，1 月 28 日，村域降大到暴雪，降雪量是自 1974 年以来同期最大值。5 月 30 日，受风暴袭击，阵风 6 ~ 7 级，平均降雨量 70 毫米，小麦有倒伏。是年，多户烧煤用地炉做饭烧水，用土暖气烧热炕。

1991 年，6 月 24 日，发生冰雹和大风灾害性天气过程，村部分农作物受灾。11 月，组织全村育龄妇女进行普查登记。是年，小穿芳峪村被评为"乡计划生育先进村"。是年，取消票证制供应。村进行户口调查登记，发户口本。

1992 年，春夏连旱，春季基本无降水，村耕地普遍失墒欠墒。8 月，查证村老兵参加解放战争人员，重新登记有王玉合、孟庆忠 2 人。11 月 6 日至 7 日，出现寒潮天气，24 小时降温 7 ~ 8℃。

1993 年，4 月，去冬今春降水少，造成 20 年少有干旱，村麦田欠墒失墒，果树减产。5 月，村发生大面积麦蚜虫害。7 月 21 日，村发生二代棉铃虫灾害。9 月，村民王志全盖起小穿芳峪第一所居民楼。

1994 年，6 月 26 日，穿芳峪等 5 个乡镇遭受风雹袭击，农作物和林木受灾。灾后，干部群众组织生产自救。7 月 12 日，暴雨，村部分民房进水。8 月，全县水稻发生稻飞虱。是年，孟凡全建成小型加工区兼住宅，安装村内首部固定电话。

1995 年，8 月，村域降水量偏大且比较集中，农作物受灾。

1996 年，2 月 15 日、16 日，出现寒潮天气，村 24 小时降温 7 ~ 8℃，48 小时降温 9.5 ~ 11℃，最低气温达到 –5.7 ~ –10.7℃，部分麦田出现冻害。7 月 23 日，出现雷雨大风天气，村农田积水。8 月上旬，村连降暴雨，降雨量达 404 毫米，是历年平均降雨量的 2 倍多，造成洪涝灾害。12 月 12 日夜至 15 日，连续 3 天大雾，村民出行困难。

1997 年，1 月 4 日至 5 日，村出现寒潮天气，24 小时降温分别为 5.8 ~ 8.6℃和 5.7 ~ 7.4℃。6 日至 8 月中旬，村发生 55 年未有高温炎热天气。

1998 年，2 月，村初级小学撤销，学龄儿童全部到春发希望中心小学就读。8 月 18 日晚，村遭受暴雨、冰雹和大风袭击，狂风大作，飞沙走石，暴雨夹带着冰雹，农田受灾严重，树木折断。8 月，长江中游和黑龙江等地发生严重水灾后，村民为灾区捐款捐物。11月16日至18日，村气温迅速下降，48小时内日平均气温下降了9.5℃，极端最低气温下降11.1℃，露地蔬菜受到不同程度的影响。12月21日，大雾，直到22日中午，村民出行受到影响。

1999年，6月24日至7月，村域出现持续高温酷热天气，连续10天最高气温高于或接近35℃。村民生产生活受到影响。11月20日至24日，村连续5天大雾，能见度最低仅5米左右。是年，村基本普及座机电话。是年，村内建起养殖场，产品供应康师傅、龙凤等集团企业。

2000年，1月3至12日，村连续出现降雪天气。其中，5、6日普降中雪，局部地区中到大雪；11、12日再降小到中雪，局部地区中到大雪，给村民生活带来不便。4月6日，大风扬尘天气。西北风风力5～6级，阵风7级，扬尘级别为4级，空气中悬浮颗粒物297微克/立方米，比平时高出一倍，属中度空气污染。8月，村民尹福龙盖起新型住房。是年，张敏当选村支部书记，王田任村主任。

2001年，1月上旬，村出现一次大到暴雪过程，降雪量9.7～13.5毫米。

2002年，7月14日，村域出现高温气候，极端最高气温均超过40℃，多人中暑。是年，孟凡全成立益民绿化公司，承揽市内绿化工程，带动村民种植苗木。

2003年，3月24日，村出现入春以来最大的一场浓雾，能见度低于20米。8月5日至6日，大风和强降水，村农田玉米大面积倒伏，减产30%～50%。10月10日至11日，村出现历史上汛期后最大的一次大暴雨。11月7日，大雪，降水量20.7毫米，村树木多被压折树枝。

2004年，4月，村发现"美国白蛾"虫害。

2005年，2月14日至16日，大雪，给村民出行带来不便。11月3日至4日，大雾，村能见度在50米以下。

2006年，2月6日，大雪，给村民出行造成影响。2月，村民张福顺在村建米面加工厂。8月8日至13日，村连续降雨，农田出现程度不同积水。

2007年，3月3日至4日，村出现暴风雨雪天气，给麦田造成损失。

10 月 24 日至 27 日，村域出现年内浓度最大、范围最广的连续大雾，给村民生活带来困难。

2008 年，7 月，村建商业点。12 月 3 日，村域大风降温，降温幅度之大为历史同期所罕见，48 小时平均降温幅度在 11.7 ~ 14.1℃之间，最高气温降温幅度在 11.5 ~ 13.0℃，最低气温降温幅度在 9.9 ~ 16.1℃之间。20 日晚，大雪，雪深 11 厘米，降水量 8.0 毫米，21 日清晨又刮起 6 级阵风，村部分设施及农田受损。

2009 年，6 月 26 日至 27 日夜间，村域出现雷雨大风、冰雹等强对流天气，造成经济损失。10 月 31 日至 11 月 1 日，村域降中到大雪，降雪持续 16 个小时，部分设施及农田受损。年内，国家向 60 岁以上老年人按月发放养老金，村老年人开始享受养老待遇。

2010 年，6 月 16 日，村遭受风雹灾害，最大风力达 7 级，冰雹最大直径 1 厘米，果树受到不同程度破坏。是年，村东土地流转建成经济林。是年，村民尹海兴建成第一个农家院，开始迎纳游客。

2011 年，7 月 24 日夜间，村遭受暴风雨袭击，玉米出现大面积倒折。是年，老退伍军人孟庆中去世。居所处拆改成小游艺广场，村民于此健身锻炼。

2012 年，6 月 13 日，出现雷雨大风冰雹天气，冰雹最大直径 15 ~ 30 毫米，最大密度每平方米 50 ~ 60 粒，村部分农作物受灾。7 月 21 日，发生 1979 年以来的最强降雨，村庄和农田积水。后受高湿环境的影响，农田有 3 代玉米黏虫发生。10 月，孟凡全当选为党支部书记，王建东为村主任。是年，修建村东街公路 1600 平方米，翻修大桥 1 座，铺设排污管道 500 米。

2013 年，2 月 21 日，村成立响泉园农作物种植专业合作社，流转村民土地集体经营，从事农作物种植、贮藏、销售等业务，法定代表人孟凡全。8 月 4 日夜，遭受暴风雨袭击，村农作物不同程度受损，部分果树被刮倒。是年，建成村委办公楼 1 座，健身广场 1200 平方米；孟凡全建造有屋顶花园的新型四合院，高端民宿，开张纳客；村对沿街民户大门改造，修停车广场 1 处，建商业网点 10 间；村美化环境，改造村中河道，建拱桥 5 座，全村铺设排污管道，建 1260 立方米大型污水池，村头河旁进行绿化，装有 1000 米长金色护栏。

2014 年，5 月 3 日至 4 日，大风，风力达 8～9 级，部分设施受损。5 月 29 日，天津市蓟州区井田庐景区管理中心成立，为集体所有制企业，从事旅游景区管理、旅游观光服务等业务，法定代表人孟凡全。6 月 6 日，遭受暴风雨袭击，最大风力达 8 级，村小麦受灾。8 月 20 日，天津市委书记孙春兰到村检查指导教育实践活动整改工作，在村广场听取帮扶情况介绍，肯定村企联手发展生态旅游的做法。视察响泉农家院和苗木、房车基地后表示，希望发挥自身优势，打好生态牌，带动全村农民致富。10 月 16 日，以"畅游蓟州山水，乐享农家美食"为主题的蓟县第七届农家乐厨艺大赛在小穿芳峪村房车基地举办。全县 5 个乡镇 10 支队伍参赛。市县领导、新闻媒体、各参赛镇乡代表及游客约 200 人到场观看。经过现场厨艺比拼，评出五项大奖，响泉农家获"美食农家"称号，南瓜豌豆包获主食类二等奖。是年，村建成一条古街，满铺花岗岩路面，两旁植花木；着手修建乡野公园、挖人工湖，建房车、停车场，在自南停车场至镇水库沿峪龙路装太阳能路灯 52 杆；获得农业部和国家旅游局评定的 2014 年全国休闲农业与乡村旅游示范点。

2015 年，10 月换届选举，孟凡全连任村党支部书记，王建东当选村主任。10 月，中共天津市委、天津市人民政府授予孟凡全"天津市劳动模范"荣誉称号。小穿芳峪村是年入选住建部 2015 年全国美丽宜居乡村示范名单；小穿芳峪成为蓟州区宅基地改革试点村；村民刘学良建成民宿楼，王永生建成高标准四合院，两家开始接纳游客。

2016 年，6 月，中共天津市委授予孟凡全"天津市优秀共产党员"称号。12 月 19 日，遭遇入冬以来最强一次雾霾天气，能见度极低，村民出行困难。是年，村民闫海涛建成四合院民宿，开始迎纳游客。是年，村扩建乡野公园，共建曲桥 1 座、木亭 2 个及云杉会议厅。公园内建有木质休闲亭 7 座，异型照相景房 1 座。广场立有泥塑艺术家于庆成的大型泥塑作品。栽草坪

650 平方米，植花卉 1000 多棵。是年，小穿芳峪入选农业部 2016 年中国美丽休闲乡村，并被评为国家 AAA 级旅游景区，为当年评选出的全国 40 个特色民居村之一。

2017 年，夏，村"两委"决定复建龙泉园、响泉园等历史园林，开发卧牛山旅游景区，建设基础工程，装置太阳能路灯及景灯。6 月 16 日，村党支部书记孟凡全应邀参加市政府党组召开的开展"维护核心、铸就忠诚、担当作为、抓实支部"主题教育实践活动专题讨论，结合自身工作实际，畅谈"两学一做"学习教育的体会和实践经验，受到市委副书记、市长王东峰的称赞。7 月 30 日，《人民日报》新农村版以"小山村变形记"为题，发表小穿芳峪村的通讯报道，介绍发展乡村休闲旅游的经验。9 月 29 日至 30 日，天津社会科学院、蓟州区委宣传部在小穿芳峪联合举办"挖掘优秀传统文化资源，建设现代生态文明乡村"为主题的"小穿论坛"。专家学者围绕建设生态、文明、现代的美丽新农村设置议题进行研讨，提出观点和建议。本月，由天津社会科学院苑雅文、罗海燕策划的《龙泉师友遗稿合编》（影印本）、《小穿芳峪艺文汇编·初编》（点校本）、《小穿芳峪艺文汇编·二编》（点校本）正式出版，收入"小穿芳峪文库"。11 月 22 日，《光明日报》第 9 版发表包括介绍小穿芳峪经验的《蓟州乡村旅游为何红火》的报道和史瑞杰的文章《蓟州乡村振兴的五点启示》。是年，建成人行桥 2 座，游路 2000 米；在公园内扩建茅庐 4 处，简马牌楼 1 个；获得"全国生态文化村""天津市休闲农庄"称号，被评为天津市绿化工作先进集体。

2018 年，2 月 8 日腊月二十三（农历小年），全村村民到乡野公园的云杉餐厅联欢过"小年"。2 月 15 日《人民日报》要闻版以"小穿芳峪热腾腾"为题，报道村民集体过春节。《今晚报》2 月 17 日以"红红火火过大年"为题，报道小穿芳峪"雪乡乐园"引来众多游客过年的热闹场景。春节期间，新闻媒体报道小穿芳峪消息。天津电视台 1 月 13 日《天津新闻》报道了小穿芳峪冰雪旅游；2 月 19 日《天津新闻》节目以"温暖民生行——小山村变形记"为题报道了小穿芳峪乡村振兴的事迹；2 月 21 日《天津新闻》

播出"在习近平新时代中国特色社会主义思想指引下——新时代新气象新作为忙出一片天"的报道；2月25日《津晨播报》播出《关注小山村变"雪乡"让"本钱"增值》的电视新闻。6月28日，村党支部换届，孟凡全当选村党支部书记，镇派干部湛洋兼任村党支部副书记，刘学良、蔡凤芹当选支部委员。7月12日，小穿芳峪村严格按照换届选举程序，顺利完成村委会选举，孟凡全当选村主任。王涛、蔡凤芹当选村委委员。是年，村共产党员20人：张敏、王田、郑忠才、苑春友、孟庆如、孟凡军、孟庆志、张立、张永才、王永生、刘学良、蔡凤芹（女）、李学良、孟凡河、张小猛、孟凡全、张振兴、闫海涛、张勤、王建东。

第一编
建置地理

第一章 建 置

　　小穿芳峪村位于天津市蓟州区东北部，穿芳峪镇境内，明朝初年依山傍水而建。六百多年来，卧牛山、州河陪伴穿芳峪历尽沧桑。1949 年中华人民共和国成立后，村一直随穿芳峪成立人民公社、改乡、建镇而为其所属。村域系山前洪积扇平原，地势总体呈坡形，村形为长条形，民居以老街为中心，错落排布。土地多黑黄均质优良土壤，间有砾石型较差薄层土壤。四季分明，季风显著，温差大，雨热同期，旱涝相连，雹灾尤为多发。自然资源中，林木繁茂，果树众多，河流、泉水、光能、风力等资源丰富。

　　村南连接邦喜公路，村西连接津围北二线公路，通过邦喜公路和津围北二线公路，连接津围公路、津蓟高速公路通往天津、承德；连接京平高速公路通往北京。乡村公路横贯村内，可与上两条主干线路相通，交通便利。

第一节　立村隶属

一　立村

　　小穿芳峪村域始建于明初，时有王、苑两姓在此定居。相传，永乐八年（1410），定州一尹姓青年逃难至此，入赘王家，后繁衍成大户，与二姓相抵，故其庄曾名为"三家村"。后因域内庙会等机缘，有张、金、蔡、马等姓到此落户，其中不乏手艺人和小生意人，小穿芳峪逐渐成多姓村落。

史上曾称"橡房峪"，民国年间亦写作"川芳峪"，新中国成立后改为现名。1984年，进行地名标准化处理，村名核定为小穿芳峪村。

村域山环水绕，峪幽谷翠，花簇林拥。人过其谷，如穿花绕柳，芳香袭人。相传，清乾隆皇帝来英歌山西的半壁山揽胜观奇，趑趄村中，见村庄山清水秀，花果飘香，恍如仙境，一时兴起，赐名穿芳峪，即穿过芬芳的山谷之意。

原穿芳峪为一村两台，称"大庄儿""小庄儿"。1958年人民公社化时，村建生产大队，经济核算到生产队，穿芳峪因两台相隔有所不便，分为两村，小穿芳峪成为独立的行政村。

二 村形

小穿芳峪村坐落于山脉与平原的过渡地带，村庄北高南低，逐渐下降。聚落东西呈长方形，街区略呈阶梯状排布。村庄地块较为完整，村民居住比较集中。村南北长808米，东西宽1033米，村域总面积0.4012平方千米。

村庄以东西走向的穿芳老街为中心街，有丁字路为北向通路。老街区域南北长400米，东西长200米，占地面积8万平方米。

村子为北方农村格局，民房多为南北朝向起脊式房屋，间有少数楼房。除中心街外，间有民居依高就势而建，使整个村庄参差错落，呈半山区村庄特点。

三 隶属

明清两代，村庄先后隶属直隶北平府、顺天府的蓟州管辖。

民国前期，村庄先后隶属顺天府、京兆特区、河北省、伪"冀东防共自治政府"、伪"河北省冀东道"、伪"河北省燕京道"的蓟县管辖。1938～1945年，为中国共产党抗日民主政府所辖。1946年5月后，先后隶属中国共产党领导下的冀东行署第十五专署、第十四专署的蓟县管辖。

中华人民共和国成立后，小穿芳峪村隶属河北省蓟县第二区。1953年，属穿芳峪乡。1956年，撤区并乡，1958年，属马伸桥人民公社所设穿芳峪管理区。1961年，属穿芳峪人民公社。1973年，随蓟县归天津市管辖。1983年，改属穿芳峪乡。2011年，穿芳峪建镇后，归其管辖。2016年，属蓟州区穿芳峪镇管辖。

第二节　区位地理

一　区位四邻

小穿芳峪位于蓟州区穿芳峪镇东部，东距蓟州城区12.8千米，西北距穿芳峪政府所在地约200米。数据地理坐标为：北纬40°10'，东经117°54'。

村西接穿芳古槐与穿芳峪村相连，北依英歌寨水库与英歌寨、半壁山村相望，东隔丘岭与西李各庄为邻，南隔马平公路与南山、毛家峪村相连。

二　环境地理

村围有四山：东有卧牛山，南有白土山，西有官帽山，北有龙泉山。

三　交通地理

小穿芳峪距离天津市区120千米，距北京80千米，距津蓟高速公路、京平高速公路16千米。村南500米有马平公路，连接邦喜公路。村西连接津围北二线公路，通过邦喜公路和津围北二线公路连接津围路、津蓟高速公路，通往天津、承德；连接京平高速公路通往北京。

乡村公路横贯村内，可与上两条主干线路相通。

第二章 自然环境

第一节 地质地貌

一 地质

根据地质勘探，穿芳峪村域属于燕山沉降带，主要特点以中上元古界标准剖面著称，岩层属脆性、塑性及溶性。地层分属中上元古界的长城系和区县系。其中长城系地层厚 4222 米，时代范围 19.5 亿～13.5 亿年，主要分布在古长城—杨庄—穿芳峪之间的地区。蓟县系地层厚 4507 米，时代范围 13.5 亿～10.4 亿年。岩层露头在津围公路两侧，东侧主要分布在杨庄至穿芳峪、马伸桥一线之南的山地丘陵地区。

在新华夏构造中，有北西走向的道古峪—孙各庄断裂、穿芳峪断裂。这是北部山区 4 条较大山谷之一，从泥河起，向东南经桑园、城下、青山、石臼、西井峪、东井峪至穿芳峪。

二 地貌

村域为山地丘陵区中比较有名的低山卧牛山区，地貌总的特点是北高南低，地势逐渐下降，略呈阶梯状分布。

由于村北卧牛山古来植被覆盖差，大部分地区基岩裸露，受山地隆起及气候的影响，物理风化作用剧烈，化学风化与生物风化较弱，加之夏季多暴雨，从山上携带的泥沙、土石等堆积，形成山前洪积扇平原地貌，使村域具有以剥蚀山地丘陵为特征的地貌形态。

三 土壤

村域土壤多为黑黄土地，为均质型，土壤质地均一，没有障碍夹层。其特点是发育层次明显，土层深厚，由耕作层、淀积黏土层组成，质地适中、夜间潮湿，易于根系生长，属高产、稳定的土壤。

有少量夹砾石型土壤。其特点是表层土壤质地比较轻，多为砂轻壤质，土层较薄，漏水漏肥，作物易受干旱和脱肥影响。

四　植被

村域尚存少量古树。植被大面积为荆条、酸枣、小叶鼠李、菅草、白羊草等温性半旱生的次生灌草丛，尚残存天然落叶阔叶林及杂木林，主要植物是油松、侧柏、蒙古栎、槲栎、槲树、糠椴、蒙椴、元宝槭、旱柳、坚桦、北鹅耳枥、核桃楸、大叶白蜡、榛、山楂、榆、杨及豆科、蔷薇科中的一些种类成分。

植物种类众多，在暖温带气候条件下，生长茂盛，种类丰富，其中被子植物的种类最多，裸子植物种类稀少，另有蕨类植物和苔藓植物。

第二节　气　候

一　特征

季风气候明显，盛行风向季节更替显著。冬季，受西伯利亚冷气团控制，盛行西北风；夏季，受太平洋副热带高压控制，盛行东南风；春秋两季是冬季风和夏季风的过渡季节，风向多变。

气候受海洋影响较小，受大陆影响显著。气温的年较差比同纬度地区偏大，具有大陆性气候特征。

雨热同季。夏季是全年的高温期，又是夏季风盛行期，来自低纬度热带海洋的东南季风带来丰富湿热空气，降水集中，形成高温期与多雨期相一致的雨热同季。

四季分明。春季天气逐渐变暖，大陆开始增温，气温回升，日照多，太阳辐射强，空气干燥，蒸发量大，多风少雨。夏季气温高，湿度大，降水多。秋季为过渡季节，暖湿空气势力减弱，冷空气开始活跃，气温明显下降，呈直线式递减，天气以晴为主，冷暖适中，出现"秋高气爽"现象。冬季晴天居多，气候寒冷，干燥，降雪稀少，大地封冻。

二　温度

村年平均气温为 12.6℃。夏季各月气温最高；春秋次之，秋季与春季大致相近；冬季气温最低。1月为全年最冷月份，多年平均月气温 –4.0℃，最低气温多出现在 1 月。7 月为全年最热月份，多年平均月气温 26.7℃。夏热期内，候均气温高于 25℃的炎热期约 65 天左右，高于 28℃的暑热期为 10～15 天，日均温超过 30℃的酷热天气并不少见，尤以 7 月下旬居多。初霜日为 10 月 19 日前后，终霜日为翌年 4 月 2 日前后，持续时间 164 天左右，无霜期在 200 天左右，可以充分满足一般喜温作物一年一熟和两年三熟的需要。土壤冻结期始于 11 月 19 日，终止于 3 月 17 日，冻土期约 118 天。

第三节　降水　蒸发　日照

一　降水

村域年平均降水日为 100 天左右，最少降水日 80 天。

四季降水的主要特征：夏雨集中，冬雪稀少，春雨渐增，秋雨骤减。在夏季风盛行期，6 月中旬至 9 月上旬为雨季，6、7、8 三个月降雨日为 47 天左右，降水量 435.1 毫米，占全年降水量的 69% 以上，其中 7 月和 8 月降水多达 333 毫米。冬季空气干燥，季降水量 11.7 毫米，只占全年总降水量的 1.7%。春季降水日 22 天，降水量 75.2 毫米，占全年降水量的 12.7%。秋季降水日 22 天，降水量 101.5 毫米，占全年降水量的 16.0%。降水年际变化大，接近常年平均降水量的年份不多。最小年降水量 323.4 毫米，最大与最小相差 677.6 毫米，最大年降水量是最小年降水量的 3 倍以上。

降雪一般从 11 月下旬起，到翌年 3 月中旬止，年均降雪日数 12.7 天。积雪一般从 12 月上旬到翌年 2 月下旬，积雪深度在 7 厘米以下。

二　蒸发

小穿芳峪年平均蒸发势 1630.4 毫米，蒸发势年内变化趋势以春夏最多，秋冬最少，其比例大致为 4∶4∶2∶1。气候干燥度即可能蒸发量与总降水之比，年平均值为 2.6，干燥度值的年内变化较大，冬春季各月均大于 6，夏秋季各月均在 6 以下，其中以 7 月、8 月干燥度最小，仅为 1.0 和 1.1。

三　日照

天文日照时数，从冬至的 9 小时 25 分增加到夏至的 14 小时 56 分，全年总计可照时数为 4439 小时。因气候条件受阴雨、云雾等天气变化的影响，实际年日照时数为 2400.5 小时。同时，日照有明显的季节变化，月日照时数 3 ～ 5 月较多，5 月最多；进入 7 月、8 月雨季，日照时数相对减少；9 月、10 月天高云淡，日照稍有增加；冬季因昼短夜长，日照时间较短，11 月、12 月为年内最小值。

第四节　物候节气

一　物候

域内物候对气候反应敏感。冬小麦返青一般在 3 月中旬，最早为 3 月 18 日，最晚为 3 月 25 日；桃树茂花一般为 4 月中旬，最早为 4 月 16 日，最晚为 4 月 26 日；杏树盛花一般为 4 月中旬，最早为 4 月 4 日，最晚为 4 月 20 日；榆树结钱一般为 4 月中旬以后，最早 3 月 24 日，最晚 4 月 24 日；柳树发芽一般 4 月初，最早为 3 月 24 日，最晚为 4 月 11 日；蝴蝶始见日一般为清明节前后一两天，最早 4 月 1 日，最晚 4 月 25 日；家燕始见日一般为 4 月初，最早 3 月 19 日，最晚 4 月 14 日；蝉始鸣一般为 6 月 4 至 5 日之间，最晚为 6 月 13 日；冻土层平均解冻日期为 2 月 28 日，最早 1 月 21 日，最晚 3 月 23 日。

二　节气

立春（2 月 4 ～ 5 日），气候寒冷的高峰已过，天气逐渐变暖，气温明显回升，日照时间增加显著，河水逐渐解冻。

雨水（2 月 19 ～ 20 日），冬季严寒盛期基本过去，气温明显回升，土壤蒸发量开始加大，杨柳枝条泛绿，茅草萌芽，大雁始见，春小麦和大麦开始播种，冬小麦顶凌施肥，农谚有"七九河开河不开，八九雁来雁准来"和"七九不动手，八九就要走"之说。

惊蛰（3 月 5 ～ 6 日），日平均气温不稳定通过 0℃，土壤开化加快，河水完全解冻，地下冬眠虫类开始苏醒。农谚云："开河不过惊蛰，雨足浇园草木柔。"

春分（3月21～22日），当日昼夜相等，霜止，蒸发量显著增加，土壤失墒加快，草木相继萌发，柳枝展新叶，大地现绿，家燕、青蛙、蛇等始见。农谚云"春分地气通。"

清明（4月5～6日），气温回暖，地表温度回升，作物生长季节开始，田野泛绿。农谚云"小驴盼清明，老牛盼谷雨。"节气内始播玉米和高粱，冬小麦返青，有"清明麦子挂纸钱"之说。春雷始鸣，风多温度较低，是植树造林好时节。

谷雨（4月20～21日），温度升高，降水增加，温度回升快，不再有降雪和冻土现象，春播春种全面展开。农谚称"谷雨前后，种瓜种豆"。

立夏（5月5～6日），气温回升幅度大，降水少，晴天多，雷雨天气明显增多，但雨量不大，干旱比较突出，冰雹天气开始出现，小麦开始拔节孕穗，有"立夏麦吡芽"之说。

小满（5月21～22日），气温回升幅度趋减，降水量明显增多，暖空气活动加强，在冷空气作用下，间有成灾的冰雹天气出现，春播作物中耕锄草。

芒种（6月5～6日），麦类作物进入灌浆阶段，气温高，降水增加，且多有雷雨天气，有冰雹灾害。

夏至（6月21～22日），当日是一年中白昼最长、夜间最短的一天，暖空气进一步加强，小麦抢收抢打，有"夏至十天麦场空""夏至刮东风，麦子不中扔""夏至东风摇，麦子水中捞"等农谚。

小暑（7月7～8日），风小湿度大，天气闷热，降水明显增加，进入盛汛期，多暴雨或阴雨连绵，洪涝常在此时发生。

大暑（7月23～24日），进伏，进入一年中平均气温最高的时期，湿度大、降水量大且大暴雨出现次数多，为防汛高峰期，始种秋菜，农谚称"头伏萝卜二伏菜"。

立秋（8月7～8日），天气炎热高峰已经过去，气温逐渐下降，早晚凉爽，伏天终止。春玉米乳熟。

处暑（8月23～24日），暑气渐弱且逐渐消失，气温下降，开始变凉，降水明显减少，晴天渐多，农谚有"暑去寒来换金风""金风吹籽粒"之说。春播玉米、高粱渐近成熟。

白露（9月8～9日），日暖夜寒，气温较凉，温度明显降低，降水明显减少，有秋高气爽之感，为秋季真正开始，秋季防雹进入盛期。芦苇开花，青蛙终鸣，庄稼秀穗，农谚有"白露不秀，寒露不收"之说。

秋分（9月21～22日），交节当日昼夜相等，气温明显下降，冷空气活动频繁，个别年份可出现霜冻，时宜播种冬小麦，农谚云"白露早寒露迟，秋分种麦最当时"。

寒露（10月8～9日），天气凉爽，气温继续下降，晚稻成熟收割，大雁南飞。

霜降（10月23～24日），天气渐冷，气温继续降低，地面植物生长基本结束，个别年份有冰冻和降雪现象，家燕绝见，柳叶脱落，收获萝卜、芥菜、大葱等。农谚云"霜降刨大葱，不刨肯定空"。

立冬（11月7～8日），冬季开始。气温明显下降，土壤日融夜冻，降雨变下雪或雨夹雪，柳叶落尽，地面植物全部进入休眠期。农谚有"立冬不砍菜，冻了你别怪""立冬砍白菜，别让寒冻坏"之说。

小雪（11月23～24日），多偏北风，风速加大。农谚云："小雪封地。"节气后期进入土壤的稳定结冻时期，平均冻土厚5厘米，有积雪，河水始结冰。农谚云"小雪行不了船，大雪耕不了地"。

大雪（12月7～8日），农谚云"大雪封河"，河水结冰加厚，冻土加深，平均15厘米。

冬至（12月22～23日），交节日为一年中夜间最长、白昼最短的一天，开始数九，北风较多，天气更寒冷。

小寒（1月5～6日），严寒季节已到，气温下降缓慢，冻土厚度30厘米，降水甚少。

大寒（1月20～21日），北风多，风速大，天寒刺骨，滴水成冰，进入"三九"，为全年最冷时期。

第三章　自然资源

第一节　土地　卧牛山

一　土地

耕地　卧牛山分村时，小穿芳峪有土地 300 余亩，其中耕地 280 亩，土壤宜种植玉米、高粱、小麦和豆类等。20 世纪六七十年代，村土地和耕地面积变化不大。1981 年，有耕地 340 亩，粮食播种面积 302 亩。1990 年，村实际经营耕地面积 295 亩，粮食播种面积 291 亩。1999 年落实土地二轮延包时，全村有土地 295 亩，粮食播种面积 209 亩。2005 年，耕地面积 295 亩，粮食播种面积 372 亩。2010 年，耕地面积 295 亩，播种面积 300 亩。2017 年，村域面积 601.8 亩，其中耕地 247.79 亩。

林地果园　1995 年，村有果园 256 亩，主产柿子、梨和苹果等。2013 年起建设乡野公园，发展苗木种植、特色景观植物培育。2017 年，小穿芳峪有农林用地 488.7 亩（含耕地），占全村土地总面积的 81.21%，森林覆盖率达 80% 以上。

二　卧牛山

卧牛山位于穿芳峪乡中部。东北邻英歌寨村，西靠穿芳山，南为穿芳峪村，北为半壁山村。长、宽各 0.5 千米，主峰海拔 119 米。由砾质石灰岩构成。因状如卧牛，故名。山上多松、柏和果树。马平公路从山下通过。

土地改革后，卧牛山被确定为小穿芳峪村所属，享有开发和使用权。

三　上水石

响泉园和井田庐一带有面积大约 30 亩的地下岩层，蕴藏着能吸水的石头，俗称"上水石"。石头质地松软，上有大小不等的缝隙和孔洞，就如同海绵一样能涵养水分。石头上可种花养草，栽植小树苗，让人喜欢。20世纪80年代，曾挖掘出众多上水石块，有的制成盆景，有的制成纪念品，投入市场销售，很受欢迎。

第二节 河流泉水

小穿芳峪水资源的特点是客水多，地表水少，降水多，入渗截流少，雨季峰高量大。主要水资源有以下几种。

一 地上水

州河 蓟州的内河，主要流经区境平原中部，纵贯南北，上游修建有小海子水库、于桥水库等。

柳荫河 柳荫河发源于半壁山泉和英歌（又作莺歌）泉，两泉溪流交汇在今英歌寨水库闸口处成河，流经小穿芳峪注入南洪石河内，长约1250米。因岸上皆为粗大柳树，枝叶茂密，形成一道绿墙，势如柳浪而得名。日军侵华时，不断砍伐河边柳树，用于建据点、修炮楼、搭桥梁或烧炭，古柳被毁殆尽。今河边柳树为20世纪70年代栽植。

村小河 村东西都有清泉水流而成的小河，东头小河发源于龙泉山下，流向由北向南。西头小河发源庙沟内，亦由北向南流。村民吃水、洗衣、浇菜，甚为方便。后打机井抗旱，水位下降，再无自流河水。2012年发展旅游业后，村小河被打造成风景河。

小穿芳峪村风景河（2016年摄）

水井　村民自古吃村中所挖井水，由于井水均为砂石缝隙水，水质洁净，积年不用掏挖。村中20世纪60年代在北山顶打机井，修蓄水池，安装水管通往各家各户，从此村民吃机井水。

二　水库　塘坝

小海子水库　位于小穿芳峪村北，属州河流域，控制流域面积7.865平方千米，总库容102.4万立方米，为小一型水库，设计灌溉面积1900亩，是集防洪灌溉于一体的水库。设计标准是50年，校核标准是300年。该水库为乡办工程，1974年秋动工，1975年11月竣工，用工13万工日，国家补助12万元，集体自筹10万元。该水库一直未蓄水，只做拦洪用，目前拥有三个泄洪闸。

塘坝　小穿芳峪村北建有具备拦洪蓄水、灌溉、水土保持功能的塘坝，为蓟州区4座小塘坝之一。1974年建，库容量0.5万立方米，灌溉面积3.33公顷，果树40棵，饮水人数800人。

穿芳峪塘坝

三　穿芳诸泉

穿芳峪断裂沟通了沟河与马伸桥一带的地下水联系，致沿途一线地下水形成较强径流带，加之穿芳峪中部的东水厂岩脉，沟通了南北向地下水的联系，因此村域地下富水性较好。雨水充裕时，涌泉比比皆是，"山山有流泉，流多源并长"，水泉之盛，素称京东之首。水泉主要有龙泉、响泉、小理海泉、妙沟泉等。其中龙泉、响泉之水清澈甘甜，名声远播。

龙泉　在穿芳峪龙泉寺山下，是龙泉寺下泉和龙泉园中之泉，为蓟县最负盛名的泉水之一。龙泉冬春水流潜伏地下，夏秋水势较盛，南流成溪，泉水甚足，故得名"龙泉"。旧时久旱无雨，远近村民多来借龙泉之名而来求雨。20世纪60年代前，泉水犹常流不息，大旱之年泉水依然充沛。70年代末，由于连续大旱，泉水流量减弱。80年代后，地下水位下降，龙泉水流量减少50%。

龙泉

响泉　在卧牛山后响泉园内，园西北角有一石坎，泉水从石缝中涌出，落地叮咚作响，声音清脆悦耳，故名响泉。1976年，水电部门利用响泉之水建水电站。20世纪80年代，响泉为蓟县公乐亭泉之外流量最大的泉流。1984年实测，最大量为0.18立方米/秒。今响泉几乎干涸，雨水大时才可见。

小理海泉　在响泉园西下坎有片半亩面积乱石滩，人称"小理海"，有水从石块的缝隙中涌出，冒出串串水花。雨水充沛年份，水流量很大，沿响泉河流汇龙泉，合并流向穿芳峪东河。新中国成立前后，曾利用此河水建水轮面粉厂和穿芳峪发电站。后附近打多眼岩石机井，此泉干涸，今唯余泉眼处一片乱石。

妙沟泉　位于龙泉山西边山脚下。此泉附近曾建真武庙和八家村馆，泉流冲沟成河，故名妙沟泉。泉水环穿芳峪村西流向南沙河，今干旱之年河水断流，雨水充沛之年仍有水流。

胡桃泉　位于穿芳峪水库处，因附近多胡桃树而得名。原泉面不小于龙泉，从地面涌沙冒水，水质清澈，冬暖夏凉。1974年穿芳峪乡修水库时，泉被覆盖。

马尾泉　在英歌山右下脚，因泉水涌流状如马尾而得名。1974年穿芳峪乡修水库时，泉被覆盖，今只留其名。

第三节　动植物

在村域复杂和优越的地理环境中，野生动植物资源比较丰富，有动物数十种，有高等植物数百种。

一　野生植物

古来和现存的野生植物品种有：合欢、臭椿（别名椿树）、苦木（别名苦皮树）、吴茱萸（别名漆辣子）、构树、香椿、漆树、盐肤木、栾树（别名灯笼树）、杠柳（别名北五加皮）、荆条（别名牡荆）、黑枣、北五味子、珍珠梅、黄栌、胡枝子、雀儿舌头（别名黑钩叶）、盒子草（别名黄丝藤）、黄背草（别名黄背茅）、白羊草（别名白草）、野古草（别名野枯草）、角蒿、牛耳草（别名绵还阳草）、葛藤、荩草（别名绿竹）、银线草（别名灯笼花）、百蕊草（别名百乳草）、蒙古栎（别名柞栎）、辽东栎（别名橡树）、糠椴（别名大叶椴）、紫椴（别名阿穆尔椴）、辽杨（别名臭梧桐）、锦带花（别名五色海棠）、核桃楸（别名胡桃楸）、刺五加（别名刺拐棒）、毛榛（别名胡榛子）、丁香（别名白花丁香）、罗布麻（别名红麻）、石竹（别名中国石竹）、旋复花（别名驴儿草）、益母草（别名益母艾）、糙苏、香薷（别名香绒）、隐子草、鹅观草（别名弯鹅观草）、鹤虱（别名鹄虱）、猪毛菜（别名扎蓬棵）、兰花棘豆、蒺藜（别名白蒺藜）、地梢瓜、草木樨（别名铁扫把）、鹿蹄草、铃兰（别名铃铛花）、舞鹤草、龙牙草（别名仙鹤草）、地榆（别名黄爪香）等。

二　野生动物

古来和现存的主要野生动物如下。

主要鸟类　黑枕黄鹂、红嘴蓝鹊、环颈雉、黄腹山雀、灰眉岩鹀、山噪鹛、太平鸟、棕头鸦雀、红脚隼、长耳鸮、雀鹰、鹧鸪、榛鸡、石鸡、黑枕绿啄木鸟、喜鹊、秃鼻乌鸦、鸢鸟、金雕、勺鸡、彩鹬、燕鸻、蓝翡翠、黄鹂、卷尾、暗绿绣眼、黄脚三趾鹑等。

哺乳类　社鼠，猪獾、狗獾、青鼬、花面狸、豹猫、灰鼠、花鼠、飞鼠、棕背平、杜姬鼠、狍子、狐、貉、黄鼬、褐家鼠、小家鼠等。

爬行类　蓝尾石龙子、南滑蜥、王锦蛇、玉斑锦蛇、红豆锦蛇、黑眉锦蛇、乌梢蛇等。

昆虫类　全蝽、紫兰曼蝽、荣蝽、斑须蝽、金绿宽盾蝽、谷蝽、莽蝽、大鳖土蝽、狄豆龟蝽、螳瘤蝽、山姬蝽、庐山珀蝽、宽棘缘蝽、点蝽等。

第四节　灾　害

立村后，域内主要灾害为干旱和雨涝，许多年份旱涝连灾，山洪多发，冰雹大风酷烈，农作物和林木多受其害。其他灾害如雪寒及虫害等属偶尔发生，也危害到村中的农业生产和村民生活。

一　干旱

明成化十四年（1478），"四月亢阳，不雨"。

崇祯十二年至十四年(1639～1641)，连续三年大旱，旱情百年不遇，以至"大旱饥，骨肉相食""饥死者无数"。

清乾隆八年（1743）五月，干旱、大暑、苦热，土石皆焦，桅顶金流，人多中暑而死。

乾隆二十四年（1759），旱，伤禾。

道光十二年（1832）春，大旱。

同治七年（1868）上半年，大旱。

光绪八年（1882）夏秋，旱。

光绪十年（1884），旱。

光绪二十六年（1900），大旱。

宣统三年（1911），"春旱，谷子没吐穗"。

1922 年，自春至夏点雨不落，不但秋麦颗粒未收，春麦亦未得播种。

1928 年，春至夏未得雨，田禾枯槁。

1929 年，自春至夏亢旱为灾，麦收歉薄，田禾枯萎，蝗灾。

1935 年春，久旱不雨，二麦无收，秋禾未及生长。

1939 年春，旱，麦苗干枯。

1972 年 2 日至 7 月中旬，发生百年不遇的特大干旱，降雨量仅 33.5 毫米，造成河流干枯、井水干枯、河渠断流。

1975 年春，大旱，200 多天无雨，造成大河断流，小河干枯，60% 土地失墒，耕地不能适时播种。

1984 年，一冬无雪，水库塘坝干涸，地下水位普遍下降，麦田大量死苗。

1988 年，春旱严重，4 月和 5 月降水量比常年偏少 30%～40%，其中 4 月降水量偏少 70%，村中人、畜吃水困难。

1989 年春，出现农作物"卡脖旱"，玉米等农作物减产。

1992 年，春夏连旱，春季基本无降水。

1993 年 4 月，去冬今春降水量少，造成 20 年少有干旱，河流断流干涸。

二　沥涝

明成化十四年（1478），"五月以后骤雨连绵，水势泛滥，禾稼淹没，数十年尚未有"。

弘治六年（1493）闰五月十五日，"天空突然昏暗，大雨暴风雷电交加"。

正德六年（1511），"大水，成灾"。

隆庆元年（1567），入夏以来，霖雨三个月不止，重为民灾。

万历五年（1577），"秋大水，民不能收一麦一粟"。

万历三十二年（1604），连岁大雨潦。

万历三十三年（1605），连岁大雨潦，赈。

万历四十六年（1618）夏，两山为岸，民房倒塌，人巢于树。

天启元年（1621），大水至涝。

天启六年（1626）秋，大水至涝。

清顺治九年（1652）仲夏至孟秋，阴雨连绵，日夜相继，低洼者尽遭淹没，连岁无禾。

康熙二十五年（1686）七月，大水。

康熙三十八年（1699）夏秋，大水。

康熙三十九年（1700）六月下旬，大水，禾稼大伤。

雍正十一年（1733）六月，大雨如注，田被淹，秋禾被涝，房舍倒塌。

乾隆三年（1738）夏秋之交，淫雨为患。

乾隆十一年（1746）六月十三、十四、十五日，连日雨势骤涨。

乾隆十五年（1750）六月，大雨如注，淫雨伤禾，颗粒不见，民食草籽。

乾隆二十六年（1761），大雨，涝。

乾隆三十年（1765）五月三十日夜至六月初一晨，雷电风雨交加。

嘉庆六年（1801），连续暴雨，民舍冲毁，为近两百年罕见大洪水。

嘉庆十二年（1807）八月二十三日申时，"大雨雹"。

嘉庆十四年（1809），"雨雹伤麦"。

嘉庆十六年（1811）六、七月间，连降大雨，秋末歉收。

道光十二年（1832）七月，大雨，歉收。

光绪五年（1879）五月中旬后，阴雨连绵，禾稼淹没，村民流离。

光绪九年（1883）六月十四日后，连旬大雨，势如倾盆，灾情最重。

光绪十九年（1893）入伏以后，淫霖不止，连下 40 天，降雨量达 1200 毫米，造成次年饥荒，有人饿死。

光绪三十四年（1908）七、八月间，多次大雨，河水漫溢。

1913 年，五、六月，大水，二麦被淹。

1914 年，入夏淫雨为灾。

1919 年 7 月，大雨倾盆，昼夜不止。

1925 年 7 月，大雨。

1929 年 8 月 3 日至 5 日，连降大雨，遍地成泉，禾苗淹没殆尽。

1935 年夏，水涝，二麦无收，秋禾未及生长。

1938 年 7 月，大水，庄稼被淹歉收。

1949 年 7 月 9 日至 8 月 13 日，连降 6 次大雨，农田受灾极重。

1950 年 7 月 1 日夜，连降大雨，持续一昼两夜，暴雨成灾。

1954 年 7 月 27 日至 28 日，大雨，降雨量 540 毫米。

1955 年 8 月 13 日至 16 日，连降大雨。

1956 年 7 月至 8 月 3 日，连降暴雨，耕地受灾，积水严重。

1958 年 5 月 28 日，9 小时内连降 7 次暴雨。7 月 11 日至 15 日，连续大暴雨，村庄有民房倒塌。

1959 年 7 月 21 日 8 时至 22 日 6 时，大暴雨，田禾被淹。

1960 年 7 月下旬，连降暴雨，积水成灾，粮食减产。

1962 年 7 月 25 日，大暴雨，降雨量 187.6 毫米。耕地受灾，粮食减产。

1963 年 6 月 8 日下午，雷阵雨及大风、冰雹天气。

1964 年，春夏雨水多，春节阴雨绵绵。雨水之多，历史罕见。

1966 年 7 月 28 日至 29 日，暴雨，土地有积水。

1975 年 7 月 13 日晚 21 至 23 时，大暴雨及大风天气，玉米、高粱有倒伏。

1977 年 5 月 25 日傍晚，暴雨，降雨量 70 毫米，村农田受灾。

1977 年 8 月 2 至 3 日，暴雨，农田普遍积水。

1978 年 7 月 25 日至 28 日，大暴雨到特大暴雨，雨量有史以来最大。

1983 年 8 月 3 日至 5 日，连降三次雷雨，并伴有大风，农作物、果树受灾。

1984 年 6 月 15 日，因大风雷雨天气，受灾较重。

1984 年 7 月 14 日夜，遭受暴风雷雨袭击，农作物受灾。

1986 年 7 月 7 日至 14 日，连续三次遭受暴雨风暴袭击，农田沥涝。

1994 年 7 月 12 日夜至 13 日晨，暴雨。

1996 年 7 月 23 日，连续两次暴雨，伴有短时和少量冰雹，农田积水，有玉米倒伏。

1996 年 8 月上旬，连降暴雨，月降雨量达 404.2 毫米，是历年平均降雨量的 2 倍多，造成灾害。

1998 年 8 月 18 日晚，遭受暴雨、冰雹和大风袭击，农田受灾。

2003 年 8 月 5 日至 6 日，因大风和强降水，玉米倒伏减产 5 成以上。

2011 年 7 月 7 日夜，暴风雨，农业设施棚膜撕毁，作物受损。

2011 年 7 月 24 日夜间，暴风雨袭击，降雨量为 64.8 毫米，玉米出现倒折。

2012 年 7 月 21 日，发生 1979 年以来的最强降雨。

2012 年 7 月 30 日 7 时至 8 月 1 日 19 时，大暴雨，农田积水。

2013 年 8 月 4 日夜，遭受暴风雨袭击，玉米出现倒折，果树部分被刮倒。

2014 年 6 月 21 日至 22 日下午，遭受冰雹及短时强降雨灾害，玉米被淹、倒伏。

三 风

明弘治六年（1493）闰五月十五日，狂风"拔木揠禾"。

清康熙五十八年（1719）六月二十九日，"大风拔树"。

1962 年 7 月 18 日 20 至 21 时，遭龙卷风袭击，瞬时风速达 28 米 / 秒，风力达 10 级以上，造成严重灾害。

1967 年 5 月 22 日，遭受风雹袭击，风力达 10 级，大风刮倒折断树木。

1972 年 7 月 26 日，东北大风，阵风 9 级，最大瞬时风速 22 米 / 秒，造成树木连根拔起，农作物倒伏。

1974 年 7 月 11 日下午，冰雹大风天气，最大风速每秒 15 米，农作物受灾。

1975 年 7 月 13 日晚 21 至 23 时，暴雨大风天气，玉米、高粱倒伏。

1977 年 5 月 25 日傍晚，风雨，最大风力 7 级。

1977 年 8 月 14 日，遭受风雹灾害，最大风力达 8 级。

1986 年 9 月 11 日下午，遭受大风冰雹灾害。

1988 年 4 月 20 日晚，遭大风袭击，风力 8 级，阵风 9 级，秧苗断头，果树落花、折枝。

1989 年 5 月 18 日晚，遭受暴风雨灾害，最大风力 8 级。

1989 年 8 月 29 日 20 时 40 分至 20 时 50 分，雷雨大风天气。

1990 年 5 月 30 日，遭受风暴袭击，阵风 6 级，阵风 6 ~ 7 级，小麦倒伏。

1990 年 8 月 31 日 20 时 15 分，遭受特大风雹灾害，风力 8 ~ 10 级，持续 40 ~ 50 分钟，受灾严重。

1991 年 6 月 24 日 6 时 30 分至 7 时，冰雹大风，农作物受灾。

1994 年 6 月 26 日晚，遭受风雹袭击。

1998年8月18日晚,遭受暴雨、冰雹和大风袭击,狂风大作,飞沙走石,农田受灾严重,树木折断。

2000年4月6日,大风扬尘,西北风风力5~6级,阵风7级。

2003年8月5日至6日,大风和强降水,玉米倒伏减产。

2008年7月4日18点左右,遭受风雨袭击,风力6~7级,阵风达9级,大风造成农作物、果树及其他设施受损。

2009年6月26日至27日夜间,雷雨大风、冰雹等强对流天气,最大风速6~7级。

2010年6月16日晚,遭受风雹灾害,最大风力达7级,农作物、果树受灾。

2012年6月13日17点,雷雨大风天气,农作物受灾。

2013年8月4日夜,遭受暴风雨袭击,最大风力达11级,玉米出现大面积倒折,果树部分刮倒。

2014年5月3日至4日,大风天气,风力达8~9级。

四　雹

明朝正德六年（1511）,大雹,甚厚。

光绪八年（1882）,雹、霜灾。

光绪十年（1884）,雹。

1962年9月4日下午,突降暴雨和冰雹,果树被砸,果品减产。

1967年5月22日,遭受风雹袭击,历时40余分钟,雹粒大的如茶碗,一般的如核桃。

1972年4月14日下午,降冰雹,大如核桃,小如栗子,农作物受灾。

1973年7月22日1时,降雹,历时10分钟,大者似核桃、小者如玉米粒,对农作物造成不同程度损害。

1974年6月20日11时,雷雨伴有冰雹,雹大如鸡蛋,小如玉米粒,玉米叶被打碎,棉花被砸成光杆,小麦被砸得掉粒。

1974年7月11日下午,冰雹大风天气。

1974年8月26日下午至夜间,降雹,大的如鸡蛋,一般的似栗子,农田受灾。

1975 年 7 月 13 日晚 21 ~ 23 时，降冰雹半小时，大的如栗子，小的如玉米粒，成灾 1 ~ 3 成。

1976 年 5 月 10 日 19 时 42 分，降雹 7 分钟，雹大如鸡蛋，农作物有轻灾。

1977 年 5 月 25 日傍晚，遭受风雹暴雨灾害，降雹持续 20 ~ 40 分钟，冰雹大如核桃、鸡蛋。

1979 年 6 月 14 日夜间，遭受冰雹袭击，降雹持续时间 5 ~ 10 分钟，冰雹大的似鸡蛋，小的似核桃、栗子。小麦、果树受灾。

1983 年 9 月 29 日晚 8 ~ 9 时，村域遭受毁灭性风雹灾害。降雹时间 10 ~ 15 分钟，雹粒大者如核桃，小者似栗子，每平方米降雹 1500 ~ 2500 粒，厚度 2 ~ 3 寸，个别地方达半尺以上，伴有 8 ~ 9 级大风，短时雹如雨下。农作物、果树、蔬菜毁于一旦，麻雀、喜鹊、野兔等多被砸死。受灾作物基本绝收。

1984 年 8 月 25 日，村遭受风雹灾。降雹 4 阵计 20 分钟，最大直径 2.5 厘米，厚度 3 寸，阵风 6 ~ 7 级。农作物、蔬菜、果树、林木受灾。

1984 年 9 月 11 日 3 时，遭受大风冰雹袭击。冰雹小者如玉米粒，大者似鸡蛋，降雹历时 10 ~ 20 分钟，厚度 10 ~ 15 厘米。村果树、农作物、菜田受重灾。

1986 年 9 月 11 日下午，遭受大风冰雹灾害，冰雹小的如玉米粒，大的似鸡蛋，地面积雹厚度 10 ~ 15 厘米，降雹历时 10 ~ 20 分钟。果树、农作物受灾。

1987 年 6 月 27 日至 7 月下旬，风雹连续 3 次袭击，造成较大损失。

1989 年 5 月 18 日晚上，遭受暴风雨、冰雹灾害，降雹时间 30 ~ 40 分钟，降雹密度为每平方米 100 粒，雹粒大的如栗子，小的如玉米粒。

1989 年 8 月 28 日 20 时 40 分至 20 时 50 分，雷雨、冰雹、大风天气，农作物减产。

1990 年 6 月 27 日傍晚至夜间，遭受严重雹灾和暴风雨灾害。

1990 年 8 月 30 日 20 时 15 分，遭受特大风雹灾害，冰雹大的如鸡蛋，小的如玉米粒，降雹密度为每平方米 200 ~ 1000 粒。

1991 年 6 月 24 日 6 时 30 分至 7 时，发生冰雹和大风灾害，冰雹直径 10 ~ 20 毫米。

1994 年 6 月 27 日 22 时 15 分 ~ 22 时 30 分，遭风雹灾害，雹粒直径小的 0.5 厘米，大的 3 厘米，最密每平方米 1000 ~ 6000 粒，果树农作物严重受损。

1996 年 6 月 29 日下午，村受冰雹灾害，农作物受灾。

1998 年 8 月 18 日晚，遭受暴雨、冰雹和大风袭击，农田受灾。

1998 年 8 月 29 日 15 时 40 分，遭受雹灾，降雹 20 分钟，降雹密度 600 ~ 1000 粒 / 平方米，直径 5 ~ 60 毫米。粮食蔬菜果品受灾减产。

2009 年 6 月 26 日至 27 日夜间，出现雷雨大风、冰雹等强对流天气，冰雹最大直径 10 ~ 13 毫米，最大降雹密度为 40 粒 / 平方米，降雹时间持续 1 小时，造成严重经济损失。

2010 年 6 月 17 日 12 时 26 分，遭受冰雹袭击，冰雹平均直径 6 毫米左右，最大 15 毫米，最大密度 200 粒 / 平方米，雹灾面积 2.6 万亩，其中玉米、小麦、核桃、柿子受灾。

2012 年 6 月 13 日 17 点左右，受风雹袭击，冰雹最大直径 15 ~ 30 毫米，最大密度 50 ~ 60 粒 / 平方米，农作物受灾。

2012 年 6 月 13 日 17 点左右，出现雷雨大风冰雹天气，冰雹最大直径 15 ~ 30 毫米，最大密度 50 ~ 60 粒 / 平方米，农作物受灾。

2014 年 6 月 21 日至 22 日下午, 冰雹及短时强降雨, 造成玉米受淹、倒伏。

2014 年 8 月 30 日 18 点，受冰雹袭击，冰雹直径 0.5 ~ 1 厘米，每平方米约 200 粒。玉米、蔬菜、果树以及设施农业受灾、成灾。

五 地震

明成化十七年（1481）五月二十四，地震。六月初一又有 3 次震声。

弘治二年（1489）七月二十九，地震 4 次，有声如雷。十一月二十四，复地震。

弘治八年（1495）八月初九，地震有声。

弘治九年（1496）二月十四，两次地震，俱有声如雷。

正德六年（1511）十一月十二，地震，有声如雷，房屋动摇。

嘉靖二年（1523）八月二十八，子、卯、午时地震3次。

隆庆二年（1568）三月二十四，地震有声，雷电雨雹。

万历四年（1576）二月二十六，地震，次日复震。

天启四年（1624）二月十三，地震。

天启六年（1626），京师地震，村域有感。

清康熙十八年七月二十八中午，平谷、三河强烈地震，震级8级，地震波及村域，"地大震，有声遍于空中，地内声响，如奔车，如急雷"。有房屋倒塌。

雍正八年（1730）八月十九，地震有声。

乾隆六十年（1795）六月二十一，地震。

1976年7月28日凌晨3时42分，河北唐山、丰南一带发生7.8级强烈地震，村有震感，有房屋受损。是年11月15日，唐山发生6.9级地震，村水利建筑物受损。

六 雪寒高温

清乾隆二十四年（1759）九月二十六，大雪，冬严寒。

嘉庆元年（1796）正月初七、八、九，严寒，井冻，花木多冻死。

1938年冬，雪深2尺。

1956年2月26日，大雪。此为自1923年来，在2月降雪最大的一次，积雪11厘米。

1966年2月20日，降雪，21日夜间气温降至−23℃，出现近70年罕见的低温天气，小麦多死苗。

1979年4月，发生春寒，小麦遭受严重冻害。

1990年1月28日，大到暴雪，降雪量是自1974年以来同期最大值。

1990年3月25日，春寒，小麦多冻死。

1993年11月16、17日，出现较强寒潮天气，24小时降温9.3℃，48小时降温10.1℃，大白菜受冻害。

1961年6月10日，罕见的高温天气，极端最高温41.2℃，人多中暑。

1997 年 6 月至 8 月中旬，发生 55 年未有高温炎热天气。

1998 年 11 月 16 日至 18 日，气温迅速下降，48 小时内日平均气温下降 9.5℃，极端最低气温下降 11.1℃，露地蔬菜受到不同程度的影响。

1999 年 6 月 24 日到 7 月，出现持续高温酷热天气，连续 10 天日最高气温高于或接近 35℃。7 月 24 日蓟县最高气温达 41.7℃，该日最高气温为有气温记录以来的历史同期极值。

2000 年 1 月 3 至 6 日，连续出现降雪天气。5 日、6 日中雪到大雪，给交通和生活带来不便。

2003 年 11 月 7 日，大雪，降水量 20.7 毫米，树被压倒。

2005 年 2 月 14 日至 16 日，大雪。

2006 年 2 月 6 日，大雪。是年 3 月 11 日到 12 日，受强冷空气影响，48 小时降温幅度均在 10℃以上。4 月 6 日，再次受到强冷空气的影响，6 日平均气温比 4 日下降 9.0℃，达到寒潮标准。

2008 年 12 月 20 日晚，大雪，雪深 11 厘米，部分设施及农田受损。

2009 年 10 月 31 日至 11 月 1 日 4 时，中到大雪，降雪持续 16 个小时，积雪厚度最高 10 厘米。气温骤降，11 月 1 日夜间最低气温降至零下 6℃。

2010 年 1 月 2 日夜至 3 日夜，大雪。

七　虫灾

明嘉靖二十九年（1550）春，发生蝼蛄灾害，"屋瓦门窗飞打有声"。

崇祯十四年（1641），蝗灾。

清嘉庆七年（1802），蝗灾。

嘉庆八年（1803），蝗灾。

道光五年（1825），蝗灾。

光绪十年（1884），虫灾。

光绪十八年（1892），蝗灾。

1929 年，蝗灾。

1920 年，蝗灾。

1951 年 6 月 23 日至 7 月 11 日，蝗灾。

1951 年 8 月，发生鸡瘟。

1952 年 5 月至 7 月，蝗灾，虫口密度大。

1953 年秋，林木普遍木蠊、尺蠖。

1958 年 4 月，果树发生梨星毛虫、核桃毛虫、柿毛虫、红蜘蛛等虫害。

1961 年 7 月下旬，大豆造桥虫灾。

1966 年 8 月，玉米、谷子等作物发生黏虫。

1979 年 6 月中旬，麦茬玉米发生二代黏虫。

1981 年 2 月至 7 月，村松树发生松毛虫害。

1985 年，村树发生松毛虫害。

1987 年 6 月，发生黏虫害，密度为每平方米 210 头。

1988 年春，发生红蜘蛛虫害。

1993 年 5 月，发生大面积麦蚜虫害。7 月 21 日，发生二代棉铃虫灾害。

1994 年 8 月，水稻发生稻飞虱。

2004 年 4 月，林木发现"美国白蛾"虫害。

2014 年 5 月上旬，小麦发生吸浆虫灾。

八　大雾

1996 年 12 月 12 日夜至 15 日，连续 3 天大雾。

1998 年 10 月 30 日凌晨，浓雾笼罩，能见度 5～6 米。12 月 21 日清晨开始，大雾直到 22 日中午。

1999 年 11 月 20 日至 24 日，连续 5 天大雾，能见度最低仅 5 米。

2003 年 3 月 24 日，出现入春以来最大的一场浓雾，能见度低于 20 米。

2005 年 11 月 3 日至 4 日，大雾，能见度最低处仅为 5 米。

2006 年 11 月 2 日至 3 日，连续大雾，能见度不足 100 米。

2007 年 10 月 24 日至 27 日，出现连续大雾。

2009 年，从 3 月到 12 月，除 6 月、7 月外，均有大雾发生。

2016 年 12 月 16 日至 21 日，出现严重雾和霾天气过程。12 月 19 日，遭遇入冬以来最强的一次大雾天气，能见度 100 米。

第二编

人口

　　建村之初至 1949 年新中国成立前，因灾害、战争等因素，村人口发展极为缓慢，由几户十几人发展到民国年间近 200 人。新中国成立后，随着人们生存环境的改善和生活水平的提高，60 年代初人口数量增加较快，形成生育高峰。80 年代后，随着计划生育政策的实行，村内人口趋于稳定。新中国成立初期，男性多于女性。至 2018 年 7 月，男性依然略多于女性。村民的平均寿命由新中国成立初平均 50 多岁增加到 80 岁。改革开放后，有满族人口因婚姻迁入。新中国成立后，村民文化程度显著提高，文盲、半文盲逐渐减少，至 20 世纪末，青年村民普遍达到初中文化以上水平。2012 年前，村人口大多从事农业和外出劳务。发展旅游村后，随着耕地流转，从事农业人口大幅减少，村民从事旅游服务的比重提高。

第一章　人口概况

第一节　数量　构成

一　人口数量

　　分村时，小穿芳峪有 30 户 100 人左右。之后，人口和户数逐渐增加，均为自然出生和婚姻迁入。进入 21 世纪，有外地长期在村打工者，按政策自愿加入村籍。

1981 年，有村民 68 户 243 人。1983 年，有人口 254 人。1995 年，有人口 262 人。1990 年，有村民 74 户 254 人。

1996 年，据蓟县第一次农业普查统计：小穿芳峪村有 61 户、262 人，其中男 135 人、女 127 人，在校学生 42 人。

2000 年，有村民 74 户 271 人。2005 年，有村民 74 户 269 人。2010 年，有村民 73 户、人口 269 人。

2017 年 7 月，有村民 84 户 276 人，其中男 140 人、女 136 人，18 周岁以上 221 人，中小学在校学生 39 人。

二 人口构成

文化构成 立村时，村民普遍文化水平较低。清中后期，少数村民在私塾读"冬三月"，识得一些常用字。村中有读书人考中秀才、举人和进士，在全村人口中占比很低。民国年间，村中部分孩童得入学读书，学习文字和数算，但大多数村民都为文盲和半文盲。新中国成立初期，多次组织文化扫盲，在村中普及小学教育，村民文化程度有所提高。

改革开放后，政府普及九年制义务教育，青年村民普遍达到初中以上水平。村民接受高等教育的人数逐年增加，2018 年 7 月，已毕业的大中专学生达到 26 人。农村家庭更加重视子女教育，18 岁以下的青少年全部在校读书。

2018 年 7 月，剔除在读学生及学龄前儿童 57 人，219 名村民中，初中文化水平占比最高，为 45.66%，高中及以上占比 21.92%，详见表 1、图 1。

表 1 小穿芳峪村民受教育程度一览

受教育程度	大学	大专中专	高中	初中	小学	未读	合计
人数	13	15	20	100	57	14	219
所占比例（%）	5.94	6.85	9.13	45.66	26.03	6.39	100.00

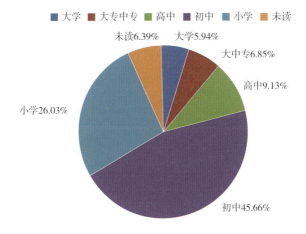

图 1　小穿芳峪村民受教育程度比较

就业构成　1981 年，总劳力 150 人，主要从事农业，少数经商。1990 年，总劳力 160 人，农业为主，其余多经营建筑业、林业，少数从事养殖业。1996 年，蓟县第一次农业普查统计：小穿芳峪从事农业生产 57 人、从事工业生产 36 人、从事建筑业的 16 人、从事交通运输业 4 人、从事其他行业 45 人。

2017 年，村民主要从事旅游业或相关职业。

年龄构成　新中国成立前，村民人均寿命较低，多在 60 岁上下。由于物质、文化水平低，严重缺医少药，知识贫乏，婴幼儿患病夭折、老年患病不治现象普遍存在，故村中人口构成一直以青壮年比例为高。

1949 年以来，村民健康状况大为好转，各种流行性传染病相继被根除或被有效控制，村民的平均年龄逐年提高。改革开放后，物质生活和医疗卫生条件提高，村民的健康状况改善明显，人均寿命接近 80 岁。

2018 年 7 月统计，全村 18 岁以上人口为 221 人，各年龄分组人数相对均衡，全村 60 岁以上老人占全村人口比例为 20.29%，已步入老龄化状态。见表 2、图 2。

三　民族构成

立村之始，村中居民均为汉族。改革开放后，因婚姻嫁入，村中有满族村民 3 人，落户满族儿童 1 人。

表 2　小穿芳峪村民年龄结构一览

年龄分组	人数	比例（%）
18 岁以下	55	19.93
18 ~ 30 岁	42	15.22
30 ~ 45 岁	56	20.29
45 ~ 60 岁	67	24.28
60 岁以上	56	20.29
合　计	276	100

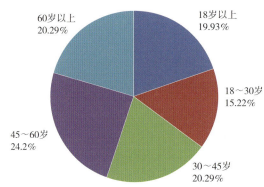

图 2　小穿芳峪村民年龄结构比较

第二节　计划生育

一　宣传

1949 年新中国建立初期，国家鼓励生育，村出现生育高峰，50 年代人口增加较快。60 年代初，国家开始宣传计划生育，号召节制生育，村内生育峰线开始回落。1978 年，国家将计划生育作为一项基本国策后，提倡"一对夫妻一个娃"，村中开展计划生育宣传，提高人们对少生优生利国利家的认识。1982 年，村成立计划生育领导小组，加大宣传和奖惩力度，使人们对计划生育的认识普遍提高。1989 年，村建立计划生育协会，开展经常性的人口生育政策、国情知识、晚婚晚育、优生优育、节育避孕等内容的宣传，提倡育龄夫妇自愿终身只要一个孩子。

20世纪90年代以来，利用黑板及墙壁，采取广播与标语的形式，长期开展关于计划生育的必要性、紧迫性宣传，介绍晚婚晚育和少生优育的益处，走门串户传播避孕知识，消除人们"多子多福"和重男轻女的老思想、旧观念，树立生育有计划的新风尚，

村民家庭合影（1975）

使人们传统生育观念得到根本改变，提高对计划生育的自觉性。21世纪初，计划生育持续开展少生优生宣传。

经多年宣传教育，村民生育观念发生很大改变。进入21世纪，绝大多数育龄夫妇自愿终身只要一个孩子，村人口出生率下降。由于优生优育知识的普及，新生儿和独生子女生存环境优越，身体素质普遍提高，家庭经济负担相对减轻，故为子女成长提供了相对优裕的物质条件。

2016年，国家实施二孩政策，两个孩子的年轻家庭渐多。

二　措施　效果

实行计划生育后，限定青年男女结婚年龄，未达法定婚龄村里不予出具登记证明，加之对新婚夫妇实行计划生育，使生育受年龄和指标约束。

从20世纪80年代，村中对符合条件推迟生育、退掉二胎指标和领取独生子女证者，给予奖励。此后多年，对于独生子女户，村里每月给五元补助费，为独生子女免费拍照，赠送玩具。后随着经济发展，村里对独生子女实施了多项优惠政策，包括给儿童上保险，给产妇增加假期、工分、工资、现金等资助鼓励。

1982 年，村中开始对育龄妇女按期进行集中体检，鼓励生育两个孩子的适龄妇女进行结扎手术。日常推行多种避孕方法，对育龄妇女上门送避孕药具。鼓励生育后的夫妇结扎、上环或做绝育手术。1991 年，小穿芳峪村被评为"乡计划生育先进村"，多个家庭主动放弃二胎指标，领取独生子女证书。

2001 年起，计划生育工作纳入制度建设轨道，每年召开会议，对村中计划生育工作进行部署。村中已育的育龄妇女均采取避孕措施，定期进行检查。

至 2015 年，村中计划生育工作总体达标。2016 年，国家实施二孩政策，部分符合条件家庭始生育二孩。

第三节　姓氏宗谱

一　姓氏

立村之初，村中主要姓氏为王、苑和尹姓，后有张、金、蔡、马等相继落户，村中姓氏渐多。

2018 年 7 月，村中姓氏有苑、郑、王、赵、张、尹、李、闫、孟、叶、冯、金、曹、刘、蔡等共 47 个。其中，王姓 55 人，张姓 37 人，尹姓 33 人，苑姓 25 人，李姓 21 人，孟姓 17 人，刘姓 13 人，为村中人口较多的姓氏。

二　部分姓氏源流

尹姓　相传永乐八年（1410），原籍直隶定州青年尹朴随父客寓京城。后因纠纷逃离京城。一日，来到小穿芳峪，叩请王家相助。王家主人见尹朴气质不俗，便留他作杂货铺记账先生，资助他重习举业，求取功名。三年后，尹朴得中秀才，授职在玉田县当赋吏，明宣德二年（1427）辞职回到小穿芳峪。尹朴感念王家相助之德，娶王家女儿为妻，自立门户建房置产，生儿育女，渐成村中大族。

张姓　原籍河北省遵化市城西石门镇大张庄，明万历年祖先为张忠正。清乾隆元年（1736），因家贫来穿芳峪扛活，后落户于此。来蓟后，始祖名张连洁,生一子张义,义生子国祯,国祯生子瀛,瀛生二子福明、福林,二人各生三子。继贤为次子门下,来蓟后的第六代,祝伶为第七代。

李姓　原籍金陵,始祖文友,明永乐时官副都御史,从成祖朱棣北迁,遂家蓟州。后一支居城内及颜家宫,一支居城东之赵各庄。始居赵各庄者名福增,后族人众多,居处号为"李氏大院"。五世后至玄孙李江,为李姓中进士居官者,李江携母弟西迁于穿芳峪村。

三　家谱

《张氏家谱》　张继贤编修,张祝龄续修,1979年6月5日张子安(燕翁)录。家谱中有"家史"和"宗支"两部分,前有宗谱叙,先叙人生根本,再叙本姓源流及来穿芳峪居住的经过。原谱按上五代、下五代为"称位",以本人为标点,由高太祖、之子、之孙、重孙、玄孙、己、之子、之孙、重孙、玄孙各记五世。续谱不复对称,以代为记。张氏家谱中记有祖训:克勤克俭、耕读为业、和睦乡里、孝敬父母、兄宽弟忍、妯娌和美。

《郑家世系》　郑中和撰。是书主要介绍郑氏家族的由来繁衍和变迁。郑氏家族于明朝崇祯十六年(1644)自京西鲁家营迁入蓟县穿芳峪定居,之后绵延不绝。但是,由于年代久远,查考资料有很大的局限性,原来有简单的家谱,也因辗转收藏霉烂变质,仅残留片纸只字,前后接续困难。是书则尽可能把搜集到的材料写成纪实性文章,并附《郑家世系简表》,以供参阅。

第二章　婚姻家庭

第一节　婚　姻

一　旧式婚姻

封建社会的婚姻习俗，一直延续至 1949 年。此前，男女婚姻无自主权，要遵从父母之命、媒妁之言，男女双方素不相识者多，且婚前不能见面。讲究门当户对，根据双方生辰八字决定嫁娶，婚后女方须遵守"三纲五常"，"嫁鸡随鸡，嫁狗随狗"。离婚被视为羞耻，改嫁被视为不守妇道，会遭到非议责难。早婚现象严重，有的十三四岁就结婚，以富家子弟为多。除常见的媒妁结亲之外，旧时还有如下婚姻形式。

换亲　贫寒之家无力给子女成婚，两家（或三四家）互换女儿做儿媳。

亲上亲　姑舅表兄妹（或姐弟）、姨表兄妹（或姐弟）结婚。

童养媳　贫苦之家因生计所迫，将未成年之女孩提前许配男方，随后即送婆家收养，以求温饱，称夫为兄，待女孩成年始择吉日举行简单婚礼，谓之"圆房"，改称夫。

拾买亲　贫苦人家无力为儿子娶妻，遇荒年岁月，有过路难民、乞丐无家可归，愿将女儿送人，便可抱过来或用微薄财物、粮食将女孩买下，长大后与儿子为夫妻。

娃娃亲　两家出于友情或亲情，为年幼的儿女订下婚约，待长大后完婚。通常情况下，有一方发生伤残类意外也不能毁约。

结阴亲　已死而未曾婚配的男女不准埋入祖宗茔地，须由各自的亲属四处张罗婚事，为死者举行"结婚"仪式，将男女骨骼各入新棺，奏乐鸣鞭，盖如生者，然后葬入男家茔地为阴曹夫妻，谓之结阴亲。

倒插门　有女无儿者，除采取"过继"入嗣外，尚有招婿上门养老送终者，即婚后男方到女方家入赘，俗称"倒插门"，女家则称"招女婿"。贫穷多子之家方肯将子入赘，女方常因无兄弟为延宗祧不得已而为之。被招婿者须立字更名改姓，所生子女皆从女家姓。

二　新式婚姻

1951年，《中华人民共和国婚姻法》颁布后，村中强迫包办侵害妇女权益的婚姻制度被废除，实行男女平等、婚姻自主、恋爱自由、一夫一妻制度。村青年男女多经人介绍对象，男女互相了解后，如若中意，就继续往来，若不中意，可随时转告介绍人终止关系。有的男女先行自己恋爱后，征求家长意见，再请介绍人协议定亲。旧的婚嫁习俗逐渐被革除，形成了新的婚嫁礼俗。

进入21世纪，村域内青年男女择偶多为自己选择恋爱对象，经过相互了解，中意后双方家长见面议定婚姻，交往一段时间后，再举行婚礼。

第二节　家　庭

旧时村人"大家庭"观念很强，兄弟成婚后往往并不分门立户，因此村中三世同堂、四世同堂的家庭常见，甚至还有五世同堂的家庭。一个大家庭人口多的有20余口。新中国成立后，十数口以上的大家庭逐渐减少。20世纪60年代后，家庭成员一般由父母和未婚子女所组成，一旦子女成婚则另立门户。父母年老后，儿子多的轮流赡养；一个儿子的则合为一家。出嫁女子不需要对父母尽赡养义务，也不继承父母遗留的财产，无儿子的家庭例外。改革开放后，村民家庭越来越向小型化发展，多为一对父母与一个或两个孩子组成，子女结婚后与父母分户，故村中两口之家越来越多。2015年，村民家庭三口之家占半数以上。

一　结构

1949年之前，村域大家庭多为富户。家庭结构依父系血缘，由年高辈尊的男人当家，居支配地位，其他成员处于依附地位。家长亡故后，一般由长子继承。父母在世，兄弟婚后仍在一起生活，父母去世后且兄弟皆已

村民家庭合影（1960）

村民家庭合影（1970）

小穿芳峪村貌

完婚，方能分家另过，自立门户，故四世同堂者居多。有的男子十五六岁结婚得子，家庭达到五世同堂，家庭人口多者达二三十人。大多数贫穷户为生计婚后即与父母分居，自谋生路。20 世纪 50 年代，三代同堂以及数代同堂户占总户数的 86.5%；60 年代，三代同堂以及数代同堂户占总数的 72.1%；70 年代，三代同堂以及数代同堂户占总数的 65%；80 年代，三代同堂以及数代同堂户占总数的 60%；90 年代，三代同堂以及数代同堂户占总数的 26%，夫妻户和两代户占总数的 74%。

21 世纪初，三代同堂及数代同堂户占总数的 10% 左右，一代和二代同堂户占总数的 90% 以上。一般为青年父母与独生子女组成一个家庭，上代另为一个家庭。2018 年 7 月，全村共有家庭 84 户，其中三代同堂 24 户，占总户数的 28.57%。

二　住宅

2016 年，村有宅基地面积 3.4 公顷，户均宅基地 420 平方米。村有宅基地共 80 多宗，其中：一户一宅的 67 宗 67 户；一户两宅的 12 宗 6 户；两户一宅的 2 宗 4 户。

第三编
村域文化

中国的乡村文化，除了丰富的文化遗存、良好的村风村俗以外，最重要的是有几位影响历史的乡贤乡绅、文人雅士推动乡村文化事业，兴办教育，并能以各种方式留存文字著作，真实记载村史史料，流传后世。

穿芳峪一带古来宗教文化和隐逸文化发达，为本地留下大量宗教建筑和乡贤文化遗存。其中以进士李江为代表的"穿芳三隐"和满族状元崇绮、吏部尚书万青藜等十余位名士频来小穿芳峪，留下大量诗文著述，成为一笔难得的文化遗产。同时他们也为小穿芳峪的文化教育水平的提高做出重要贡献，使小穿芳峪成为远近闻名的文化礼仪之乡。21世纪初，村制定旅游村战略后，在天津社会科学院的协助下，对乡贤文化进行发掘整理，编撰"小穿芳峪文库"，收存多项文化成果，这种古文献整理工程对一座规模不大的村庄来说，在国内实属罕见。同时村里打造以乡野公园为核心的旅游文化，使村中呈现历史文化与旅游并重的特色文化形态，村民的文化生活日益丰富，文化氛围和生活品位大为提高。

第一章　文化遗存

小穿芳峪地近京师，环境优美幽静，百姓善良纯朴，又因为是皇家谒陵和举办奉安大典的必经之路，皇陵余脉的风光风水，对达官贵戚具有不可抗拒的吸引力。清末民初蓟人金凤翥撰《渔阳志略》，四言韵文，洋洋洒洒，综述蓟州从古到今的历史地理，人文社会。文曰："州东七里，有凤凰山。宋时赵普，读书其间；崆峒山下，岭名锁子。城之龙脉，发源于此；恒王园寝，山名钟灵。行宫山上，桃花早馨；端慧太子，园寝朱华。五王园寝，山是黄花；峰山龙山，北堡其间。川芳爨岭，诸峪山环。"

第一节　寺庙庵祠

一　龙泉寺

龙泉寺位于穿芳峪村北一里的龙泉山半山腰处，东晋永和二年（346）建，占地二亩四分。殿前禅场靠北边两侧分植两颗古柏，西边柏树下立有石碑，石碑上刻有始建年代及建寺的经过。元代元贞年间铸寺钟一口，钟面刻有经文。院西南角有明代石碑一座，碑文记载正统五年曾再修寺院。禅院东南角处矗立镇寺的汉白玉石塔，塔高一丈三尺六寸，雕工精细，美观大方。

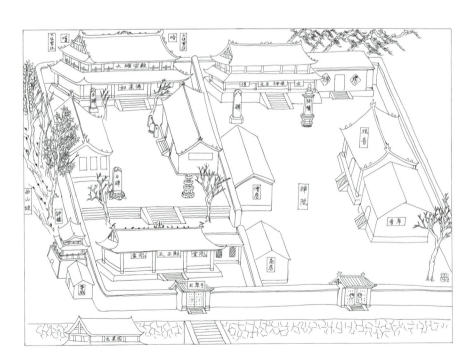

古龙泉寺布局图

佛寺建筑雄伟，彩绘色彩绚丽，规制齐整。正门为山门，天王殿内供四大天王。过天王殿，迎面就是供奉的释迦牟尼佛的大雄宝殿，如来佛坐像后是高一丈五尺、宽一丈的椭圆混沌盘，代表九重天体，上面嵌塑着开天辟地的诸神塑像，共六十五位，每位一尺左右高，足踏祥云，目视前方，栩栩如生。塑像线条流畅，色彩缤纷，十分精细美丽。如来佛座前站立"哼哈二将"，手持降魔杵和打神鞭，在大殿内东西两侧山墙下的高台上列坐着形态各异的十八罗汉佛，罗汉佛后墙面上的壁画是九重天神斗妖魔的彩绘。禅院东厢配殿供的是关帝和蜀汉名将，西厢配殿供的是达摩师祖和药师及其他佛像。各殿脊饰均为龙吻吞脊，脊正为二象倍麒麟驮宝塔，非常壮观。整座寺庙色彩绚丽，工艺高超。

清同治年间，响泉庵的无生神母塑像和待从像被移供于龙泉寺东院，庵众虽被遣往州城观音堂，但庵堂与寺院只隔一墙，有违禅规，寺僧多远离另觅法地，寺院萧条，只有数名外来道士承管香火。

龙泉寺的石碑上，记述有辽国金陵总兵韩匡嗣曾到寺中。在龙泉寺迁入无生神母及重修庙宇的大事簿上，记载有明代戚继光、清代乾隆皇帝、吏部尚书万清藜、热河都统崇崎等人曾来寺院。在半壁山下巨石上，残留有清人李江的墨迹"奇观"二字，另有两首诗已模糊不清。据《龙泉园集》记："奇石探半壁，崖穴等搜才。洞仄解行人，谷响虎啸猜。"可知此处风景很有名气。镇寺的汉白玉石塔于1927年拆散，卖给外地古董商人，今唯余两块一尺五寸厚的平板石拼成的圆形塔基。龙泉寺于"文化大革命"中被毁。

半壁山"奇观"巨石

二　响泉庵

响泉庵又叫东庵，在小里海泉东南面卧牛山后。庵堂建于元代元贞二年（1296），西有龙泉寺，北有半壁山，南近穿芳峪，东接高头寺，庵址恰好居中。庵设堂 5 间，中间供奉无生神母，两侧有九天玄女和女娲娘娘陪受香火。平时有一主四尼奉护。院落西北有夹石，缝隙流泉，滴水叮咚，因此该庵定名为响泉庵。来此的香客络绎不绝，少妇求子，老妪祈寿，许愿还愿者甚多。

三　福缘庵

福缘庵又叫中月庵，位于穿芳峪街中路北，建于明永乐十八年（1821）。进庵院对开双扇木门，第一层是经书殿，当中过道，两边是木制经卷厨，藏书万余册。藏书在明宣德六年（1431）被州衙收走，据说运到盘山万佛寺编缉房择捡禁书，不明其因终没返还，此屋也成了空房。每年二月十九此庵常被村中当祭拜场用。正院一层大殿是观音殿，供奉三大士，左为大势至菩萨，中为南海大世观音菩萨，右是普贤菩萨。前面两位站像，右为慧净童子，左为智元童子。两山墙绘有 36 位菩萨。供桌常摆供果、磬盂，两边有蜡台、香筒。东西配殿各 3 间，西为膳堂、卧室，东为库房、洁身房及修经堂。正院靠北有古柏两棵，正中是焚香大石炉。两层殿均为卷棚筒板瓦屋面，配房是简修小瓦房。福缘庵最多时尼众 5 人，有香火地 6 亩，后生活拮据，只剩 2 名尼徒。清同治年间，佛像移往村东路北唐槐北新建庙堂供奉，原址被改为穿芳义塾（后为小学）。

四　西庵

西庵又称西庵子，位于穿芳峪村西北一里的小山坡上。清道光十一年（1830）建，由龙泉寺主持承建，历时一年半建成。待开光时不慎失火，新寺遭焚毁。后无力再建，只留西庵空名。

五　真武庙

真武庙位于龙泉西麓山脚下，明正统年间重修龙泉寺时建成此庙。真武庙建有三间正殿，供奉真武大帝。殿前西厢配殿两间，供佛三清圣尊。东厢配殿两间为禅房，供道士居住。另有简房斋堂两间。庙围墙随山而建，只有砖砌门楼双扇大木门，进院是方砖墁地，有焚香石炉一个。殿前有两株幼柏。当时香火不繁，有香火地 2 亩，因此庙属龙泉寺供给营管。清同治十一年（1872）因雷击焚毁，只剩一尊泥塑真武像和残垣瓦砾。因无力再建寺庙，真武塑像被移送村东大庙。"文化大革命"时修建梯田，庙被拆毁。今原址处仍可见瓦砾。

六 龙王庙

龙王庙位于穿芳峪大街西头路北的大槐树后。庙内正坐是龙王，两旁立的日月星君，下有雷公电母、风神雨伯等神像，无围墙、院落和专人管理，只有信奉者在各个节日清扫和焚香祭祀。旧时遇大旱之年，本村并外村百姓多来此求雨，摆供烧香。庙于"文化大革命"时被拆毁。

七 英歌（莺歌）寨庙

此庙位于村北二里的英歌山（原作莺歌山）上。英歌山山势险要，四周陡峭，易守难攻。宋金对峙之时，此地争战不断，曾有从南阳埠来的鲁亮、徐莹义带领 70 余人到山上筑房盘守，立山为寨，因叫英歌寨。到元代，山寨被官军剿灭。大德八年（1304），玉田县乌龙院道观的主持窦士章化缘来此，见山寨废弃，遂呈请蓟州官衙改成寺庙。将山寨的厅堂改为佛殿，内供观世音、普贤、大势至三菩萨。殿前东西厢房为配殿，西配殿供药王等神像，东配殿是供住宿的禅房。大门内东南角处建有钟楼，另在东禅房南墙外，有两个小砖龛，一龛供日神，一龛供月神。大门西侧有一通石碑，上面刻有善民功德名录。正殿前面有砖砌香炉，东面是大水缸以备防火之用。殿后保存有原寨主的习武台和石砌大围墙的墙基。改建寺庙后，开始是道士居此，相继四代传道。道士羽化后，安葬在山下玄静塔内。此后由穿芳峪福缘庵慈空冷月、净明二尼接管，到义和团起事，尼姑归集翠屏山云泉庵，英歌山上的寺庙就由当地半僧半道的人护守。1958 年，此庙被拆除，原材料被用于建村小学校。

八 五道祠

五道祠也叫五道庙。在穿芳峪村东拐弯处，有个孤间庙宇，内无泥塑，只有城隍、马王、火神、虫王、山神五位画像，遇虫灾或山火、畜瘟，村民焚香摆供，求神免灾。旧时村民家中死人，送丧亦来祠烧纸，喻送魂上路。新中国成立前，庙内偶有乞丐存身。后曾有铁匠于内安炉打铁，锻造用具。五道庙于"文化大革命"期间被毁。

九　山神庙

山神庙在村北不远的半壁山村南口，建造等级较高，有大殿三间，筒板瓦屋面，磨砖对缝墙体，内供独像山神。东隔间住一老道，由附近坝尺峪、半壁山、英歌寨三村捐粮给物供他护管烧香。西隔间供一土地画像。庙无围墙大门，很显冷清，常有樵夫和乞丐避风躲雨。一日，有人不慎因吸烟引燃做饭柴草，大火烧毁三间大殿。道士无处安身，不知去往何处。后来半壁山村出资，复建一间小山神庙，为村民办丧事用。

第二节　穿芳五槐

村域曾有五棵千年古槐，远近闻名，州县志中曾有记载。

一　迎客槐

迎客槐在村东大庙前，此槐曾树身粗壮，枝叶繁茂。最为奇者，有一粗大枝杈长约两丈五尺，平伸跨过马路搭在对面大影壁上，形成进街的天然"牌楼"，行人通过如入仙境。相传，清乾隆皇帝到龙泉寺后半壁山览胜，过小溪村头发现这一奇景，故赐村名并赐此树为"迎客槐"。"九一八事变"后，侵华日军来穿芳峪安据点，建炮楼，因槐树枝杈妨碍汽车通行，便强行把此杈锯掉，后来又在此树下试放牛腿大炮，用此树当依托，对准南山。因炮药和铁弹子倒装，炮座爆炸，把这棵名树炸去一半，树不成形，只有一个树杈顽强地生长着。迎客槐今成古桩盆景。

二　槐抱榆

槐抱榆位于迎客槐西侧，距迎客槐八步之遥，此槐主干外径六搂半（8米多），因年久而树老腹空，空腹处可容纳五六个人并坐。奇特的是，腹中竟长出一棵榆树，约一搂粗细，其根还有一个一搂半粗的榆树根，可知榆树是第二代，槐抱榆由此得名。另外，在树干缺损处，镶嵌着一块清代光绪二年（1876）十二月由状元文山崇绮题刻的"唐槐"二字石碑。

现此槐仍枝叶葱茏、母子并茂。

据村中老人讲，此槐树龄或不止起于唐代，可能之前此树已生成。

唐槐因年代久远，被人们视为神灵，游客看到此槐，多在树上挂红布、拴长命锁，或认干亲，为子女在此祈求平安幸福。

三　槐抱柏

在穿芳峪大街正中路北，原来的福缘庵前，有一棵四搂半粗的古槐，

崇绮题唐槐碑

树老腹空。不知何年，树中长出一棵柏树。可能原柏树已枯，有人补栽一棵柏树，以完其名。此槐抱柏树犹如一个大盆景，堪称奇观。后为了保护古树，四周加金属栏杆。此树在州志中有记述。

四　高家院槐

村内另一棵槐树在村民高家院内，高约四丈，粗五尺余，亦有上千年树龄。此槐于1958年村庄改道时被伐毁。

五　村西古槐

原村西街头路北有一棵千年古槐树，1958年调街改道时，因位于路中而被伐。

另一说为"穿芳八槐"，早年村中还有龙王庙前两槐和蔡家院内一槐，因后三槐久已不存，故后世改称"穿芳五槐"。

第二章　乡贤文化

第一节　穿芳"三隐"

晚清学者文人李江、王晋之和李树屏或辞官到穿芳峪隐居，或村居有高品义行，当时便被邑人合称"穿芳三隐"。史恩培在《龙泉师友遗稿合编弁言》写道："先生买山于蓟东之穿芳峪，泉多地沃树木丛蔚，筑园曰龙泉，为耕桑实验之所。竹舫亦归偕隐。同门李筱珊茂才亦依比邻。时有穿芳三隐之称。"他们追求青山绿水，追求投身大自然，以修养身心为目的的乡隐生活和耕读实践，为小穿芳峪村的社会发展、文化进步、经济拓展留下了绝大多数中国乡村不可能具备的特殊文献集合，对研究村史文化具有重要意义。他们的史迹和功绩在村史中留下浓重的一笔。

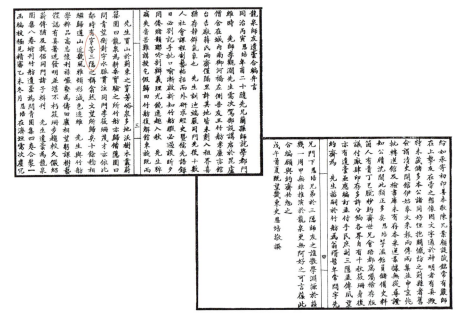

《龙泉师友遗稿合编弁言》书影

一 李江

李江（1834 — 1885），字观澜，自号龙泉山人，天资聪颖，端严朴恪，不苟言笑，从小喜欢读书学习，特别喜好读先儒性理之书，19 岁时，补博士弟子员。咸丰五年（1855），李江乡试考中举人。李江朝夕研读《小学》《近思录》《呻吟语》等书，未尝去手。与同县好友王晋之经常互相切磋，求圣贤为己之学，并且亲自实践，不事空谈。同治元年（1862）李江考取殿试三甲进士第一名。后官居中宪大夫四品兵部候补主事，为吏部尚书倭仁、礼部尚书万青藜所赏识。李江与同在礼部任职的清代蒙古族状元崇绮（后任热河都统）、黄云鹄等结为道义之交，来往甚密。同治五年（1866），李江因病辞官回到蓟州养病。其《龙泉园集》记载："余同治元年（1862年）通籍官京师，至四年（1865 年）夏余忽患病，遂不时旋里养疴，而卒未愈。至九年（1870 年）七月，始以病乞休，居于鹦哥寨古寺中者凡两月。"同治九年（1870），在门人李树屏建议下，李江在穿芳峪龙泉山下置地造园。同年建成，因此园靠近龙泉寺，故起名"龙泉园"。李江把老房子让给寡嫂和诸侄居住，自己在此侍奉老母，种田植树，以供生活所需，过着隐居的生活。他还在园内著书立说，论道讲学，并推行桑蚕种植之法，以此振兴实业。

李江在村内建立义塾，凡是本宗本乡里贫而不能自给、无力就学者，皆解囊相助，使不失学。远近学子纷纷慕名至此求学，以至教舍容纳不下。一时间，名公巨卿逆

李江像（摘自《里党艺文存略》）

风爱慕，争相推荐，但其秉性恬淡，无意功名，始终与老母相依为伴，以读书为乐。

李江曾出资购买响泉园东南下坎的9亩农田，与文友共8人模仿古人的井田制，将9亩农田划分为9份，四周每人一份，中间一块辟院结庐，名为"井田庐"。众人一起耕种粮菜，一起饮酒品茶，并轮流做厨，共同食用。劳动成果一部分交公，一部分充做库存，有盈余时则可帮助贫困人家。

李江一生著述颇丰，著有《龙泉园集》21卷，包括《龙泉园语》《诗存》《观澜艺语》《村居琐记》《治生录》《对证录》《诗尘》等，类皆身心性命之学而发，见于诗、古文词，藏之名山。所著的书共8种16万余言，殁后10余年，其弟子李树屏设馆于京师，检其遗集，倩遵化张之照分任校勘，为之付梓行世。

《龙泉园集》（影印本）书影

李观澜先生小传

刘化风

李先生江，字观澜，号将园，晚筑龙泉园，故学者又称龙泉。先生蓟县人，性孝友，淡怀荣利，为学以躬行实践为归。年十九，治性理学，每以身心体验有得者发之，于文若诗皆清真朴茂，不蔓不枝，尤于山水有特嗜。凡足迹所至之林泉胜迹，盖无不游，游或有记有诗，即一花一木，一水一石，率能取圣贤道理相印证，无少扞格。间遇田夫野老、牧童樵竖，每喜近与语，语出以诚，故人无论识与弗识，无不爱敬之者中情。同治壬戌进士，供职驾部，居京师，如万文敏、崇文正、黄翔云、云鹄、贵镜泉哉，皆恒以道义文学相切磋。迨三十岁，将补官矣，乃乞休，奉母结精舍龙泉山下，力田莳蔬树，用为读书讲学之助。嗣屡有荐者，终弗起也。又好为义举，于村中建义仓义塾，凡贫不给馆食与无力就学者，多不致失教养。尝曰："古制除井田、封建、肉刑外，惟学校可复。"其时，新学输入中国者尚鲜，亦可谓独具卓识，已以光绪九年卒，年五十岁，著有《龙泉集》十二卷，已刊行。又县志稿及杂著等若干卷，存于家。

二 王晋之

王晋之（1835－1888），清代蓟州人，是李江的同窗好友，字竹舫，晚号问青山人，世为望族。王晋之性孝友，好读书，尤喜先儒性理之学，清咸丰五年乙卯（1855）中举人。王晋之幼年家境清贫，勤苦读书。乡试后，不满清代统治阶层对汉人的歧视，授官未就而去乐亭、昌黎等书院担任教职。时过数载，愈感"不农则士品不立，不士则农学不精"，决心走士与农相结合的道路。

王晋之历掌乐亭、永平等处书院，任教谕，从游多知名之士。其教人也，一准宋儒胡文定遗法，仿其意而变通之。其时，关中杨仁甫、贺复斋两先生，以名儒提倡正学，隔三千里，时以邮筒相问答，以求圣贤为己之学。所著《山居琐言》，仿张杨园先生遗意而作。后因家贫，教书所得薪水不能供养家人，于同治十年（1871）迁居穿芳峪村，种树开田，牵萝补屋，与二弟躬亲操作，以奉甘旨。他懂医术，平时靠行医卖药所得维持家庭生活。闲时也画些梅兰竹菊。他的书法在当地很有名气，常有人出价来求得墨宝。生活逐渐好转，于是在与龙泉园只隔一小溪的南下坎置地建一个占地二亩八分的问青园。王晋之依仗自己勤恳，利用园田学习种植各种谷物，变卖钱款，从中学得不少农业技术，后来还种植草药。李江还为王晋之的园舍赠名"四药斋""四乐房"，并为其园取名"问青园"。

王晋之未回原籍时，畿辅直隶总督李鸿章聘其主持津河广仁堂。王晋之与吕耀斗、袁敬孙刻意经营堂务，赖以整饬。又深虑京师畿辅水利一日未兴，即水患一日未除，因作《沟洫私议》一卷，拟上总督李鸿章未果，旋以疾归，卒于家，时年54岁。著有《问青园集》13卷留存于世。有《携仲弟赴穿芳峪》《至穿芳峪》《止蓟州东关》《白马泉小憩》等诗流传。

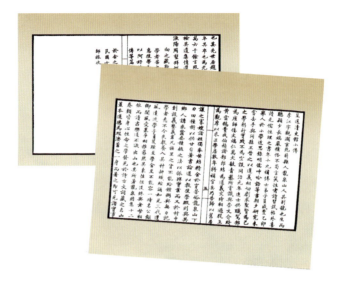

《王晋之传》（摘自影印本《龙泉师友遗稿合编》）

三 李树屏

李树屏（1847 — 1903），字小山，号梦园，别号李髯，是李江的学生，在穿芳峪建八家村馆，与李江、王晋之并称"穿芳三隐"。

李树屏自幼聪颖，中秀才后，家贫无意进取，便在家乡附近设帐授徒。他与李江、王晋之三人情投意合，在穿芳峪倡建义塾，免费招收村中子弟入学，并亲自教授。又筹建义仓，村民可按亩存储，以备荒年暴月赈饥之用。教读之余，三人或切磋学业，撰文论诗，或游览山水，陶冶性情，成为晚清渔阳著名文人。

李树屏家人口多，生活贫困，教学所得一点束修，入不敷出。他安贫乐道，主要精力用于教学和治学。李江对他特别同情，常接济。

光绪八年(1882)，经李江介绍，李树屏到吏部尚书万青藜家坐馆教书，教授10年。后又应侍御史王鹏运的聘请，教授其孙。

李树屏在北京期间，正值清朝国势垂危、列强虎视华夏之时，民族矛盾和阶级矛盾非常尖锐。富有正义感的李树屏，更加生发出忧国忧民之情。其诗作以"政治诗"名世，表现出耿直忠正的强健人格。

光绪十年（1884），法兵入侵福建，原南洋大臣张佩纶贪生怕死反被北洋大臣李鸿章招赘为婿。李树屏借"好事者"之口，撰联讥讽："摆尾来北洋，赘婿妻娇嫌夫老；辱国幸身全，欺世饮罪满军台。"又一联为："军无斗志，海不扬波。"李鸿章掌管外交、军事大权，对外妥协投降，民间流传许多讥嘲他的联语，李树屏广泛收集抄存，其中有"中堂爱婿张丰润，外国忠臣李合肥（李是合肥人）""弃辽台翁孙双误国，媚日本父子两全权""误国翁孙两鼎甲状元榜眼，和戎父子一家人狗肺狼心""宰相合肥天下瘦，司农常熟地方荒"等。

光绪二十一年（1895），素来严谨庄重的李树屏身着西装照了一张相，题为《非上人鬼混图》，以讥甲午战败割地赔款之耻。其日记中写道："中东（中国和东洋）和议成，明年丙申二月二日，余留下须，更名字曰李髯。"从此，留下了器宇轩昂的大胡子。

在王鹏运家教学时，李树屏与主人关系十分密切，王鹏运将朝廷的政事也对他多有说及，他从不隐讳自己的观点。在列强入侵时，一向慎言的王鹏运想上疏反对割地丧权，主张抵抗，把奏疏写好后拿给李树屏征询意见。李树屏说："这是极大的事！得济与否，固不可知，然不可无一疏。"王遂坚定了信心，毅然上疏朝廷。李树屏称赞说："不鸣则已，一鸣惊人；不飞则已，一飞冲天。"

李树屏不但为国家忧，还十分同情民众的疾苦。光绪十六年（1890），京畿发大水，京东各县灾情严重。他回乡见乡亲们以野菜充饥，多患浮肿病，便从隔壁蔡家要了两个"菜娘娘"赶回北京，利用与官宦的交往关系，为民请赈。光绪十九年（1893）、二十年（1894），京东连续发大水，很多村庄颗粒无收，仅穿芳峪一村就饿死40余口。李树屏托请时在农部为官的万薇生（万青藜之子）等人向京

李树屏蓄须像（摘自《里党艺文存略》）

兆府尹请赈，得到支持。李树屏亲自回村督办赈放，待购买的粮食分发完才回京。他见很多乡亲没有御冬棉衣，又给万薇生写信求援，农部复拨来赈银、粮食和棉衣，发给贫困灾民。李树屏的《乙未筹振日记后》对此记载颇详。在李树屏等人的奔走之下，终获"京平银一千一百四十一两正，馀米六十六石六斗二升馀"，这使得穿芳峪周围多个村庄也得以救济，活人无数。 光绪二十三年（1897），李树屏被推荐到安肃（今徐水）去任管盐业的官职。光绪二十六年（1900），义和团事起，李树屏称之为"神奇义民"，满腔热情地给予支持。后义和团被抄剿，他冒着生命危险到兵营保释团民，和他人一起保释200余人。《蓟县志》载："庚子拳乱……君保释无辜，全活甚众，肃人德之。"当年八月初一，李树屏的好友、热河都统崇绮自缢于保定，李树屏万分悲痛，写《挽崇文山》四首以悼念。

光绪二十七年（1901），李树屏辞职回乡。后万薇生赴任泉州，请李树屏到泉州去供职，赴泉州一年余万薇生去世，他随棺返回故里。光绪二十九年（1903）四月，回家20天的李树屏因病谢世，终年57岁。

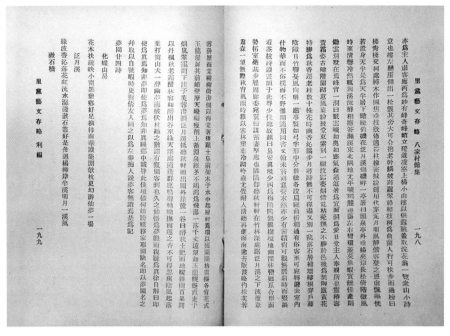

《八家村馆集》书影（摘自《里党艺文存略》）

　　李树屏生平著述众多，尤工篆刻，收藏印谱甚多。曾专心致志为李江、王晋之撰写《龙泉园志》《问青园集》《八家村馆集》，著有《梦园杂著》《梦园辛未日记》《梦园散集》《尺牍题跋》《红蓼花轩词》《铁籁词》《八家村馆文草》《八家村馆尺牍》《八家村馆编年诗略》《己癸吟草》《识贫》《梁门遇警日记》，又有手钞《丛钞》六函，《续丛钞》两函，计180余种。现存《诗略》《文草》《铁蓼花词》《八家村馆诗略》《己癸吟草》等12种。

　　附：

清代状元阿鲁特·崇绮与穿芳峪

　　崇绮（1829—1900），清代唯一一位旗人状元。字文山，阿鲁特氏，原隶蒙古正蓝旗，后隶满洲镶黄旗。大学士、军机大臣赛尚阿之子，郑亲王端华之婿。一妹一女同为同治帝后妃。同治四年，以一甲第一名得中状元。后迁侍讲，因女为后封三等承恩公。

　　光绪年间，历任吏部尚书、礼部尚书，与徐桐同为大阿哥溥儁师傅。八国联军入京时，随荣禄走保定，自缢死。谥号"文节"。

　　崇绮乃蒙古八旗子弟，最初为廪生，通过捐输军饷谋得八品笔帖式，不久被任命为玉牒馆誊录。1848年，升任工部主事。一年后，中举人。

　　咸丰元年（1851），崇绮受获罪父亲的牵连，被革去工部主事和举人功名。

　　家道中落后，崇绮闭门读书，研习书法，练成一笔好字，擅丹青，尤喜画雁。

　　咸丰三年（1853），太平天国北伐军逼近天津，威胁京师。巡防王大臣调崇绮充任督练旗兵处文案。次年，因功被授予兵部七品笔帖式，并开复举人。

　　咸丰十年（1860），英法联军攻入北京，咸丰帝逃奔热河。崇绮以随办巡防名义守卫内皇城，并协理内城团防昼夜巡行，因守城有功，被提升为兵部主事，后迁兵部员外郎。

　　同治三年（1864），宁夏将军都兴阿奏请谙熟军事的崇绮随他去西北参与军务，兵部上疏坚请留崇绮在部，获准后调充步军统领衙门兼办司员。

这一年，正逢礼部会试，崇绮取得贡士资格。农历四月二十一日，入保和殿参加殿试。崇绮沉着镇定，文思格外敏捷，被点为状元。崇绮作为一名旗人，破天荒地当了科举考试的状元，成为当时轰动朝野的重大新闻。崇绮也因此有了"小金榜状元"的美称。崇绮金榜夺魁后，照例入翰林院为修撰。

同治九年（1870），崇绮升为侍讲，是年秋，又任河南乡试主考官，后来又充当日讲起居注官，侍奉于皇帝左右。

同治十一年（1872），崇绮之女相貌端庄，文静娴淑，被册封为同治帝正官皇后。作为皇后之父的崇绮受封为三等承恩公，崇妻瓜尔佳氏为一品夫人，他的直系亲属从蒙古正蓝旗升隶满洲镶黄旗。此后，崇绮历任内阁学士、户部侍郎、吏部侍郎等职。

同治帝和皇后相继去世后，光绪二年（1876），崇绮任会试副考官和镶黄旗汉军副都统等职。光绪七年（1881），崇绮调任盛京将军，驻奉天城。光绪十一年（1885），崇绮调离盛京，担任武英殿总裁。后因义和团受到牵连，自缢于保定莲池书院。

缘于和李江是好友之故，崇绮在穿芳峪建有问源草堂，并曾多次来此短暂生活。李江退居田园后，崇绮常来穿芳峪与李江会面，畅叙友情，交谈国事。后见国事日非，也意寻地建一个晚年安身之所，李江便答应在穿芳峪择一良地，为之建室安居，故此置建了"问源草堂"，成为穿芳园林的主要建筑之一。光绪二年（1876）时，崇绮在穿芳峪大街上寻朋访友，发现大街上槐抱榆出现一处缺损，即出资请人镌刻上亲手题写的"唐槐"二字的石碑，并落款"光绪二年文山崇绮"，镶在缺损的树干上，石碑至今保存完好。

崇绮也是穿芳峪隐逸文化的重要代表人物。

第二节 穿芳园林

穿芳峪山清水秀，气候宜人，林优泉雅，清代一些达官显贵，就经常来此览胜踏青，看中卧牛山周围群山怀抱，峰峦叠翠，泉水汩汩，苍松古柏，林果花香，特置地造园修墅，前后修建多处林园院所。从中国古典园林建筑史的角度来看，这处北方"晚清乡隐文人园林群落"在国内极为少见，且存有大量文献记载。作为村史，此历史资源极为重要，特以详细记载。这些园林处于北面龙泉山（俗称北山）与南面卧牛山（俗称南坡）之间的谷中平地，基本上以卧牛山南点，以龙泉寺为北点，以井田庐为东点，以八家村馆为西点。自西而东，分别为八家村馆、乐泉山庄、龙泉园、问青园、问源草堂、响泉园、井田庐。

穿芳峪古园林布局图

一 龙泉园

龙泉园位于穿芳峪村北龙泉山前卧牛山西麓，背靠龙泉寺，为"穿芳三隐"之一李江修建。

李江建园的原则是："欲圃之拓，则庐于西而隙其东，欲园之靖，则墙其内而篱其外。"龙泉园的格局大体遵循这一原则。占地7亩，有屋舍10多间，其中草房"龙泉精舍"3间，坐北朝南，为主人居室，是园中的主体建筑，"其西以为庖""其东以为仓"。

李江在当京官时就以居京名宦的居室园林为乡居理想样式，至后期群贤齐聚小穿芳峪建园，都是文人乡隐修身养性的思维模式，以至于小穿芳峪晚清文人园林形成群落，成为当今中国北方乡隐文人的造园经典样式之一。

从《龙泉园集》、《八家村馆集》以及《问青园集》等文字里，发现李江的龙泉园，从开始构想，到具体建造，到乔迁如仪，是经过好几个阶段才建成的。这个过程，有多篇史籍为证。

首先，是"意园阶段"，也就是在头脑中构思的阶段。《龙泉园语·卷一》写道："余二十年前，即有意于此地辟园。以地非我有，谓之意园。"又言："江置意园于穿芳峪龙泉溪上。嘱赵竹楼记之。意园者，有此意尚无此园也。"李江门人李树屏在《八家村馆文草》的《将园记》中写道："园在吾蓟东穿芳峪村北，龙泉山下，西去余居不数武（一武为六尺）。旧为王氏业吾师观澜先生游而乐焉。意欲园之而果也，尝名之曰意园。"师徒二人就是这样都以"意园"作为第一阶段起因的。而具体构思是李树屏做的。其实，李江任职京城时曾居住过的"且园"，就已经寄托了他喜爱园林静居的思想："往，在且园尝撰养素山房楹联云：'林屋幽深，恰树作围屏，槛外自开三面画；石峰错落，更城为峭壁，窗前疑起数层山。''皆山也，西南诸峰，林壑尤美；归来兮，幼稚盈室，童仆欢迎。''无处不清幽，有山有石有花有树；随处可坐卧，于斋于台于亭于廊。'"可见，京都且园的景观环境已经成为李江构思意园的绝好素材。有了意园的构思，门人李树屏（李江呼其为李小山）在回村居住 20 年后，向老师推荐穿芳的地界。李江赵各庄其家乃东面平川，距此不远，踏看过后，他在一封"寄李小山"的信中有言："穿芳峪之地，仆爱其山清妙，林石幽邃，思于鹦哥寨、龙泉寺两条溪水左右购一小小树园，果木得否则未可知，需其田岁有所入。异时挂冠归里，由余村策蹇而西，游山访友之外尚有督课园丁，治田种树一段功课，于野性为益不少。"这就是他当时的真实打算。他还算了一笔账："第其为值，或典或卖，毋逾三十金，穷书生之力，实限于此。"三十金，今无从换算，龙泉园的规划预算即为此也。有趣的是，李江最后告知李树屏："此书幸毋失去，留作数十年或数百年后李观澜西山买园一重公案也。"

　　其次，李树屏《八家村馆文草·卷上》中《将园记》一则写道："园在吾蓟穿芳峪村北龙泉山下，西去余居不数武（一武为六尺）。旧为王氏业。吾师观澜先生游而乐焉，意欲园之而果也，尝名之曰意园。"他是这样考虑或者设计的："屏因过其地，见夫四山回合，溪水横流，伊北一隅，地平如砥，可二亩许，宜为庐，庐以茅，南向三楹，四面开窗，窗以玻璃蔽之。中贮图书笔墨砚瓦。以为先生偃息及后生小子讲道论文之所，即以先生旧拟龙泉精舍额之。少偏而西，可构东向二楹，亦茅苫窗，制如之。留待良朋戾止，话茗谈诗，并贮石鼎风炉，酒董茶具之属。东北隅宜筑耳舍二，一作庖厨，一留下奴子榻焉。环以墙，墙以石，即随石之大小，横斜为之，作冰裂纹或雪浪痕，无不可。门宜东向，适出入也。其内补曲径一，亦以碎石随意砌之，夹植杂花，以相掩映。门之前，于旧植桃杏外，添种槐柳数本，之间之其外，更环结短篱，编荆扉以障俗客。沿篱东北行，一井泓然，立桔槔，可即其地内蔬圃。东南可亭，即赵（竹楼）记拟建蔓亭处也，蔓亭俱不耐久，且宜于秋冬时，易以矛，或代以片石，仍环植蕉竹，并引溪流曲绕之，以供觞咏之会。亭之东，种桃成林，春日花开如霞如锦。微风徐扇，幽香袭人，亦佳致也。桃林之北，流水潺湲如奏乐，筑其名曰龙泉。旧有小桥二，以通步屧。桥之旁隙地数弓，可遍插丝柳，以为春日听莺，夏日听蝉，助诗情、逭溽暑耳。少西可为池，杂投荇藻菱芡，芙蕖红蓼，兼蓄鱼虾用佐下酒。精舍之右，断岭横亘，俨若卧龙。可补种怪松三五株，以作雪中青赏。龙泉寺在其北，梦回欹枕户，钟音忽传，月上弦诗，磬声徐送，更足以静尘心而破岑寂矣！盖园地虽少隘，而有水有山有花有木，可庐可亭可池可圃。先生他日归来，更为布置，岂不可尽搜林泉之胜，而拓成龙观乎！"这就是李江门人李树屏茂才移居穿芳20年后为其师精心擘划，从选地、格局、环境、建材、植被、水系、室装以及建成后的牌匾楹联、贺诗等诸多方面为建设这座北方乡隐园林，呕心沥血，竭尽全力。在这个过程中，龙泉园主人李江自有思忖："若龙泉园者，不过一拳之石，数株之树，及肩之墙，容膝之室而已耳！至去年，乃购而有之，因结茅屋八九间。读书有堂，治馔有庖，有仆代炊，有驴代步，隐居之志始遂。"（《龙泉园语·卷一》）

"同治九年九月十六日，穿芳峪龙泉园落成，余即以是日移居。"（《龙泉园语·卷》）"园中'龙泉园'额为崇文山（绮）修撰题，'龙泉精舍'额为座师倭艮峰先生（仁）题，'桃花园里人家'额为王竹舫题，'山不高，水不深，藏矮屋两三间，茅黄苇白；寺之旁，村之外，有小园四五亩，柳绿桃红'，楹联为赵鹤琴（士桐）孝廉撰，书则王竹舫也。文山又为余书'归耕守吾分，卜筑因自然'二语，于余颇合。又贵静泉（成）驾部亦赠余楹联云：'园林似此全无俗，啸咏其间大有人。'"看，几位文友隐士都来祝贺龙泉园落成，文人的贺礼，就是寄托高雅精神思绪的题额楹联，以及书法艺术作品。忙于搬家入住新居的李江，兴奋安逸之状可掬。一批晚清文人的乡隐情怀以及对文士耕读生活的向往跃然纸上。

对于龙泉园的建设过程，李江曾云："余之购是园也，属之门人李小山，至为余筑室则尹玉睿实董其役，而助余山资则侄豫益之力为多。"显然，李树屏总负责，尹玉睿负责工程，其侄儿李豫益多有资金相助。

龙泉园布局图

还有一件事需要说明，王竹舫（晋之）迁穿芳峪，就是在龙泉园内"起屋"的人。接上文，李江写道："园成而王竹舫亦来卜居，其续于园中起屋。"后文中亦写道："自小山移居穿芳峪后二十年，余于其地辟园，明年竹舫自蓟城迁居于此。故小山贺竹舫迁居诗云：'烟峦占尽廿年春，已割龙泉十亩云；那更携家公又到，从今山水要三分。'"意为：我在这里占尽美景二十年，李江吾师来建龙泉园拿走了一半；谁想到你又携家来住，以后怕是要分成三份了！虽近调侃，但心中还是愉快的。同时也说明，文人们建筑园林，主要是为了隐居、聚乐和交友，并非以家居为主。所以才有了王竹舫"起屋"龙泉园内的事情。

本村老人回忆龙泉园也较详细。龙泉精舍两侧，有东厢仓房、西厢厨房，前道房左右各两间，左为恒斋待客，室内摆设考究，檀木家具，兰花盆架，墙角摆放装画轴用的兰花瓷罐，墙上挂有王竹舫画的"松竹梅兰"四君子四扇屏画，另挂有林含台的竹刻对联："无求胜在三公上，知足尝如万斛余。"门口门道右边两间叫"犁耘馆"，内摆放各类盆景和圃耕的用具，实是越冬花房。在草堂西边有7米高的土坎，掘洞成屋，名称"上古屋"。进院迎面是砖影壁，壁前栽有两色牡丹和奇石修竹。壁后甬路两旁有白玉簪花，甬路上的藤萝架直达草堂。院中有红莲荷花缸和红白石榴树，青砖墁地。院外西边有一六角草亭，亭北有巨石一块，连接舍西小山土坡，土坡与上古屋相连，巨石成东低坡面，正好凿石成阶，阶上开基建南北长方形二层小楼，首层四面明窗，室内设茶台座椅，为文人骚客聚坐饮茶吟诗、弹奏下棋之处。上层为轩，四面敞开，不设门窗，作夏季纳凉赏景之用，名曰：卧云楼。下楼梯后，此处借池塘一角，半个亭基建于水内，正好俯视红莲吐艳，金鱼戏水。池塘南北长五六丈，东西宽四丈有八，乱石砌岸，岸边垂柳一株，干粗二尺，斜向池面，梢条入水，形成一幅画面。

龙泉园周边广植榆桑，园内除菜畦外，其余全是桃树，院东桃园北有一泉，泉水溢成溪流，环园而过。平时园内有远近文人骚客来此，与李江聚集饮茶吟诗，弹琴下棋，互相唱和，有如世外桃源。

二 问青园

问青园与龙泉园只隔一溪,在龙泉园南下坎,占地二亩八分,园主是李江的文友、"穿芳三隐"之一的王晋之。

王晋之考中文举后,曾任教职,因家贫俸禄不足,故辞职携带家小来穿芳峪居住。王懂医术,营卖中药,以此维持生计。因擅书画,后亦售字卖画,生活渐盈余,便花下钱粮置地,于同治九年(1870)至同治十年(1871)春造园。因王晋之家资不丰,建造不能求速,只有积渐而成,于是名之为"渐园"。又因王晋之著有《问青园集》13卷,故又名"问青园"。该园围篱结舍,以山色优美而享名,虽比不上龙泉园,但王晋之为人勤恳,利用田园学种谷物,也种各种药材补充医用,于园中建有两斋药室,李江为之赠名"四药斋""四乐房",总称"问青园"。自此,王晋之搜集诸贤书著和自家诗文,冠以《问青园集》。

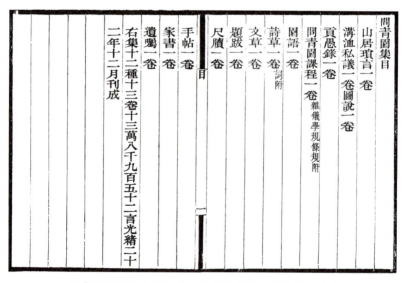

问青园集目录(摘自《龙泉师友遗稿合编》影印本)

三 响泉园

响泉园,距龙泉园东隔一里,过一土岗,仅隔小理海泉,这就是清末吏部尚书万清藜的避暑之地,名曰响泉园。穿芳峪响泉园是清朝重要人物万青藜的隐居园林，万是龙泉园主人李江的座师。万青藜（1821－1883），字文甫，号照斋，亦号藕舫，清江西九江府德化县人。道光十九年（1839）举于乡，道光二十年（1840）联捷成进士。初授翰林院编修，大考第一，升侍讲侍读学士，属国子监祭酒。咸丰二年（1852）迁内阁学士。咸同年间，历任礼、吏、刑、兵尚书。先后出任顺天乡试同考官，武、文会试大总裁等职，是李江同治元年殿试阅卷官。因是李江的座师，当万青藜有

响泉园布局图

意在穿芳建园颐养隐居之时，李江积极筹办成园，并与万氏父子酬酢交集。

李江《龙泉园文草》中《响泉园记》对此园有详尽描述：

出龙泉园而东，循溪行凡数十步而溪尽，是为龙泉谷东口。逾口又得一谷，谷中土地层累相承而多平旷，岗阜绵互，溪流演迤，人家三五，出没林麓，怪石错出，卧立低昂，姿态各具。其西南山坳，林木荟蔚，鸣泉喷薄，地为特幽，而响泉园适筑其中。园为咫村老人建，中为茅屋三间，榜曰潆碧山房，后列室数楹，以栖守者。山房之前为潆碧池，池长二丈，深可及腰，众流所汇也。盖院中凡二泉，一出山房后窗下，以游人至必憩于此，因命之曰憩泉；一出山房前窗之西南，以其近而可挹，则以挹泉名焉。挹泉甫出即蓄，甫蓄即折，于其巅作瀑布而下注于潆碧池。憩泉亦自后院穿垣南流，而会于池内。两泉既合，又自池隙南溢，潴为小池，然后曲折放之出院。院之为地，高下不一，而流水之声为潺潺，为汩汩，为泠泠，为虢虢，其疾徐、轻重、短长，亦因之而异。而总之自昼至夜，不绝于耳，

此响泉之园主人所由名也。挹泉之上为长坡，坡之际草木蒙密，蔓络薜封，而羊枣三株尤奇。古垣之东为莲沼，为稻畦，为菜圃，绣错绮交，翠色可撷。山房于四面作窗，卧牛山适屏其前。其北则乱山重叠，攒拥拱揖。鹦哥寨孤圆特秀，恰当其北窗。每天阴雨作，开轩四眺，山色空蒙，云气环合，烟雨迷离之景，画所不到。已而天开虹见，云退峰出，朝墩夕照，掩映明灭，彩翠变换，顷刻殊观，然后叹兹园之奇在泉，而其他景之可玩者，亦骚人逸士穷日累月领略之所未尽也。自江辟龙泉园于穿芳峪，而师友之同志者，往往相依卜筑，以弄泉抚石为读书谈道之助，而林之蔚，泉之近，坡陀之迤，糜地势之高旷，而幽邃皆不及此。噫，是可记已。

此记文字清晰，方位准确，与实地最为接近，可为详细了解响泉园的依据。郑中和先生对此多有考证，据其考察，响泉园有以下四处景观。

景一：碧庐院。院北有正房五间，前后青瓦剪边大檐，砖砌墙体，黑漆大门，灯笼锦花格上支下领的窗户。中间为进园通道，前门口上挂悬匾"潆碧山房"，西两间为客厅，内设檀木家具，青花瓷茶具，西洋座钟，仕女镜架和帽罐，墙上挂着同朝进士牟士卿的"富贵满堂"牡丹画轴。李江送竹刻对联"梨花院落溶溶月，柳絮池塘淡淡风"。此厅专供主人接人待客、处理公务、著书立说、研习书法、琴棋作画之用。东边两个单间为园主人一家起居之用。另外院中东厢房四间同样是茅屋，为园中役人食宿。西厢四间同样是草房，专供饲养禽鸟和库房之用。南横三间瓦房，四面玻璃明窗，称"鸣泉轩"，前门两侧挂竹刻对联"蔬圃园中观花美，翠竹林边听响泉"。此轩堂特为接待朝官和地方官吏造访，以及近亲友朋饮茶谈天，有琴棋书画诸具。轩堂前后各有一池。前池叫"镜波"，池岸怪石围砌，内养金鱼睡莲，池边垂柳梢条摆荡。后池各碧莲池内养红莲，池水由响泉汇流，溢水成溪，环园而过，轩前花墙内外翠竹成林。

景二：禾香蒲。在潆碧园东南墙外，辟田四亩，育花种菜，圃西有古井一眼，井深两丈，水面距井口只有三尺，内有红、白、黑三色大金鱼。有田园数亩，粮蔬百种。

景三：草亭观花。自鸣泉轩东去，路过垂花门楼，走花廊甬道，奔向六角草亭，息坐饮茶，既能观赏园中奇花异草，还能揽望青山野景。垂花门属古建筒板瓦卷棚屋面，翘檐重椽，花梁拱柱，垂花摆柳，黑漆对扇门，包云角檐下悬匾"响泉园"蓝底金字凸雕，藕聆亲题。门柱挂联："暗水流花径，清风洒竹林。"花廊甬道宽八尺，道傍花墙高三尺，上摆盆花盆景，藤架通廊，直达草亭，亭的四周栽植名花名树。

景四：柿平园。谐音"事平圆"，寓意和平圆满。位于鸣泉轩西上坎，有柿树百株，苹果树行间隔植，初春果花成片，秋后柿红果香，一作园景，二作换收葺建。

响泉园于 1968 年修水库时被废毁。

響泉園記

文草
六草

不無所助也因書而歸之並記其後如此

隃口又得一谷谷中土地層累相承而多平疇岡阜綿亙溪流演迤人家三五出没林麓怪石錯出卧立低昂姿態各具其西南山劬林木薈蔚鳴泉噴薄特幽而響泉園邈築其中圖為忩村老人進中為茅屋三間榜曰瀠碧山房後列室數楹以棲守者山房之前為瀠碧池池長二丈深可及腰泉園邈列室之曰憩泉一出山房前窗之西南以其近而可挹則以挹泉名蓋院中凡一泉一出山房前窗之西南以其迮而可挹則以挹泉名為挹泉甫出即蓄雨即折於其傾作瀑布而下注於瀠碧池憩泉亦自後院穿垣南流而會於池內兩泉既合又自池嶧南溢潨為小沚然後屈曲放之出院院之為地高下不一而流水之聲為潺潺為泪泪為泠泠為灘灘其疾徐輕重短長亦因之而異而巡之上為長坡坡之際草樹蒙密蔓絡蒼封而羊棗三株尤挹泉之上為長坡坡之際草樹蒙密蔓絡蒼封而羊棗三株尤奇古垣之東為蓮沼為稻畦為菜圃繡錯綺交翠色可摘山房於四面作窗卧牛山適屏其前其北則亂山哥蓁孤圓特秀恰當其北窗每天陰雨作開軒四眺山色空濛雲氣環合煙雨迷離之景蓋所不到已而天開虹見雲退峯出

响泉园记（摘自《龙泉师友遗稿合编》影印本）

四　问源草堂

崇绮任朝官时，挂衔热河都统，主护皇家避暑山庄。曾告病回乡休养，与家眷一起来到李江的龙泉园中，对穿芳峪优美风景称赞不已，后经李江谋划，就在距龙泉园仅有半里之遥的卧牛山后龙泉河南沿上，置了一块地，建"问源草堂"。草堂占地一亩八分，初建茅舍 5 间，仓库 2 间。

另建凉亭一所，藤架一联，四周柴篱竹扉。堂内书香之气充裕，堂外奇花异草、怪石淡竹，虽比不上龙泉园之美，但也颇具特色，景致迷人。

因龙泉谷内的山坡上桃树众多，春天桃花盛开，桃红柳绿，落花纷呈，游人至此如入桃花源一般，所以园主人崇绮称此园为"问源草堂"。

五 习静园

习静园位于蓟州穿芳峪卧牛山南坡，由清代文士赵静一与邓显亭建于咸丰六年（1856）。园林主体为茅庐，处于百余株梨杏之间。门前对山，窗牖临树，尽收苍翠之色。园南依次为菜圃与农田。李江曾诗写春夏之时园林之景："已开白似雪，未开颜半酡。浅深浓淡间，烂熳盈陂陀。青松衬绿麦，掩映添余波。"

据郑中和先生访考，赵静一求穿芳峪村人尹琨帮忙，在尹家购得一块园田，占地2.6亩，营造房屋三间。赵、邓两人种植粮菜，种花养草，盈收有余。又建四间房子作为仓储和客房。及二人先后辞世，家人料理完后事，将此园退卖给尹家。

六 乐泉山庄

乐泉山庄位于蓟州穿芳峪龙泉山与卧牛山西侧，为清代河南观察使纶雨芗于清光绪四年（1878）于龙泉园故地所建。园林初仅茅屋三间，后又扩建，并购买李姓旧宅。园中有桃成林，梨杏错出。

七 八家村馆

八家村馆又名"梦园"，位于蓟州穿芳峪龙泉山西部西妙沟溪畔，为清代学者、诗人李树屏所建。园中幽静，遍植芭蕉、竹子等，更有菜圃以供食用。其中有斋，是为教授生徒之所，斋名"八家村馆"。万本端曾题诗云："数间茅屋傍云根，流水潺湲恰绕门。"李树屏尝欲集穿芳诸名胜于一处，在园中营造"化蝶山房""待月廊""契陶庐"等，却因时局动荡、战乱饥馑频仍等，怀憾而终。

八 井田庐

井田庐位于蓟州穿芳峪卧牛山与龙泉山以东平地，为李江约同

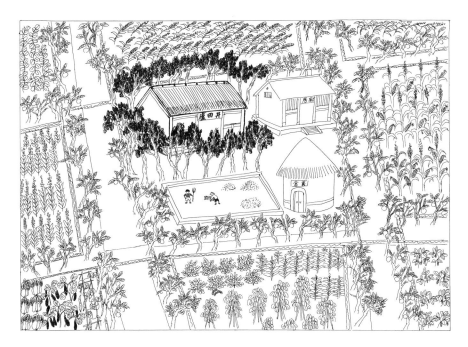

井田庐布局图

好八人共建。仿张载试行井田，平地分九区，每区一亩，八人每人一区，中间一区为公田。公田之内，建一小庐，环植桑树，作为耕憩之所，匾额"井田庐"。时人对此多有吟咏。李树屏曾作绝句云："桃李花开遍陌阡，一痕鞭影午风前。愿为荷笠携锄客，老种龙泉井字田。"

附：

穿芳义塾

穿芳义塾坐落在穿芳峪大街中段路北，原福缘庵旧址。这里原有前后两座大殿，东西厢房各三间，后有菜园一处，总占地三亩八分。

清末，穿芳三隐憾于乡里缺少文化，意举办义学，便请村董呈报县衙，获赞建义塾。除公拨银两外，上助下捐，远近乡民筹资献物，将村中福缘庵堂佛像迁到古槐后建新的庙宇，于旧址选为义塾，开始对地面和房屋进行修葺，购置教具，建成义学，名"穿芳义塾"。

义塾之用，多由村中佣种余田之资和收村中徭役之费，使义塾延师而渐裕。朝官万青藜和知州、知县及李江等皆襄助以资，吏部侍郎崇绮立舍于旁，义塾遂极一时之盛。

自大街进入义学大门前，首先映入眼帘的是门楣上的大木匾，栗色底面扫青色四个雕刻大字 "穿芳义塾"，非常醒目。匾上款是"岁在同治九年秋中浣"，下款是"蔡寿臻题"，并附红方大印。门框两句对联是"识字便需明道理，读书岂必为科名"。上三步台阶进大门走十二步就是五间穿堂过道房，过道两侧西为原经室，东为杂物仓房。走出道房下台阶八步正对砖砌碑龛，石碑上首刻云草纹，中心是"穿芳义塾"四字，碑面刻楷字建塾要文，并署三隐名字。碑阴上首四字是"万古流芳"，碑面是捐银献物人的功德记录。拱碑龛两侧是砖墙和东西两个门口，东进西出。在东西厢房中间是宽大的庭院，正面五间大房（原佛殿）是学堂。上六步台阶进入教室，教室里摆放着三行双人课桌和板凳。每行八个桌子，面向西墙大黑板和讲桌。迎面后墙开设五个方窗，正中后窗被"至圣先师孔讳仲尼"大画像遮挡。画像上悬匾，蓝底金字"教端蒙养"，匾额上款是"同治九年秋"，下款是"李观澜题"。画像两侧是木刻对联，上联刻"好就僧庵开社学"，下联是"应知儒教胜浮屠"。上联右边钉着长四尺宽一尺二寸的一块条格木牌，记写着历任教师名字：李树屏、李萱、李任泉、张九如、佟方、陈继方、秦刚、卞俭。由于教师学有根底，知识渊博，教授有方，"远近学子，负笈踵至，学舍至不能容"。

当年十二月二十日，义塾建成并立碑，李江撰写碑文，王晋之书丹。

在穿芳文人的文集中，有较大篇幅的有关教育发展的内容。按说穿芳峪这个小小村庄能有乡塾就不错了，哪知道因为来了这么多的高贤大儒，他们不可能只是来教书的，必然在办学方针和教学内容上下功夫。这块义塾碑文基本上对此做了归纳总结。另外，他们还在具体规范和程序上下过不少功夫。比如王晋之先生的《问青园课程》，其中首篇《认斋课程》提出了一系列的严谨而实用的教学思想，诸如定趋向、养精力、谨仪容、敦行谊、除过恶、慎交游、惜财用、治经史、通时务、习文艺、循等级、辩诚伪、竟功修等十三条基本原则。当然，晚清时代的教育思想与现在相去甚远，但是其中许多内容的用意是好的，也有许多内容是可以借鉴的，甚至于应该予以传承。联想到近些年，为了发扬中华传统文化的优秀素养，提倡国学教育，下面这篇王晋之编写的《学中杂仪》（礼仪）各规定，非常具有仪式感，而且非常合乎规矩，是可以传承的。《学中杂仪》分为谒告、谒拜、问安、扫地、拭几、栉发、整衣、会揖、歌诗、应客、理厨、守户等十二条塾规。有意思的是，天津南开学校张伯苓校长在楼门口树立的整容三字礼仪校规，许多内容都可以在这里找到。下面我们选择一个片段了解一下。《谨仪容》："程子曰：'整齐严肃则心一。'欲求整齐严肃，必先谨乎仪容。居必有常，坐必直身正体，寝兴以时，行必徐，视听必端，言语必重。然诺肃声气，毋戏谑喧哗及为一切无益之谈。容貌必端严凝重，衣冠毋为诡异华靡，出入必告必面，读书写字必专一，几案间必洁净齐整。凡此必恭必敬，皆推类以尽其余。"

穿芳义塾布局图

对照如今的学校,虽不必按此要求一一做到(因为里面尚存些许封建人际关系的意识),但是从小培养正人君子的形象,教习社会礼仪,还是有必要严格要求的。所幸20世纪因战乱和社会不稳定曾经长时期被破坏掉的这些正面形象要求,在近些年国学教育活动中被渐渐恢复(这些优秀传统,就来自150多年前穿芳峪村的乡塾,这里为后世曾经培养过许多人才。把这些文化精华留存在此,是有历史意义的)。至于乡塾的教学内容、教材、教育方法等方面,他们都做了大量的研究引进,但由于时代久远,与现代相比具有很大的距离和变化,许多已经无法借鉴,不赘。

民国时改制为新学,后来也吸收女子读书。课本以新学的国语、算术、尺牍、珠算为主,副科兼学《弟子规》和《三字经》。上下课称上堂下堂,下课15分钟,以老师手摇铃为号。教师为张景贤、王国璋、李学才、张继贤。

义学提升了村民的文化和写算技能,还对引导民风民俗起到向善向上的作用。此后,穿芳峪"教养之盛,近村所仅见也",成为礼仪之乡。

第三节　农耕思想与实践

在我国,农耕思想传承几千年。封建王朝时期,政府官员以及文人雅士无不将农业发展和农业活动当成头等大事。孟子曰:"五亩之宅,树墙下以桑,匹妇蚕之,则老者足以衣帛矣;百亩之田,匹夫耕之,八口之家可以无饥矣。"李江等人是晚清同光年间一批具有高等文化的士人,多取得进士、举人、茂才等功名,或在京为官,或与各级官员有诗文酬往。从遗存的文集中,有大量的文字是有关穿芳峪农事和经济作物发展的,其敬农、重农、悯农,以及亲身实践事农的思想和行为比比皆是。例如李江的《龙泉园集》,语录体的《龙泉园语》四卷,《龙泉园治生录》《村居琐记》等卷中的主要文字,就是他对农业、农村,甚至农民的生活、劳作、经营的全面观察、了解、总结和议论。因为真实,必定成为小穿芳峪村史的重要组成部分。

在李江的《龙泉园语·卷一》里,许多警句和语录都是他农业思想的结晶,如:

天下之事未有如力农之苦者，天下之利亦未有如力农之薄者。

人生舍"耕读"二字，别无可办之事、可就之业。然耕要真耕，读要真读，方能得力。

能治生者，村必有三二家。能治生而明理者，则十无一二。盖真耕者尚有，真读者不多见也。

何谓真耕？勤俭忠厚，循理守分是也。何谓真读？虽事俗学，却明道理是也。何谓耕读相兼？以其得之明理者用以治生，以其得之治生者用以明理是也。

人家守定"耕读"二字，实力办去，即是三代相传教养正道。

廉者贫有余，贪者富不足。

最能体现这些文人敬农、强农思想的是在以李江为首的乡隐生活中精心设计的"井田庐"。李江出资买下村里的九亩地，"响泉园之下有田一方，约九亩许。泉水东注，必经于此。余欲与同好八人即其地，略仿古井田之制，画为九区，每区一亩以当百亩，人各一区，而以中间一区为公田。稍开沟洫，注以泉流，用资蓄洩。沟洫之上，环植桃李以为经界。公田之内，结一小庐，为余八人躬耕憩息之所，颜之曰井田庐。环庐树桑，瓜壶果蓏，随意种植。其田则八家通力合作，计亩均收。公田所入，以完官粮。私田所入，即仿朱子社仓之法，公建一仓于龙泉园，以储其谷，春贷秋收，以待村中贫户些小之虚。庶几厚风俗而存古意，亦我辈山居乐事之一助也"。因得绝句云："井田小小具规模，风景何曾与古殊。从此龙泉诸学侣，都称三代上农夫。"所谓"三代"是上古时期农耕开始的时代，那个时代，农民的社会地位最高，所以称为上农夫，其尊敬之意溢于言表。

至于他们事农的实践活动，文集中有大量文字的记载。李江的《龙泉园治生录》一卷，记录的全是他从事农耕实践的经验之谈，对田地的品质、播种的节气、稻麦种植的区别、水利沟洫的开凿、农肥的优劣，等等均有详细的阐述。看其中一段："农叟有言：'禾历三时，故秆三节；麦历四时，故秆四节。'种稻必使三时气足，种麦必使四时气足，则收成厚。"这种观察不为不细，后面对照穿芳的实际："吾乡种田多在夏至后，秋尽而收，所历二时而已。种麦多在立冬后，至夏至而收，所历三时而已。欲禾历三时，麦历四时，胡可得焉？惟有下秧极早，可补事力之不逮。"这种向老农请教、学习，并加以总结，找出原因的踏踏实实事农的态度，太值得我们后辈记录和学习了。

此外，李江文集中的《村居琐记一卷》，则更是以"农部""谷部""蔬部""木部""花部""鸟部""畜部""占候部""乡俗部""俗言部"等分类描述了穿芳峪的自然资源和农田事务，可以反映出李江在农村治生的德政。

"穿芳三隐"之王晋之先生在事农和总结农业经验方面也是成就卓著。他的《山居琐言》和《沟洫图说》就是极具专业水平的农田水利著作。在《山居琐言》里，竹舫先生以 52 段文字，诠释了文人耕读的具体体验。许多小标题就直接表达了对农事的经验体会。其内容除了与现代农业有技术和年代的隔绝以外，农业知识的可用性至今也没有过时。李江对此曾著文予以评价：

> 予与竹舫皆书生，不谙农事。顾已入山，不能不以园田佐诵读。乃参之古书，询之老农，验之土性，未一二年，耕种之宜、树艺之法及凡山农所宜从事者，予两人粗悉其概，竹舫则视予尤精焉。暇则本其所得，著为一书，名曰《山居琐言》。竹舫盖已自知非远大之务矣，然其言由粗及精，由养及教，事则俚俗，义则正大，实可与张杨园先生《农书》《训子语》，张文端公《恒产琐言》《聪训斋语》诸书并传。

下面举《山居琐言》几个小标题为例："居山先宜树木""树田宜近而贱""种树可占正田""种树先宜编篱""树秧岁宜多养""种树亦宜用粪""果树外宜兼养柴树""果树宜精不宜多""有余力宜有租佃分种之田而以自种为主"治生宜经理桑棉""治田首宜蓄粪养牲畜居山尤利于牛羊""器具宜备""治生必宜备荒"，等等。与此同时，作为文人，他没有忘记提到耕读并济的道理："耕不兼读则农荒而易兹弊""耕读宜自幼练习""耕必自为而读亦有效""山居自可躬耕乐道"，等等。所以，"穿芳三隐"的每一位文人，无不亲自躬耕于田，以敬农、事农，努力总结农业技术和经验，扶助农民，推动穿芳小村的农业发展为己任。

王竹舫（晋之）在另一篇文章《沟洫私议》里则就农业生产，尤其是干旱的北方最重要的水利工程（当然是村域范围）做出了应有的探索和研究，提出了比较科学合理的具体建议和措施。难能可贵的是，他已经觉察到水利工程是应该列入政府专管范围的。比如第二条：

然欲举州县之地遍开沟洫，方开之始，擘画经营。既开之后，省视修理，必官与民习，民与事习。而后能善始而保终，则事宜周知，责无旁贷。固知州知县之所不容辞。特一府数州县，一道数十州县，未必尽出自畎亩，谙于田事之员，惟每路择一营田观察使总之，则督课有方，可使人人尽力。而稼穑之艰难，民间之疾苦，或于营办之时登之奏牍，或于召见之时扬于王庭，则纤悉无不上闻。

这里对州县政府管理水利事业直接提出了建议，即设置"营田观察使"，作为大范围的水利工程协调专门管理人员，并肯定了这样做的好处。他指出："民为邦本，食为民天。治水治田，兼营并举。有水之利，无水之害，则地力尽而民食饶。水利为国家本原。"在那个时代，他能有如此的远见，实属难能可贵！

在《沟洫图说》篇中，王晋之精心绘制了11幅地形图，按照"因田开沟""沟道交通""沟河交通""简捷栽树""品字分行植树""田畔栽植短树""椒棘杂树编篱""山园随势散篱""塘泊""村堡植树""城池筑园植树"的各种实际需要，设计勾画出具体图样，清晰易懂，极易普及，为农村水利事业发展做出巨大贡献。许多经验至今还散发出科学的光芒，极有参考价值和留存意义。

李江等人在穿芳事农，还非常关注经济作物的引进和推广，尤其是桑蚕产业，而且特别提到，桑蚕对农村妇女的作用发挥极具意义。他在《龙泉园治生录》中写道："西乡女工，大概织绵细素绢，绩苎麻黄草以成布匹。东乡女工，或杂农桑，或治纺绩。若吾乡女工，则以纺织木棉，与养蚕作绵为主。随其乡土，各有资息以佐其夫。女工勤者其家必兴。女工游惰其家必落。夫妇女所业，不过麻枲茧丝之属。勤惰所系，似于家道甚微。然勤则百务俱兴，惰则百务俱废。故曰：'家贫思贤妻，国乱思良相。'

资其辅佐，势实相等也。且如匹夫匹妇，男治田地可十亩，女养蚕可十筐，日成布可二匹，或纺棉纱八两。"可见他对养蚕植桑的农事极为关切。他为了在穿芳村推广蚕桑事业，还出资派人从浙江富阳购买了500株桑树苗，并请南方缫丝工匠来此地传授技术，可惜因条件不具备而作罢。在这篇文章里，他用了很大篇幅摘录古农书里的有关桑蚕的内容，力主穿芳村民勇于养殖桑蚕，并引用唐甄"吴丝衣天下"的思想以及陈榕门先生《倡种桑树檄》、周凯《劝襄民种桑说》等文字反复伸张他的建议。

附：

蓟州隐逸文化探源

苑雅文

蓟州，大半疆土山势参差。山林叠嶂间，汉初蒯通、东汉田畴、明末李孔昭、清末"穿芳三隐"等雅士逸居于此，耕读劳作，留下许多佳话与美文，形成了独特的"隐逸文化"。

汉初·蒯通 小燕山

蓟州"第一"隐士当数西汉名士蒯通，范阳人，谋略家与辩士。以"传送檄文平定千里"的策略声名鹊起。楚汉相争的关键时刻，蒯通以"三分之计"游说韩信，劝他独立于楚汉之外成鼎足之势。韩信被吕后谋杀弥留之际，说出"后悔没有听从蒯通的计策"。刘邦缉拿到蒯通，他以"各吠其主"为自己开脱，竟被赦免。后蒯通躲到小燕山隐居，著书《隽永》，"通论战国时说士权变"。

蒯通死后葬于柳官庄村东南，《直隶遵化州志》有记载。知府傅修毫不掩饰敬仰之心，写下了二百二十余字的《蒯文通墓行》："少读迁书与班史，即知辩士齐蒯生。……千载长留辩士名，吊古苍茫无限情。"当地人都知道蒯通的故事，认为他很了不起。蒯通坟现仍存，正堂面对着一条长且宽的"神仙坟沟"，以前村民在这里祈福占卜。一直由村边静音寺的和尚负责添坟，两千多年来，不乏前来上香之人。

东汉末年·田畴 盘山

田畴，字子泰，右北平郡无终县（今蓟州）人。好读书，善击剑，作为幽州牧刘虞的代表，圆满完成了向皇室表忠心的使命。返回时，田畴被公孙瓒抓到，却以理服之而获释。后田畴入盘山隐居，亲自耕种奉养父母。很多人陆续归附山中，几年间达到了五千多家（一说"五十余户"），俨然一方乐土。据说盘山又称田盘山，取田畴盘桓之义。田畴"躬耕"之地是玉石庄村向东的区域，《蓟州志》载"感化寺，行宫正西一里魏田畴隐处"。田家峪村仍有田氏后人居住。

身为首领，田畴为部众制定了"约束相杀伤、犯盗、诤讼之法"及婚姻嫁娶的礼仪，重视教育兴办学校，达到了"路不拾遗"的境界。陶渊明大加赞赏："闻有田子春，节义为士雄。斯人久已死，乡里习其风。"从陶翁行程上推论，这里应该是《桃花源记》的原型之一。正如《玉田县志》所说，田畴不愿为官而隐居，"志在存汉"。

明末清初·李孔昭　盘山

李孔昭，字光四，蓟州人，崇祯十五年进士，因时局纷乱没有就职。清兵攻破蓟州时，李妻殉难，遂携母归隐盘山。孔昭亲自砍柴割草，采摘果实，生活自给。母病时，使用割股疗法，孝心可见。孔昭与宝坻单者昌、崔周田、刘继宁组成了"隐逸"小团体，往来不断。崔和刘延聘孔昭为儿子们的老师，教书闲暇，几人谈古论今，甚是洒脱。

孔昭有很多著作，民国仇锡廷重修《蓟州志》时，录入他的《秋壑吟》，中有《咏雪》一首："无功苏草木，有道合时宜。飘然天地间，万物谁能缁。"追求高洁可见一斑。也许是当初乔装功夫了得，今天难觅李翁旧物。李江诗云："曾拜先生之墓于白马泉……后又得先生遗像于其裔孙家，皇冠野服，粹然有道之容。"刘从雅撰写了墓碑志，刘从心撰写了碑铭，字里行间洋溢着对先师的仰慕与自豪。

清朝·穿芳三隐　穿芳峪

穿芳峪三面环山，曾经山泉众多，涌流交错。清末，文士李江、王晋之与李树屏等来此修建园林，同游共乐、赋诗怡情、办学助贫，创下一方乐居景象，人称"穿芳三隐"。

李江，字观澜，祖居金陵。李江聪颖端庄，性嗜读书习字，同治元年进士，与同科状元崇绮是挚友。同治九年在穿芳峪建成"龙泉园"，依山傍水、水清林茂，"一官不肯换龙泉，地秀真疑有凤鸾"。园内有屋舍十余间，"龙泉精舍"是知己讲求学问的地方，"梨云馆"是友人的下榻之处。园中有一茅亭，"范式"土床，如"邵子之安乐窝"，这块"邵窝"木匾现藏于小穿芳峪村。张士民先生珍藏着王晋之为龙泉山人（李江）镌刻的木板画模《龙泉园图》，书页大小，呈现园中景观与布局。李江有《龙泉园集》十二卷传世，思想抱负、人生感悟流淌于文字之间。

王晋之，字竹舫，蓟州人，李江的挚友。同治十年建成"问青园"，躬亲劳作，种树开田，因行医还种植草药，总结出植树农耕经验。晋之擅画，常有人携银来求，李江认为穿芳峪的石头造型丰富可以入画，果然集成"穿芳峪石谱"。李江说居穿芳有"三乐"，山水、友朋、文字，而晋之补充为"四乐"："余举家隐此，父母兄弟妻孥终日雍雍熙熙，兼有家庭之乐。"晋之有《问青园集》十三卷留存于世。

李树屏，字小山，蓟州人，李江的学生。树屏幼时移居穿芳峪，后修建了"八家村馆"，意为八位文友聚集之所。李江等人办起了义塾，助资者多，村人争相送子读书，树屏是首任教师。现村里可见半截残碑，正是义塾碑记："吾知穿芳一峪，山水清奇，钟毓特盛，奋兴鼓舞，必有人才出于其间……"八旬老人郑中和依然记得当年走进学堂，向孔子像和教师名册行礼的情景。老人保存着李树屏亲笔书写的习字课本，教书育人的师者风范可见一斑。树屏生平著述颇丰，整理出版了《龙泉园问青园合集》（1894年，又称《龙泉师友遗稿合编》）、《里党艺文存略》（1942年），著有《八家村馆集》《铁籁词》等。

此外，穿芳峪尚有万青藜建的响泉园、崇绮建的问缘草堂、纶雨苪建的乐泉山庄等，亦具隐逸之实。据现存响泉园的照片，其景色葱郁有致、人物气度超然。（原载2017年2月27日天津日报第10版）

第四编
村域经济

　　立村后，村民主要以开荒种地为生，由于村处半山区，土地耕作条件差，劳动收入低微，多数农民长期处于饥寒交迫状态。新中国成立后，随着生产关系变革，生产力不断提升，村经济不断得到发展，逐渐达到温饱水平。改革开放后，实行家庭联产承包，农业科技水平和产量大幅提高，人们生活达到小康水平。2012 年后，村中利用现有环境资源优势，发展全景式特色旅游，实行土地流转，重新布局村域经济发展方向，成为全国休闲农业与乡村旅游示范村。祖祖辈辈以农业、林果业为收入来源的农民离开赖以生存的山林土地，"吃起旅游饭"，成为新型职业农民，不但村民收入大幅增加，村集体也由零收入增加到 2017 年的 60 万元。

被评为"全国休闲农业与乡村旅游示范点"（2014 年）

第一章　生产关系变革

第一节　封建土地制度

一　土地私有

相传,明洪武初年,王、苑二姓族人落户于穿芳峪,后有他姓来村落户,多以开荒种地为生,山坡和荒野土地开发面积不断扩大,人烟逐渐增多,土地均为私有。一些有地农户因灾病原因,多将地亩转卖给村中有钱的商户和富裕人家,沦为无地佃农。

二　租佃方式

新中国成立前,由于村土地多被地主富农占有,很多村民和流落到穿芳峪的外来户为了生存,不得不向地主租种土地,或扛长活、打短工,维持生计。

租种土地以出产的实物作为地租,称为"种分收",多数为"五五"分成,即地主麦秋、大秋在所出租的土地里按垅或场收取出产作物的50%,一般赋税差役,均需由佃户负担。由于土地产量很低,一般交完租后,农民往往所剩无几,难以糊口。雇工有长工、短工之分,长工以正月十五至冬至为一期。20世纪三四十年代成年长工年工资为40元上下;短工工钱因时而定,成年男子每天0.2元左右,农忙或农闲上下浮动0.05元。与所创造的劳动成果相比,长短工收入均极低微。

三　高利贷

每青黄不接年份,穷人只得向富户借钱,借钱一般为年息二分。粮商粮贩有粮食借给穷人借一斗要还一斗三升,高利称为"三升尖儿利息"。村地主借粮则多"借粗还细":春借一斗高粱,秋还一斗小麦或小米。遇灾荒之年,利息多成倍增长。

四　减租减息

1945年10月，为减轻贫苦农民所受的经济剥削，改善基本群众生活，调动农民抗日积极性，中国共产党和抗日民主政府组织群众开展清算复仇和减租减息斗争，村民通过向地主富农算细账，进行说理斗争，使农村雇工的年工资有所提高，佃户向地主交纳地租减少原租额的25%（称"二五减租"），减租后租额不得超过土地正产品收获量的37.5%（称"三七五交粮"），取消上交租等额外剥削，提升雇工工资。此外，还找出与基本群众矛盾最尖锐的地主，通过算产量、算剥削量进行说理斗争，如不肯减租，组织群众以集体的力量促使其减租，拒不减租者，按民主政府"二五减租"法令令其减租。

第二节　土地改革

一　土改复查

1946年5月中旬，中共蓟县县委召开土地改革会议，向全县传达中共中央5月4日《关于清算减租及土地问题的指示》后，穿芳峪村成立"土改委员会"，开始实行土地改革，村70%的农民从地主手中夺取到一定数量的土地和生产资料。但由于贯彻政策不彻底，地主富农仍有过多的土地，甚至农民分到手的土地和其他物资也被地主、富农夺回。本次土改，未能满足农民的土地要求。

1947年3月，村开始土改复查运动。7月，复查进入高潮。至11月，农民重新分得土地、粮食、房屋、牲畜和部分农具。小穿芳峪村民张继贤全家6口人，土改前有草房3.5间，土地10亩，土改后全家7口人，有草房5间，土地15亩。村民孟庆志家原有耕地8亩，土改时分得土地10亩，另分有半匹马（与本村王怀合共同饲养和使用）。

二　平分土地

1948年初，蓟县县委根据《中国土地法大纲》，在全县进行平分土地工作。2月，村成立分地"填写组"，历时两个月完成全村各户应分房屋、土地数量和地界尺寸的填报。6月底全部完成土地、牲畜、农具和浮财的平分。农民每人分得近 2 亩土地。1950 年 10 月，村翻身农民都获得土地、房屋确权发证，土地改革结束。

三　划分成分

1950 年，穿芳峪村"土改委员会"成立农会，首要任务是划分阶级成分。划分办法为：中农和贫农采取自报公议的办法，经土改委员会批准确定；地主富农成分由农会根据剥削量确定。

第三节　互助合作　人民公社

一　互助组

经过土地改革，贫苦农民分得土地和农具，生产积极性空前高涨。但是，多数农民尤其是贫雇农生产工具不足，资金短缺。初期，多数农民自发地在亲朋好友之间"变工"，农忙季节合伙生产，以弥补各户在人力畜力农具上的不足。为了使农业生产获得较高效益，村民积极响应党的号召，按照自愿、互助互利的原则开展互助合作。1954 年，穿芳峪村成立多个互助组。

二　初级社

1954 年春，村中 20 户农民组成农业合作社，集中使用生产工具，集体劳动，并制定基本管理制度和收益分配办法。主要是土地入股，根据土地好坏、远近、水利设施等条件评出标准亩，以标准亩为入股单位；牲畜、农具由社雇用或租用，工钱按市价折实至分红期付给；土地打破户界，统一耕作，社员参加劳动评工记分；每年年终从总收入中提取一定比例的公积金、公益金，在总收入中扣除成本和农业税、公积金、公益金后按劳动力、土地分红。合作社制度实施后当年取得丰收，超过单干户产量很多，农民体验到其优越性，单干户普遍希望加入合作社。大秋后，穿芳峪村合作社（联村）成立。1955 年，村民普遍加入农业合作社。

三　高级社

1956 年春，穿芳峪村掀起加入高级农业合作社高潮，村内成立"高级合作社"，村民普遍加入，当年获得丰收。高级社取消土地入股分红，实行"按劳分配"，即土地所有权、使用权、收获物分配权归集体所有，社员凭参加集体劳动获得工分，年终按工分进行分配。实行民主理财、小段包工、定额、超额有奖、包工定产等农业生产责任制，使生产力迅速发展。

四 人民公社

1958 年 8 月，村传达贯彻毛泽东"还是办人民公社好"的谈话和中共中央《关于在农村建立人民公社问题的决议》及河北省委《关于建立人民公社的指示》，村高级农业合作社转入穿芳峪人民公社，村民都成为社员，颁发社员证。11 月，人民公社实行"政社合一"，对大队、小队的生产资料无偿调用。劳动力按军队的连排营编制，农业产品分配实行半供给制，社员吃饭"食堂化"。村中一切财产由公社统一管理、统一使用、统一调拨，即"一平二调风"。社员凭饭票到食堂免费就餐，婴幼儿免费入托，妇女入助产院分娩。此间，由于忽视客观经济规律，生产资料所有制急于向更高公有制阶段过渡，导致发生高指标、高征购、瞎指挥、浮夸风、"共产风"等一系列"左"倾错误，村经济发展受到阻碍，尤其是将原属于社员的自留田、自留畜一律收归公有，挫伤了社员的生产积极性。集体大食堂所谓的供给制，造成无节制的挥霍浪费，几乎将逐步建立起来的公共积累消耗殆尽。后又遇上严重自然灾害，与全国一道进入三年困难时期。

1960 年 11 月，穿芳峪人民公社派工作组深入各生产队"反五风"（浮夸、特殊、命令、瞎指挥、共产风），将以公社为核算单位改为以生产队为核算单位。村内分设两个生产队。

1968 年 1 月，掀起农业学大寨高潮，推行大寨式评工记分制度，同时在生产上强调"以粮为纲"，提出"人心向农，劳力归田"，限制多种经营，停滞和削弱林业的发展，村粮食产量创历史新高。

第四节 联产承包 土地流转

一 家庭联产承包责任制

20 世纪 70 年代中期，村推行小段包工、定额计酬，逐步探索实行以家庭承包为主要形式的联产承包责任制。

1979 年，小穿芳峪村在公社率先落实家庭联产承包责任制，实行所有权与经营权分离，即土地归集体所有，农户承包经营，全村耕地按人均 1.4 亩分到户，约定 15 年不变，生产队大中型农机具等生产资料作价处理给农户。农户对承包地有经营权、管理权，其收获物"交村足国家的，留足集体的，剩下全是自己的"。1999 年，按照中共中央相关文件，落实延长土地承包期政策，对村户的承包田作了微调，承包期再延长 30 年。

二　土地流转

2013 年，小穿芳峪村建立响泉园农作物种植合作社，开始推行土地流转，当年流转土地 195 亩，建成苗圃园，育植白蜡树苗。村民以土地入股，打破传统种植结构，提高了农户收入和集体收入。

2014 年，成立天津市蓟州区井田庐景区管理中心。2016 年，成立天津小穿景区管理有限公司。村民将承包地和农宅流转到村集体后再由公司实行统一经营，村民既能获得承包地保值增值收益，又可获得利润分红。

第二章　生产条件

第一节　劳力　农具　肥料

一　劳力

穿芳峪村劳动力的数量随人口的增、减而变化。新中国成立前，天灾、人祸加连年战乱，村民生活困苦，劳动力人数不多。新中国成立后，国家大力发展农业，提高村民生活水平，村中劳动力随人口的增长而逐年增加。分村时，小穿芳峪有男女劳动力不足百人。70年代，劳力人数超百人。1981年，全村劳动力150人。1990年，全村有劳动力160人。1996年，全村从事农业生产的劳动力57人，从事工业生产的36人，从事建筑业的16人，从事交通运输业的4人，从事其他行业的45人。1999年，实行土地延包时，全村有劳动力111人。2005年，全村从业劳动力111人。2010年，全村有劳动力120人。2017年，全村有劳动力115人。

二　农具

传统耕作农具主要有耩子、铁犁、耘锄、播种楼，均用畜力或人力牵引。播种前后碎土和平整土地时用耙、划拉子、木榔头、三齿子、四齿子。中耕除草用锄、镐，锄有全铁锄、木把锄、小耪锄、宽板锄头、尖咀锄头。收割工具主要有镰刀、薅刀、柴刀、砍刀、镢、锨、抓钩子、铁叉子。运输古来多用人背肩扛肩担，后使用小拉车、独轮车、木制马车牛车、胶轮大车。打谷脱粒用碌碡，以脚蹬及畜力拉捃子为主。打谷场上用具有木叉、杈子、扁担、扫帚、木锨、簸箕、布袋、麻袋、筐、箩等。粮食加工靠石碾、石磨，由人力推动或用畜力拉动。饲料加工使用铡刀（人工），后改为电力铡刀、电力铡草机、粉碎机。

新中国成立后，传统农具逐步更新。50年代末开始使用七步马拉犁、双轮双铧犁耕作，电碾、电磨用于对粮食加工。60 年代中期，电力水泵完全代替龙骨水车。1972 年，村里添置了带犁、带车斗的 20 马力拖拉机，这是村中首台拖拉机。是年，租用公社农机站的两台旋耕机和打埂机为村内旋耕土地、畦田打埂。80 年代始，55 型拖拉机或农用柴油三轮车运输逐步取代畜拉胶轮大车。

进入 21 世纪，传统的人工收割、脱粒方式逐步被割晒机、联合收割机、脱粒机等收获机械所取代。

三　肥料

有机肥　主要是人粪尿和圈肥，用人和牛马猪羊、鸡鸭鹅等家畜家禽的粪尿连同垫圈的以氮素为主的速效肥料，用垃圾混合，经堆闷、高温、发酵后用于底肥或追肥。60 年代后，号召社员发展家庭养猪积肥，成猪交售给供销社，按等级价格付给现金，圈粪交给生产队，由生产队按车或立方米补助工分，参加年终分配。另有堆肥，用杂草、树叶和粉碎后的作物秸秆掺入人、畜、禽粪尿，经混合发酵而成，用于底肥。

无机肥　20 世纪 50 年代末，村中开始使用化肥，时称"肥田粉"。60 年代中期后，引入硝酸铵、氨水、尿素、氯化铵等。70 年代末，逐渐推广使用硫酸钾、氯化钾。80 年代初，开始在小麦等部分农作物试用普钙、重过磷酸钙。90 年代，化肥品种除氮、磷、钾肥外，还有复合肥磷酸二氢钾、磷酸二铵，微量元素肥硫酸锌、硫酸锰、硫酸铜、硼砂、硼酸等，以及各种复合微肥。进入 21 世纪，无机肥品种繁多，一般施用氮肥、磷肥、钾肥及复合类肥料，加以微量元素肥料。

第二节　农田水利

一　平整畦田

20 世纪 50 年代，大搞农田水利建设，村中对山坡地、洼地、荒弃地进行治理。

1973 年，公社农机站的两台旋耕机开始来村旋地（疏松土地），紧接着就是用打埂机打埂，再由人工平耙做畦，畦田做好后，用耧播下种，如

1970 年村民工作照

墒情不好就用畜拉水补墒，不到一星期，两个生产队就完成了 70 多亩畦
田化小麦的播种任务。1973 年是村中史上冬小麦播种面积最多的年份。从
此，村耕地皆为水能浇的畦田麦，实现旱能浇涝能排，入冬前给全部麦田
浇上封冻水，确保小麦来年的丰收。

　　二　水利设施

　　村中农田水利基础设施多是 1949 年新中国成立后至 80 年代前兴建。
1949 年新中国成立后，政府组织民众改造土地，兴修水利，生产条件逐步
得到改善。1973 年，村中大兴水利工程建设并得到各方全力支援。驻南山
解放军侦察营派来了一个连的官兵，穿芳峪公社派来 25 个中小学校的 40
余名教师，附近英歌寨和半壁山两个村的强壮劳力来支援，打"大眼儿"
井，建水泵台，完成 100 亩畦田改造。县里给村调拨直径 3 寸玻璃管，村

东 12 ～ 13 米高大土塘须用高扬程水泵把水引到东岭子至高点，用玻璃管对接硬塑料管后试水，由于水泵的叶轮转速低达不到要求，后借 7KW 电机再次试水成功，100 多亩土地得以浇灌，实现首次电动引水上山，解决山坡地浇水问题，能旱涝保收，每年增收一两万斤粮食。

80 年代后，村水利工程配套系统逐步完成。

第三节　经营管理

一　劳动生产管理

20 世纪 50 年代前，域内农业生产经营管理一直是一家一户独立经营。从农业互助合作始，农业生产管理不尽相同，大致可分为两种方式。

以工换工　为季节性互助组和常年互助组所采用的方式。二者在具体办法上有所不同：季节性互助组是在农忙季节，由若干农户自愿搭帮，以调剂劳力、畜力、工具的余缺，农闲时自动解散；常年互助组有简单的生产计划，在农业生产上统一使用劳动力、畜力和主要生产工具，在收获分配上，仍是谁的土地收获的产品归谁所有。农闲时的副业收入，按参加副业劳动的人数平均分配。通过换工，联合开荒种地，使新中国成立初期的农民在劳力、耕畜、生产工具上得到调剂，有效地解决了农户生产上的困难，对促进生产发展起到重要作用。

评工记分　高级社成立时，将私人土地收归集体所有，牲畜和大型农具作价归社统一使用，小型农具由社员自备。生产队下分若干作业组，把各种农活根据技术的高低、农活的体力程度，划出不同的等级。按一个标准劳力一小时能干多少，按一天为八小时能干多少为劳动定额。生产队不定时组织社员民主评工记分，一般男整劳力每天 10 分（也称为标工），女劳力最多每天 9 分。由于社员的劳动工分及生产队分值多少决定人们的生活水平，时有"工分工分，社员的命根"一说。评分标准随不同时期的变化而不同，但这种评工记分方式一直延续到人民公社化及实行家庭联产承包责任制后。

二　分配方式

股份分红　始于初级农业社时期。个人土地评产入股，由初级社统一经营。入股的土地按其优劣评定股份，作为土地分红的依据。牲畜及大中型农具也作价入社，统一使用其价款作为生产基金，多余部分作为股金计入账目。劳动力由社委会根据生产需要统一使用，民主评工记分，作为劳力分红的依据。劳动产品和现金的分配方式则是在完成国家农产品统购和农业税征收以及国家预购定金扣留等任务后，余下的劳动成果按"劳三地七"的比例进行分配。

村中成立响泉园种植合作社和天津小穿景区管理有限公司，村民将承包地流转到合作社，以老宅院作为股份入股村股份公司，村民既能获得承包地的保值增值收益和利润分红，又能获得老宅院的出租收益及村股份公司的分红。

平均分配　1958年，村光明之路高级社加入东风人民公社初期，将原高级社一切财产全部归公社所有，劳动力也归公社统一调配，实行大兵团作战，任意平调物资和劳力，生产"大拨轰"，劳动不计工分，在产品分配上实行平均主义，以村队为单位大办"公共食堂"。后经整顿实行"三级所有，队为基础"体制，以生产队为基本核算单位，并恢复了劳动评工记分和收益按劳取酬制度。

粮食分配　农业合作化时期，农业社生产的粮食按国家、集体、社员个人三兼顾的原则进行分配，即根据当年粮食产量，合理确定国家粮食统购及"三留"（种子、饲料、口粮）数额，有余留作集体储备。人民公社化初期，集体生产的粮食除完成国家粮食统购任务和集体种子、饲料外，社员口粮由各队公共食堂统一使用，"吃大锅饭"。公共食堂停办后，社员口粮采取按人口、劳动工分比例相结合的办法进行分配。具体比例各队不等，原则是在保证基本口粮的前提下，口粮水平较高的生产队，劳动工分分粮比例大些，反之少些；口粮水平较低的生产队，则按人口分配。按人分配部分仍坚持以人定量，14周岁以下的少年儿童，一般分得成人口粮（按人分配部分）的六成至七成。六七十年代，村民曾一度靠部分国家返销粮满足生活所需。1981年，全村人均口粮250千克。

现金分配　初级社时将全年所收粮、柴折成钱，扣除国家税金、集体提留部分，余者采取按土地劳力分红的方式分给社员，按劳动日和土地的比例进行分配，实行"三七开"（劳七地三）。

高级社虽按国家集体个人三者利益兼顾的原则分配现金，但社员分配部分已取消土地分红，全部实行按劳分配。

20 世纪 60 年代初，实行生产资料归人民公社、生产大队（村）、生产队所有，以生产队集体所有制经济为基础，生产队是人民公社的基本核算单位。社员参加生产队集体劳动，挣得劳动工分。年终，生产队通过核算确定分值，每分值约 0.03 ~ 0.09 元不等。执行"先国家后集体再个人"的分配政策，集体提留比例少于社员分配比例，集体提留部分的公积金用于扩大再生产，公益金用于"五保户"供养和对困难户的照顾等社会福利事业，社员以全年所得劳动工分获得报酬。一般在夏收时预分配，年终决算时找齐。1981 年，全村总收入 4.58 万元，总支出 2.37 万元，纯收入 2.21 万元，社员实际分配 2.01 万元，劳动日值 0.34 元，人均分配 44 元。

此分配形式一直延续到实行家庭联产承包责任制止。

三　管理制度

20 世纪 60 年代始，村订立实行各种生产管理制度，并根据村内发展，对涉及农业发展与管理方面的制度进行不断修改、完善，并严格执行。

劳动管理　实行农业合作化、人民公社体制后，根据不同时期的实际情况和经验，大队党支部不断加强劳动管理，通过几十年的探索、完善，逐步形成了一系列操作性较强的劳动管理制度。当时，社员听到上工的钟声或哨子声，便拿着工具到集合地点，等候队长分配任务。生产管理制度要求社员自觉遵守劳动纪律，不迟到、不早退、不旷工。有事必须首先向队长请假（特殊情况例外），经队长批准方为有效。凡是迟到早退者一律按照所误工时间减少工时扣除工分。社员必须服从队长派工，每月月底由社员公议底分和对农活的轻重的分类，不服从派工者按旷工论。社员每月出勤 28 天为全勤，出工全勤为评选五好社员条件之一。大队干部要坚持到生产队参加劳动，党支部将大队干部分到固定队，有事到大队请假；社员还要参加一切政治活动（各种会议、集体组织的学习），各队建立严格的考勤制度（点名册），记载出工、参加会议、参加学习的情况以备考查。

会计制度　农业生产合作社（初级社、高级社）、生产大队、生产队、农工商联合社等集体经济组织都建有会计制度，一般设 1 名专职会计，立有健全的账目，不同时期采用不同的记账方法。1956 ～ 1964 年间，采用单式收付记账法。1965 年开始实行简明收支记账法。1971 年改为收付复式记账法，会计科目增至 39 个。1982 年始，对原设账目进行必要的改革。1988 年，村级账目由原来的钱物收付记账法改为借贷记账法，会计科目由原来的 39 个改为 24 个。

财务管理　农业生产合作社及公社化时期，村中实行勤俭办社，有严格的财务管理制度。大队、生产队会计、保管、出纳均由社员民主选举产生，每年多次向社员公布账目。"小四清"后，实行现金、实物、劳动工分"三上墙"的群众监督检查制度。大队、生产队的全年收支计划，年终收益分配方案和购置固定资产计划等，须经社员大会讨论通过后方能实施。日常开支则分别由队委会、队长酌情掌握。

第三章　种植养殖

第一节　种植业

一　规模

小穿芳峪属低山区，史上多雨涝和山洪，粮食产量极不稳定。村域坡地多种植白高粱，村南平坦地带多种植红高粱，高粱种植面积占全村粮食作物的30%左右，亩产最高三四十千克。新中国成立后，不断进行农田改造，兴修水利，生产条件逐步得到改善。到20世纪70年代，村中进行大规模农田改造后，土地产量大幅增加，粮食作物普遍实现水浇畦田化，春小麦种植面积大幅增加，仲春时在麦田中套种玉米，春小麦收割后玉米苗长至一尺高左右，再在麦垄中种植豆类，秋收时与玉米同时成熟，做到一年两熟或三熟。1973年，全村种植冬小麦70亩，亩产200千克左右。1979年实行家庭联产承包责任制前，全村粮食作物播种面积300亩，亩产300千克左右。1981年，全村粮食播种面积302亩，粮食亩产314.5千克，粮食总产量91.9吨。90年代，农田管理逐步实现机械化、科学化，一些农作物传统品种也逐步被新的优良品种所代替，逐步实现主要农作物优种化。1990年，全村粮食播种面积291亩，亩产285千克，粮食总产量83吨。2000年，全村粮食播种面积209亩，亩产263.16千克，粮食总产量55吨。2005年，全村粮食播种面积372亩，粮食总产量112吨。2010年，全村粮食播种面积300亩，粮食总产量114吨。2017年，全村林果耕地面积471亩。

二　主要品种

村域历史上农业生产条件差，农作物一年一季，洪涝灾害多。粮食作物品种主要以玉米为主，辅之以小麦、高粱、大麦；零星种植黄豆、绿豆、红小豆、黑豆、蚕豆、青豆等豆类。产量很低，收成无保障，水旱灾害不断。

集体经济时期，主要农作物播种在县、社两级计划内进行。实行家庭联产承包责任制后，农作物种植由承包户做主。

玉米 玉米种植在小穿芳峪村有很长的历史。由于受水旱条件影响，村一带土地多为一季种植，很少复种和间作套种，因此玉米种植多为早玉米，品种以传统的"白马牙""小八趟"为主，亩产量一般在100千克以下。1986年引进新品种"京杂6号""沈单7号""白单4""鲁原单4号""鲁原单8号"等，亩产可达400～500千克。90年代以后种植面积有所减少，有"纪原1号""郑单958""津唐1号""津玉103""津鲜1号"等新品种，亩产400千克左右。进入21世纪，玉米品种均为种子公司经销的优质品种，亩产500千克以上。

高粱 早期村中主要粮食作物之一。因高粱根茎深，耐水冲，适应各种土壤，便于田间管理，多水年可得少量收成，故未放弃种植。品种分为白高粱、红高粱和黏高粱三种，新中国成立前种植品种主要是本地品种"大红散码""大白散码""瞎尾巴黏"等。20世纪60年代初引进杂交高粱"晋杂五号"，后因为米质差、食用价值低停种。其后，引进"抗4号"优良品种，亩产300千克左右，米质优良。黏高粱播种较少，主要在边角地块播种。高粱曾是穿芳峪一带村民的主食，贴饽饽、熬粥，也可用来制作淀粉。80年代中期后不再种植。

小麦 多为自食。由于长期沿用传统品种及生产条件落后，小麦产量极低，许多年份亩产量只有几十千克。新中国成立初期，农业生产条件得到改善，产量有所提高。20世纪70年代后期，开始推广冬小麦新品种，主要种植"丰抗8号""丰抗15号"等适应性强、抗倒伏、产量高的新品种，亩产可达350千克。80年代中后期，引进抗倒伏、抗病虫能力强的小麦新品种"837"，亩产达400千克，以分蘖多、抗倒伏、产量高而受欢迎。进入21世纪，引进品质好、产量高的"津麦0108""轮选987"等小麦优良品种，亩产一般在500千克左右。

春小麦播种面积相对较小，主要在秋涝积水冬小麦不能适时播种的情况下于次年春季补种。本地品种春小麦的最大特点是面筋大，磨面后做面

冬小麦

条最好，但产量比较低。20世纪70年代初期，先后引进"磨玛1号"和进口的意大利"大头麦"等品种，产量大幅提高。"大头麦"品种不但产量高而且秸秆低矮粗壮、穗头粗大，最受村民欢迎。

三 经济作物

豆类作物 种植面积相对较小，主要在沟、渠、堤坡等零散地块上种植或晚播玉米地套种。种类有黄豆（又称大豆）、黑豆、红小豆、绿豆、白豆、蚕豆等，多为村民生活自用。1980年后，引进东北夏播黄豆，播种效果良好。

棉花 棉花很早就开始被种植，但种植面积较小而且地块零散。新中国成立初期，棉花种子一直是农民自留自用，长期没有得到优化，种植方式通常沿用大垄稀苗的习惯，产量一直很低。20世纪80年代后，村民逐渐接受新的种植理念，合理密植，科学管理，淘汰老品种、选购新品种，扩大种植面积，棉花单产和总产量均获得提高。

油料作物 花生和芝麻作为食用油原料只供村户家庭食用，种植规模一直不大，并且长期使用本地品种，产量较低。1980年，村中引种山东"海花一号"等花生品种，产量大幅提高，传统品种被淘汰。至21世纪初，仍有村民零星种植。

　　瓜菜　种植品类较多，历史上小穿芳峪村蔬菜瓜果均很有名。品种主要有大白菜、黄瓜、菜瓜、豆角、西红柿、青椒、韭菜、萝卜、芥菜、胡萝卜、大葱、大蒜、辣椒等，还有少量的丝瓜、西葫芦、南瓜、葫芦、茴香、芹菜、毛子姜（洋姜）、葱头、土豆、油菜、雪里红等，其中小穿芳峪菜瓜香甜脆嫩曾远近有名。这些蔬菜除少量属于后来引种的品种外，大多是本地的"扎根"菜品。因土地壤质和地势环境的缘故，村民种植蔬菜一直较少，一般只在房前屋后作少量种植。20世纪六七十年代，每个生产队都曾留有一定土地做菜园子，收获的蔬菜按工分和人头分给社员。村中尹姓族户种菜历史悠久，且以品质优良享誉四方，旧时曾流传尹家"种的萝卜心中美，栽的大葱仙鹤腿，架上黄瓜直又脆，卖的韭菜不洒水"。菜园位于村东小黑龙港，靠溪河，湿度大，晨雾时间较长。尹家的菜除被当地寺庙、官员和富户食用外，主要运往县城和集镇销售。

　　1979年，土地实行联产承包责任制后，生产队菜园划分给村民个人种植。由于菜地都是选用壤质好、排灌便利且临近村庄的地块，长期施用有机肥，土壤肥力优于其他地块，村民仍然将其作为菜园子来经营。1990年，全村蔬菜总产量4.8吨。2000年，全村蔬菜总产量20吨。2005年，全村蔬菜播种面积8亩，蔬菜总产量40吨。

第二节　林果业

　　旧时，村东龙泉山上有橡树成林，大的有百余棵，直径1.5尺左右，日伪统治时期被砍伐。

　　1949年新中国成立前，村域内植树所用苗木主要靠采集自然生长苗木或树枝扦插，森林覆盖率不足30%，以天然次生针叶混交林为主，优势种类有蒙古栎、槲栎、槲树、大叶朴、小叶朴、大叶白蜡、坚桦等。乡土树种山桃、山杏、山核桃、山荆子、山杨、山槭等也广泛分布。人工栽植的树种有油松、侧柏、刺槐、黄栌等。世界濒危植物和国家重点保护的植物有野大豆、地锦草、猫眼草、京大戟、核桃楸、胡桃、黄檗、北五味子、刺五加、短柄乌头、皱叶乌头、珊瑚菜等。

村域内林木品种繁多，主要品种除山林品种外还有橡树、杨树、柳树、榆树、椿树、槐树、桑树、松树、柏树、小叶榛、三色桐树、紫穗槐、木槿、杜树等。观赏绿化树种有红叶小檗、金叶女贞、洒金柏、紫叶女贞、瓜子黄杨、红叶李、红瑞木、美人梅、黄金槐、红天竹雪松、北京桧、蜀桧、万峰桧、龙柏、侧柏、铺地柏、沙地柏、千头柏、龙柏球、花柏球、蜀桧球、大叶黄杨、小叶黄杨、雀舌黄杨、大叶女贞、棕榈、剑麻、国槐、垂槐、垂柳等。

20世纪50年代村民开始人工栽植果树，果树品种主要有桃树、梨树、板栗、杏树、苹果树、山楂树、柿子树、枣树，其中柿子、核桃、苹果为多。60年代中期全村果树发展到40亩，70年代末发展到近百亩。实行家庭联产承包责任制后，将生产队果树承包给个人经营，承包期一般在10～20年以上，承包价格不一，有的年份一棵树承包费仅0.5元，但遇市场果实价格低时，收益依然不多，村民多不愿承包。1979年底，孟庆志承包村第一生产队不足3亩的苹果园，有成年果树70棵，每年向生产队交承包费1200元，承包期6年。第一年收入达万元，开支6000多元。1985年，果树盛花期遭遇冻害，苹果总产仍达到1.5万千克，收入1.4万元。1986年，果品总产达到3.5万多千克，两年总收入近5万元。孟庆志成为村中少有的万元户。村民王建春、王建东曾承包响泉园西半部4亩土地，建成花木苗圃基地。2009年，几户村民把承包地转包给孟凡全栽植国槐等园林树种。

果园

在发展林果生产过程中，村民不断学习探索先进的管理技术，对水源条件好、长势比较旺的苹果树进行花期环刨主枝和主干，以提高坐果率。对坐果率最低的黄元帅、红元帅苹果树进行扩穴施肥，待二三年后果树长势旺了，就开始对部分主枝做环刨，

荣获天津市
"绿化工作先进集体"称号（2017）

取得显著效果，以前始终没挂果的树开始结果，产量明显提高。1990年，全村果品产量为 2.67 吨。到 2000 年，全村果品产量达到 31 吨。

因与旅游产业链接，主要发展林果经济，所以到 2017 年，村有农林用地 488.7 亩，占全村土地总面积的 81.21%，森林覆盖率达 80% 以上。

第三节　养殖业

一　传统养殖

新中国成立前，畜禽的繁殖饲养只在农户家庭零星分散进行。村民收获的畜禽产品和各种水产品除自食、自用外，偶有零星出售。村民自繁自养的大牲畜，如骡、马、牛、驴一般作为劳动工具使役，偶有多余也到市场出售。由于长期处于小农经济的自然发展状态，养殖业没有形成规模。新中国成立初期，一般家庭和集体有少量饲养、放养，作为劳动工具和经济收入的补充。

二　建国后养殖

1963 ～ 1967 年，社队对社员家庭养猪实行既奖励粮食又奖励工分的双重奖励政策，养猪业得到发展。1968 年后，家庭养殖和集体养殖均受政策限制，村中养猪数量急剧下降，社员家庭养殖处于封闭式、自给型的散养方式。70 年代初，县供销联社出台政策鼓励社员家庭养猪，每出栏一口肥猪由生产队补助 800 个工分，粮食奖励实行"斤猪斤粮"标准，村民养猪积极性提高，一般每户存栏 1 ～ 3 头。

　　改革开放以后，村中畜牧养殖业开始向开放型、商品型、科学化、专业化方面发展，养猪户、养羊户、养鸡户接连出现。村民孟凡全曾承包村中土地兴建养鸡场，养殖规模 4 万只，成为村中规模最大的养殖专业户，产品供给龙凤、康师傅等大企业。村民闫海涛养猪兼养鸡，也形成一定规模。村民饲养的生猪主要有长白、杜洛克等优良品种。鸡种主要是法国伊沙褐鸡等。羊以优质绵羊为多，并有少量本地品种山羊。

　　据蓟县农业统计资料记载：1990 年，小穿芳峪村猪只存栏 30 头、出栏 110 头，存栏家禽 400 只、禽蛋产量 2200 千克。2000 年，全村猪只存栏 100 头、出栏 230 头，肉类产量 20 吨，存栏家禽 3.02 万只、禽蛋产量 369 吨。2005 年，全村猪只存栏 630 头、出栏 300 头，存栏家禽 2.03 万只、禽蛋产量 315 吨。2010 年，全村猪只存栏 320 头、出栏 618 头，牛存栏 8 头，肉类总产量 51 吨。2016 年，全村有生猪 101 头、出栏生猪 212 头，肉类总产量 16 吨。

　　2013 年后，村发展旅游业，养殖业萎缩。

第四章　工商业

第一节　村办企业

自 1970 年代至今，红石米加工厂是小穿芳峪唯一的村办集体企业。

1970 年，蓟县土产公司召集穿芳峪、小穿芳峪两村负责人开会，动员利用后山紫红石（俗称"羊肝子"）资源，办加工厂生产红石米。小穿芳峪村代表孟庆志表态愿"试一试"。回村后，村里召开生产队长以上干部会议进行商讨，最后决定由孟庆志负责，两个生产队各派几名妇女进行试验。孟庆志带人从山中拉回石料后，让社员领回家用铁锤敲砸成米状块。后经参观邻村机械化生产碎石米的石料厂，决定制作小型粉碎机，便请公社修造站技术人员帮助设计图纸，自筹合格原料，几天后制成粉碎机。村里投资 7000 多元架设供电设施及购买电动机，在村东口路北侧建起小型粉料厂，设有中型粉石机 1 台，小型石米机 1 台，当年开始正式生产。从山上开出石头后，用手锤剔掉杂色部分，粉碎后的石米按规定过筛，产品完全达到出口标准。1972 年，生产红石米羊肝子 52 吨，总收入 1.03 万元。

1973 年春，开机 15 天完成 75 吨三个规格的成品。3 月底，土产公司下达年出口 70 吨石米任务，4 月中旬加工厂全部交货到位。由于保质保量完成任务，土产公司非常满意，提出增加生产石米 60～70 吨以备出口急需，于是加工厂安排夜班生产石米，很快完成了任务。由于 1972 年大旱歉收，社员户多无钱购买口粮，大队采纳孟庆志建议，借红石米钱买粮食，为村民解决难题。秋后决算时，大队又下拨粉石米钱 4000 元给生产队，弥补社员口粮款。村加工厂还为南山、台头、小巨各庄、大巨各庄、刘相营等周边村出借现金购买口粮，帮助渡过难关。

后县有关部门中止与村合作，石米加工厂因无销路而倒闭。

第二节　手工业

一　概况

新中国成立前，小穿芳峪村称得上是"五行八作"村，有烧瓦盆、木作坊、酒烧锅、兵工厂、泥瓦匠、面粉坊、点心铺、豆腐坊、炸麻花以及杀猪、养蜂等多种行当。因村域寺庙、庵堂的佛事兴旺，求财乞福、讨子延寿、许愿还愿的香客络绎不绝。每年二月十九菩萨庙会，唱戏的、说书的、打把式卖艺的、跑马戏的、演杂技变魔术的、拉洋片的、卖食品的以及卖饭棚、各种商品摊排满街巷，吸引来外地各种行业的客商及手艺人，来小穿芳峪做生意，有些直接落户村里。村手工业更加多样化。

二　传统作坊

尹家作坊　旧时村中尹姓家族有蔬菜、供品、磨豆腐三种营生，产品均为自产自销，尹家蔬菜、豆腐曾享誉蓟州城乡。村域寺庙多、香客不断，尹家做面供品生意，用蒸好的大小四样馒头串起插在有孔的方板上，喷洒红绿色，成为热销的供品。后改做糕点，也受顾客欢迎。新中国成立后，供品买卖停止。

尹家豆腐坊制作的豆腐细嫩，熬炒不易碎，在附近很有名气，特别是尹廷九做的豆腐、豆片久负盛名。尹氏后人尹友的香油作坊，采用地道的本地产芝麻制作，香味绵长，也是乡亲们改善生活的重要调料。

蔡家面粉坊　村民蔡景芳的祖辈靠磨面为生。旧时，山地种麦子的不多，蔡家的面粉坊主要靠外卖和加工。蔡家用磨细，以脚踏箩筛面，加工出来的面粉深受乡邻喜欢。后村建面粉厂，蔡家磨面作坊停业。

木工作坊　新中国成立前，村民马德昶联合手艺好的王连、李明普、周福成搭伙成立木工作坊，分工合作。除制作桌椅板凳、柜橱出售以外，也做带料加工活儿，到现场给盖房户砍房架、打门窗等。土地改革时，木工作坊解散。农闲时，木匠们仍招揽一些加工活。

王家作坊　合作化前，村民王连除干木工活外，冬闲时一家人利用家里的石磨用杂豆磨豆浆，炸麻花，炸丸子，摊饹饼，炸饹馇。1954年入社后，作坊停业。

张家瓦盆作坊 1932年发大水，张贵一家五口从老家池庄子逃荒来到小穿芳峪，与玉田县孤树村张仁合股租地建窑干起烧瓦盆生意，他们取山坡土质干净的黏土烧制，成品有大小瓦盆、水罐子、大货罐，小件有笔筒、烟灰缸等。这些在附近一带有名，张家也被称为"瓦盆张"。后泥瓦器皿从市场退出，盆窑荒废，土地改革时，张家把整个作坊租给他人。

穿芳酒坊 明末，穿芳峪尹家在村建酒作坊，利用附近所产高粱和山泉水酿酒，因与龙泉相近，故将作坊产酒取名为"龙泉酿"。除在当地销售外，还销往唐山、芦台、滦城一带。相传，清末经崇绮推介，龙泉酿销到北京。民国时，半壁山刘家接手酒作坊。1939年，该地建起小型地下兵工厂，烧锅酒厂停止生产。

响泉园蜂房 民国年间，村民孟宪春受聘于响泉园养花种菜兼养蜂，后逐渐扩大到二十几桶。孟家产的蜂蜜纯正香甜，深受乡邻欢迎。后其子孟庆如承继父业，成为村中养蜂专业户。

金家肉铺 金贵随父亲到小穿芳峪安家落户后干起杀猪卖肉营生，开办金家肉铺。金贵长大后，父子各司其职，生意兴隆。1954年合作化后，肉铺歇业。

泥瓦匠 村民王连举家是泥瓦工世家，常年"领作"，手艺精湛，远近闻名。早年修复被烧寺庙时，率领班众工匠严格施工，亲身上房"瓦瓦"。完工后经检验，寺庙建筑完全合格，受到僧俗一致称赞。

编席高手 村民们都会记得一种编席子的手工艺。20世纪六七十年代，有位姓宋的手艺人，每年由村里请来，轮派到各家，用苇子编成炕席和各种农具，比如贮藏粮食用的苃子、笼筐子，等等。孩子们尤其喜欢这位宋大叔，一边干活一边表演地方戏，他到来的日子就是孩子们的节日。

第三节 劳务输出

一 劳力输出

1949年新中国成立前，村域频繁遭受水旱之灾，几乎每年都有一批村民外出谋生。除个别到外地投亲靠友之外，他们多数都到未受灾城镇乡村去"拉活"（打工），有的未成年儿童也到外地学习技艺、学做生意。

新中国成立初期，村民偶有劳务输出。

1979年，村实行家庭联产承包责任制，人口多劳力少的家庭产生劳务需求，村内外富裕劳力多于农忙时为之打工，一般分为日工和季节工两种。2000年后，随着农业机器化的发展，村民家庭剩余劳动力多到县城或外地打工。2013年开始土地流转后，多数村民选择到村井田庐景区管理中心、响泉园农作物种植合作社上班，或经营农家院及旅游产品制作，外出劳务以季节短工为主。

二　承建工程

20世纪六七十年代，村民参加公社建筑队，去大城市搞绿化、建桥梁、修民房等。改革开放后，村民组建工程队，去天津等地承揽绿化和其他工程建设。

第四节　商业铺店

一　商贩商铺

古来村中商业铺店较少，商业不发达。新中国成立前，较常见的商业行为是肉类交易和流动货郎入村售物。村中售肉商家多有固定铺店，设肉案，每杀猪羊后，敲大梆子以告知；货郎入村多肩挑货担或推车，摇鼓叫卖，所售货物多以家庭日用针线为主。

20世纪六七十年代，随着社会发展，村中开始出现小商铺，走村串街的货郎消失。改革开放后，商品经济发展迅速，村中商户增多，生产和生活资料交易频繁。21世纪后，村附近建有两个规模较大的超市，商品较为齐全；村内有两个小超市，以经销生活日用商品为主，成为村民生活购物的主要场所。随着交通越来越便利，许多人直接到县城购物。村旅游业发展后，村民办有旅游商店，出售当地特产和纪念品等。

二　集市

旧时村西一里处有小市场，有交易日。平时主要货物为鲜货（山中水果），主要是苹果、桃、杏、梨等，另有日用杂货，出售者摆地摊，市场旁有小吃铺店，还有私设赌局者。集市不大，很繁华热闹，一般要下午两三点钟才散市。村民多参加集市交易，出售土地出产和山林果实。

第五章 旅游经济

第一节 发展概况

2010年初，小穿芳峪山场占村域面积的50%以上，耕地面积只占30%左右。村里无企业，无主导产品，农民家庭经济来源主要靠果品种植和外出打工，村集体年收入为零。加之地处蓟州北部山区，交通闭塞，全村人均年收入只有七八千元，只能维持较低生活水平。2012年8月，新的党支部、村委会领导成员上任后，面对周边旅游专业村迅猛发展的形势，制定"村民回乡、生态疗养、结构调整、实现梦想"九年规划，谋划确定小穿芳峪村的发展格局和思路：充分发挥村域优势，村中东部为农业发展区，发展观光农业，西北部是生态保护区，全力发展全景式特色旅游业，带领村民以北方特色民居为重点，实施全村景观化改造。在村中无资金的情况下，村干部垫资进行村容改造，争取到"美丽村庄""一村一策"建设项目资金和渤海轻工对口帮扶资金近千万元，为生态旅游村建设奠定了基础。至2018年

被评为"全国生态文化村"（2017）

7月，相继建成小穿乡野公园、农耕文化体验园、房车基地、邵窝文化体验区、雪乡乐园等休闲旅游项目，成为旅游经济的重要增长点。

详见第五编乡村旅游。

媒体链接：

生活好了，年味更浓

——小穿芳峪热腾腾新风扑面过大年

春节将至，家家迎新辞旧；神州大地，处处万象更新。生活好了，年味更浓；干部来了，作风更实；酒不喝了，邻里更亲……作别的不仅是旧岁，还有以往的陋习积弊，迎接的不只是新年，更是新时代的新风尚。让我们在新风扑面中感受风清气正，丈量国家前行的坚实脚步。

编　者

腊月二十九一大早，天津市蓟州区小穿芳峪村乐浩农家院的女主人朱爱月又把客房仔细打扫了一遍。小穿芳峪意为"穿过芳香的山谷"，位于天津北部山区，近两年成了远近闻名的旅游村。今年春节，已经有好几拨客人预订了客房，"咱一定得让客人过个好年"，一边说着，朱爱月一边把两个大红"福"字贴在了门上。

回望一年，获得感很实在

农村的年来得早，在朱爱月看来，从农历腊月二十三小年那天全村集体迎新年起，欢乐春节就开始了。

小年那天，全村82户、268口人扶老携幼从家里直奔乡野公园的云杉餐厅。50岁的村民苑春才有点兴奋。冬季本是农闲季节，尤其快过年了，要是搁以前，村里人除了做点儿吃的，天天就是打麻将和晒太阳，今年成了全村人一起联欢、吃年饭，然后是好几天的村民趣味运动会。这是小穿芳峪村第一次办集体联欢。生活好了，人心齐了，村集体收入增加了，村两委就想着组织全体村民迎新年，也跟大家说说过去一年，展望来年。

"犬吠鸡鸣春灿烂，幸福日子看小穿芳峪……"上午9时30分，联欢会拉开序幕。

一直在市区工作的村民尹富海首先上台讲起了自己眼里的家乡。"刚工作时不好意思说自己是小穿芳峪的人，为啥？咱村又穷又脏。"没错，以前"靠天吃饭"，在蓟州区 900 多个建制村里，小穿芳峪村排名倒数。2012 年村里人均年收入 8000 多元，远低于天津市平均水平。"现在好了，来旅游的都羡慕咱环境好，村民们见个矿泉水瓶子都捡起来，这就是咱村的素质！"尹富海的一番话，说得台下笑起来。

接着上台的是村民理财小组组长张晓猛，他手里拿着一张 2017 年村集体的收支清单。2017 年，村流转土地 195 亩，建成白蜡苗圃园，大伙以土地入股，白蜡移种作为北京的行道树，一棵树能卖 680 元，人均获利 4200 元，集体增收 40 万元。同时，采取集体 + 公司 + 农户的方式，多方融资 500 万元，建成占地 6800 平方米的乡野小屋和旅游接待中心……2017 年村人均年收入 31370 元，全村集体创收 98 万元。

展望来年，日子更有盼头

最后讲话的是村支部书记孟凡全。看着一双双热切的眼睛，老孟眼圈有点红，2012 年 8 月，48 岁的他放弃园林设计生意，回到村里当书记，想的就是能改变村里环境，带村民过上好日子。"我是咱村土生土长的，这村里的老人谁还没尝过穷的滋味"，孟凡全的开场白有点激动，"咱小穿芳峪不应该穷啊，为啥？风景好，卧牛山、望牛岭都是风景区，山间泉水舀起来就能喝；有文化，明清以来多少文人隐士在村里修建园林。"

孟凡全上任后，村班子建立了坐班值班、为民服务全程代办和党员联户帮扶制度。搞农家院，村民先观望，孟凡全率先投资 100 万元，改造了自己的老宅子；愿意改造农家院的，孟凡全利用自己的优势，免费设计院内园林景观，打造"一户一景"。村集体没有钱，村干部就自掏腰包，垫资 180 多万元搞建设；村里缺人才，一些党员宁愿不出门赚钱，也留下为集体出力……这一切，村民们看在眼里，也记在心里。

2015 年小穿芳峪村入选住建部全国美丽宜居村庄示范名单，2016 年入选农业部中国美丽休闲乡村并被评为国家 AAA 级旅游景区。

"今年的中央一号文件里说，让农民成为有吸引力的职业，让农村成为安居乐业的美丽家园。这话不假，今年，咱村的老百姓就会有 5 笔收入。"孟凡全伸出右手比划着：第一笔，村民土地流转到村集体，成立响泉山种植合作社，会有土地的保值增值钱；第二笔，老百姓入社，土地入股，有利润分红钱；第三笔，成立小穿芳峪投资股份有限公司，注册资金 3000 万元，全村 82 户将来在公司拿分红钱；第四笔，村民的老宅交到公司，通过社会招商，改造成高档民宿，老宅收到的出租钱；第五笔，村民在小穿芳峪投资股份有限公司和响泉山合作社上班，收入的工钱。话音刚落，村民们使劲儿鼓起掌来。

"你乐我也乐，党的好政策，你好我也好，党的领导好……" 76 岁村民徐金荣自编自演的脱口秀，成了第一个登台的节目，热闹的音乐声中，红烧开河鱼、土窑橡叶鸡、老爆三、独面筋……热腾腾的年饭上桌了，小穿芳峪村的新年，让人沉醉。

（原载于《人民日报》2018 年 02 月 15 日。记者：朱虹。责编：冯人綦、曹昆。）

第五编
乡村旅游

　　2012 年后，小穿芳峪凭借独特的区位优势和环境资源，以"全景式乡村旅游"为发展理念，确定以"乡野公园"为主题的发展定位，以文化遗存为核心，整合开发村域及周边新旧旅游资源，打造"一园、二景、四板块"的乡村旅游，建设高标准农家院、乡野小屋和人工湖、景观河，全面提升现有景区和旅游设施的文化内涵，打造特色文化旅游综合体，使旅游经济得到快速发展。2014 年被评为全国休闲农业与乡村旅游示范点，2015年被评为被评为全国美丽宜居村庄，2016 年获"中国美丽休闲乡村"称号并被评为国家 AAA 级旅游景区。

被评为"国家 AAA 级旅游景区"（2016 年）

第一章 发展旅游 振兴乡村

小穿芳峪村在蓟州区东北部，是典型的半山区，地形地貌条件较好，风景秀丽，又具有深厚的历史文化底蕴，适合发展乡村旅游产业，同时与区全域旅游的整体定位相契合。

第一节 特色旅游资源

一 特色文化资源

清末时众多学者文人在穿芳峪聚居，他们修建诸多园林，过着耕读传家的品质生活，还为乡亲们办起了义塾，留下了近百万字的古籍资料。2016年村着手整理出版古籍，并且制定了产业化开发思路，已经出版了《小穿芳峪艺文汇编·初编》《小穿芳峪艺文汇编·二编》《龙泉师友遗稿合编》（影印本），正在整理《小穿芳峪村志》《小穿芳峪记忆》等资料。

2017年，本项工作得到了天津市文化产业发展专项资金资助，并协助小穿芳峪全力挖掘优秀传统文化、打造特色的文化旅游，将小穿芳峪特有的历史文化故事融入旅游开发中，复原古典园林建筑，体验传统耕读生活，并且采用VR（虚拟现实）、"互联网+"等新科技手段，开展多角度文化体验，增强乡村旅游活动的互动性开发，增加客流，提高利润水平。

农村智库研究是村发展的重要机遇。2017年，为实现科研智库服务农村，天津社会科学院与蓟州区委宣传部联手打造了"小穿论坛"，并将其定位为研究中国乡村问题的长期机制，这为小穿芳峪乡村旅游的品牌形象注入了更高层次的养分。现正在筹备建设"龙泉书院"，开展读书、讲学活动，打造乡村文化传播的高效平台。

"小穿论坛"会议现场

二 特色自然生态资源

清代举人王晋之的五言韵诗《家山吟》全面描述了穿芳峪村自然地理、环境景观以及农民生活情态，是田园风光诗歌的代表作。其诗为："蓟州古渔阳，素号山水乡。东北三十里，有峪曰穿芳。三面山环绕，东南少开张。入山不见村，惟有树苍苍。山山有流泉，流多源并长。夏秋水暴涨，南溪更汪洋。窃渠灌蔬圃，曲折随园方。虽居乱山中，田畴莫不良。一村无别业，不读便耕桑。有学申孝弟，有仓备凶荒。薄收即乐岁，况乃足稻粱。花时开满山，万树成一香。秋来果实熟，禾稼复丰穰。方之隐者居，兹地费评章。秦时桃花源，吾家辋川庄。"

小穿芳峪村位于蓟州区东北部，距城区 16 公里，是典型的半山区，具有良好的自然和生态资源。小穿芳峪风景秀丽，具有休闲度假的山野风情，以村西北卧牛山为核心，三面群山环绕：西北方向是穿芳山，正北方向是半壁山，东北方向是鹦哥山。站在卧牛山顶，向东望，可见五龙聚首般的壮观山景，向南望，于桥水库如一块华丽的锦缎镶嵌在山峦间。

小穿芳峪村景

　　卧牛山　位于村东，主峰海拔119米。以主峰为中心，呈放射状分布，由自然景观与人文景观融合而成。曾建有响泉庵，"穿芳三隐"所建龙泉园、习静园、问青园。卧牛山畔有一个清澈的水潭，水由山上汩汩而下，远远一望，水流在满坡绿草的衬映下，像是一条绿色的瀑布。水落处长期被冲激，形成了一个积水潭，山泉水碧绿清澈，又从山上流来，当地人便称之为龙泉击。卧牛山自然景观秀美，有数千年精神文化的渗透以及人文景观的烘托，它是小穿芳峪村精神文化的缩影，而今又成为村中的珍贵遗产。山上多松、柏和果树，马平公路从山下通过。

龙泉山 坐落在村北，建有龙泉寺、真武庙。

官帽山 位于村西，外形犹如一口巨棺横卧于群峰之间。又因从山下某一个角度看去，山势变化，外观貌似一顶古代官帽，故名"官帽山"。

英歌山（莺歌山） 位于村北 1 千米，宋金对峙时期 (1127 ~ 1211) 曾建有英歌寨庙。

半壁山 坐落在小穿芳峪村北。

白云山 位于村南。

良好的生态环境是社会持续发展的基础，小穿芳峪村在发展中一直秉承"绿水青山就是金山银山"的发展理念，搞好污水处理和垃圾回收等环保工作，发展生态农业和养生旅游，以生态自信赢得产业发展的机遇。

第二节 产业转型

2012 年前的小穿芳峪村环境恶劣、经济落后，是有名的穷村。2012 年新一届村两委班子上任后，经过调查研究，决定借力良好的自然条件和深厚的文化底蕴，顺应市场需求，将中高端乡村旅游作为发展的核心定位。

一 目标、理念与定位

奋斗目标 村民回乡、生态疗养、结构调整、实现梦想。

发展理念 党建引领、规划先行、三治管控、文化传承、共同富裕、振兴小穿。

发展定位 立足历史文化遗存，全面提升旅游活动文化内涵，打造中高端全景式旅游村。

二 总体布局：一园二景四板块

一园 小穿乡野公园。

二景　卧牛山风景区、望牛岭风景区。

四板块　农家食宿、山水观光、文化体验、邵窝乐居。

三　经营模式

为了克服松散模式旅游村的弊端，村决定采用"集体管理、抱团发展、集团化组合"的运营模式，在逐步站稳旅游市场的基础上，抓住机遇，将产业链向纵深延伸，发展文化产业和特色农业，将小穿芳峪打造成一个有市场价值的品牌，形成相互关联、合理布局的复合型产业体系。

四　政策红利与智力支持

2013 年，小穿芳峪村得到美丽乡村建设投资；2015 年，被纳入国家宅基地改革试点，完成村庄规划、土地利用规划和产业规划。各类政策资金支持达 2200 万元。

此外，小穿芳峪村还得到科研院所的智力支持，建成天津社会科学院智库实践基地、北京林业大学基层党建基地、天津职业大学技术服务基地等。

科研人员实地考察

五　发展成效

截至目前，小穿芳峪村共累计完成投资 3600 万元，建成小穿乡野公园 600 亩，包括 11 栋房车和 11 户农家院，成为园林风光、房车度假、农耕休闲、邵窝安居、特色农家等一体化综合旅游项目。小穿乡野公园景色优美，旅游设施完备，具有一定的吸引力，节假日游客可达 1000～1500 人，年接待游客（含参观学习人员）达 6 万人次。

六　特色文化旅游

村中陆续推出历史园林群落 VR 体验、耕读文化体验等新项目，将源于李江等古人的餐饮方式"蝴蝶会"植入当今的乡村旅游活动中，将"穿芳品泉""半壁栖云""梨坞书声"等典故打造为特色景观，建设了读书休闲为一体的"亦爱庐""邵窝"区域，全面布局民俗民宿特色老街，打造出集农事体验、休闲度假、现代婚庆、文化学习为一体的旅游村。

"梨坞书声"景观

第三节　基层党建引领产业发展

"农村富不富，关键在支部"。农村的基层党组织必然要承担经济建设的职能。小穿芳峪村有一个不断学习、不断创新的党支部领导集体，有一支勇于动脑、勤于动手的党员队伍。在筑牢政治思想堡垒的基础上，村两委班子带领村民投身到经济建设的大潮中，在短短的六年里，村旅游产业得到了快速发展，成为具有管理先进性和社会影响力的新型旅游村。

小穿芳峪村党员学习

一　支部建设扎实有效

当好群众带头人，让群众信得过，首先得自身过硬。村党支部从建制度、立规矩入手，建立完善以党支部为核心的村级治理机制，坚持干部包排联户，每天坐班值班，为群众全程代办服务，实现了群众动嘴、干部跑腿的新型服务模式。严格落实"六步三要"村级重要事务决策机制，村里大事小情都让群众说了算。严格支部组织生活制度，特别是 2017 年以来，区委把每月 20 日定为全区党员学习日，把每季度最后一周定为党员活动周，每到 20 日晚上 7 点，全村党员不用提前通知自动到支部集中参加学习。按照区委要求，在每名党员户门前挂牌，让党员接受群众监督；对照区委列出的"不在组织、不像党员、不起作用、不守规矩""四不党员"40 条问题清单，组织党员自查画像、自省整改。通过抓实支部，领导班子威信提高了，党员规矩意识强了，全村呈现出政通人和的新局面。

二　党员形象奉献表率

打造钢铁的堡垒，首先要打造钢铁的党员。在村庄发展初始阶段，村集体缺少发展经费，村干部就自掏腰包，垫资 200 多万元搞建设，先后实施街道硬化、绿化、美化、亮化和排污、供热等 10 多项工程。搞农家院建设，村民持观望态度，党员干部就带头示范，并由村集体协调贷款，解决发展资金不足问题。现在，每到旅游旺季或重要活动，村党员干部都要出义工、维持秩序、打扫公共卫生，为全村"统一规划、统一经营"营造出良好的氛围和群众基础。

三　提高村民文化素养

对优秀文化的传承，提高了村民的自信。村非常重视村民文化生活的建设，每年的小穿年会已经成为定例，既是村民的娱乐平台，更是引导村民团结向上的生活态度的舞台。村民文化自信的树立，不仅提高了自身的生活品质，也营造了更加稳定的投资和旅游环境。

四　媒体关注，助力发展

随着产业的发展、村情的进步，小穿芳峪村的发展引来各大媒体的关注，媒体的报道总结提高了村的知名度，也极大地促进了乡村旅游经营水平的提升。

2017 年 7 月 30 日，《人民日报》新农村版以"小山村变形记"为题，发表小穿芳峪村的通讯，介绍发展乡村休闲旅游的经验；2017 年 11 月 22 日，《光明日报》第 9 版发表包括小穿芳峪经验的《蓟州乡村旅游为何红火》的报道和史瑞杰的文章《蓟州乡村振兴的五点启示》。2018 年 2 月 15 日，《人民日报》要闻版以"小穿芳峪热腾腾"为题，报道村民集体过春节；《今晚报》2018 年 2 月 17 日以"红红火火过大年"为题，报道了小穿芳峪"雪乡乐园"引来众多游客过年的热闹场景。

2018 年春节期间，电视新闻纷纷报道小穿芳峪的消息：天津电视台 2 月 19 日《天津新闻》节目，以"温暖民生行——小山村变形记"报道了小穿芳峪乡村振兴的事迹；2 月 21 日《天津新闻》播出"在习近平新时代中国特色社会主义思想指引下——新时代新气象新作为忙出一片天"的报道；2月25日《津晨播报》，播出"关注小山村变'雪乡'让'本钱'增值"的电视新闻。

蓟州乡村振兴的五点启示

史瑞杰

无论是基本实现现代化，还是建成社会主义现代化强国，都离不开农业农村现代化。从这方面看，蓟州推进乡村振兴的实践，不仅是天津市蓟州区实现农村"富美强"、解决"三农"问题的样本，也是全国全面建成小康社会、基本实现现代化的典型范例，值得复制和大力推广。

常州村、郭家沟村、小穿芳峪村三个典型案例，它们起步有先有后，条件大不相同，经验各具特色，但都有可学习可借鉴的相通之处，主要有以下几个方面：

第一，因地制宜、创新发展是前提。从常州村的思路决定出路、路径决定命运的艰难抉择，到郭家沟村"吃别人嚼过的馍没味道"的深刻经验体悟，再到小穿芳峪村深挖文化底蕴、立足村情实际，打造高级乡村旅游、提供高端旅游产品的发展定位，都充分说明，因地制宜、创新发展对于乡村振兴是何等重要。

第二，集中经营、统一管理是基础。乡村旅游产业最初是由一家一户的分散经营逐渐发展起来的，为了超越乡村旅游低层次、低水平的传统发展模式，避免千篇一律建农家院、一家一户单打独斗和恶性竞争，三个村都不约而同通过整合资源，统一经营管理，有的建立"公司＋合作社＋农户"模式，有的采取"集体＋公司＋农户"模式，加快了乡村旅游产业化进程。再有，像污水处理、垃圾处理系统等"美丽乡村"建设中不可或缺的重要公共设施，也需要统一建造和运营。

第三，做好规划设计、善于借助外力是关键。振兴乡村，大力发展乡村旅游，统一规划至关重要。在这里，蓟州区提出的"规划引领，一村一品；市场运作，资金平衡；农企捆绑，集约经营"的休闲农业与乡村旅游发展模式，就是一个重要的发展方向。同时，借助外力和外脑也是一个重要的动力，小穿芳峪村委托天津城建设计院、北京都市意匠城镇规划设计中心编制村庄发展规划和乡村旅游发展规划，还借助天津社科院的智力资源建立了"天津社会科学院智库实践基地"，综合利用外力外脑发展乡村旅游，取得了很好效果。

第四，抓实支部、选人用人是保障。"村看村，户看户，群众看支部，支部看支书"。选好人、用好人，充分发挥党支部和支部书记"领头雁"作用，是三个村的又一共同特点。没有常州村党支部书记王宝义的"茅塞顿开"和天津农家旅游"第一个吃螃蟹的人"村支委高翠莲的引领，就没有常州村今天的发展；同样，没有村党支部书记胡金领"照搬别人的法子，走别人的老路，行不通"的领悟，也就没有郭家沟村这个蓟州乡村旅游的亮丽名片；而作为一名成功的民营企业家，孟凡全当选为小穿芳峪村党支部书记，就是抱着回报乡亲服务村民、带领大家一起实现山村振兴的愿望来就任的。

第五，以人民为中心、增收致富是落脚点。"以人民为中心"就要牢固树立"绿水青山就是金山银山"理念，依托山水历史文化资源，看得见山水、留得住乡愁。"以人民为中心"就要把带领村民致富作为落脚点，三个样本的乡村旅游发展成果和效益很好地说明了这一点。"以人民为中心"就要更好地满足人民日益增长的美好生活需要，这与乡村旅游发展是一个相互作用、不断提升的过程。从这方面看，对于文中生动描述的三个样本，以及蓟州其他乡村旅游明星村、全国广大农村的"领头雁"和村民来说，全面实现乡村振兴战略的宏伟目标，依然任重而道远。

（原文刊载于《光明日报》 2017年11月22日 第9版）

第四节 先进的产业发展模式

一 产业基础扎实化

一是公司化、集团化发展。成立天津小穿景区管理有限公司，组建文化公司、科技公司和农业公司，逐渐组成强大经济实力和科学产业布局的

穿芳老街

企业集团，形成集团化管理模式。资金来源于三个方面：全体村民集资、农民宅基地入股、社会众筹。

二是基础设施建设趋于完善。全村累计完成投资 3600 万元，实现了基础设施的完备：村庄的道路、主街的绿化；建成村里的污水、雨水收集系统；建成公司化经营的乡野公园和房车基地；建成综合服务中心（村委会）办公楼一座；修建了 1600 米的人性化步道；建成邵窝文化综合体验区，初步建成穿芳老街商业区。

二　产业结构科学化

为了走出一条对村民对社会都有益的发展道路，小穿芳峪摒弃了挖土卖地的掠夺式发展模式，确立了乡村旅游的发展方向。小穿芳峪首先将村民的土地流转到村集体，打造成具有一定规模的国家 AAA 级旅游景区乡野公园，实施统一经营。同时，在村内发展风格统一的农家民宿，分散经营，统一监控。

借力旅游带来的客流和市场影响，小穿芳峪正在建设特色农业项目，发展景观植物培育、生态农产品种植，不仅有观赏和体验功能，还借力现代物流手段，发展定制化的配送服务，既扩展了旅游活动的维度，又为传统农业拓宽了市场范围。2017年冬天，小穿芳峪看准市场空缺，成功举办了小穿冰雪节活动。节庆活动、专项旅游与乡村民宿形成了良性互动的发展格局。

三　经营方式规模化

为提升产业竞争力，村确立了"集体＋公司＋农户"的发展模式，村民将农地和宅基地入股，村集体统一规划、公司统一经营，实现了小农经济向规模化发展的转化，壮大了集体经济实力。公司实施集体经营，树立"专业的人干专业的事"的管理理念，把营销、互联网技术、置业以及物业都交给专业的团队经营，切实提高公司的经营管理水平。

四　运营机制创新化

依靠发展机制创新，村民成为农地、宅基地盘活的受益者，公司跟老百姓的利益挂钩，每收入一分钱都包含着村民的利益。村民的收入来源是多渠道的：一是土地保值增值款，二是合作社入股分红，三是宅基地流转租金收入，四是宅基地抵押权的红利，五是打工收入。

第二章　设施　服务

　　2013年始，小穿芳峪依托悠久的历史文化和丰富的自然生态资源，以建设"乡野公园"为载体，大力发展休闲农业和特色乡村旅游，在建设中注重融入文化内涵，导入民族元素，挖掘地域特色，突出体现"厚厚的乡情，浓浓的野趣"，开发集园林风光、房车度假、文化体验、农家民宿等内容为一体的休闲农业体验项目。如今的小穿芳峪依山傍水，花团绵簇，绿树成荫，风景秀丽，被誉为"北国桃花源"。

小穿芳峪村景

第一节 设 施

一 农家院

村内已经投入经营的农家院11座，接待能力见下表。

表3 小穿芳峪村农家院接待能力一览

	开业时间	客房	
		标准间	套间
响泉农家	2014.10	8	1
乐贤玉宅	2015.05	4	2
悦晟明府	2015.05	5	2
东岭农家	2015.05	5	4
昱君宏府	2016.05	14	1
明宽鸿府	2016.05	4	2
隆悦府	2016.05	7	—
福远轩	2016.05	5	1
乐浩农家	2016.05	6	4
盛情迎仁	2016.05	5	—
尹海兴农家院	2012.10	16	—

响泉农家 2013年村定位旅游业走中高端路线后，响泉农家院作为样板和引领者，于2014年5月1日正式营业，以高品质和优质服务被评为"中国乡村旅游金牌农家乐""中国乡村旅游模范户""天津乡村旅游五星级示范户"。

响泉农家为仿古的四合院，因主人自小生长在响泉园而得名。其建筑古朴，绿植丰富，各季节均有应季景观，满是花木的清香，可让游客尽情享受大自然的环境和田园生活。房间追求个性风格，均为红木家具，体现出旧时响泉园的风采，给游客以文化厚重的体验。房顶园艺景观采用先进科技手段，有太阳能、雾化设备，具有独特的保温防冻效果。2017年，其设施再次升级，增添夜景、音乐喷泉和名贵树种。

小院饮食上追求特色和本地化，有纯柴鸡蛋、土鸡、水库鱼、烤全羊等生态饮食。游客可如穿芳古人那样，带上一壶"龙泉酿"、备上两碟菜，聚成一桌"蝴蝶会"，将饮食文化融入旅游活动中，体验AA制的乡村文化意趣。

响泉农家

　　响泉农家是小穿芳峪村的示范样本，在经营中从环境卫生、游客的休闲舒适程度着手，能为游客提供舒适、生态的休闲之所，保证游客的体验满意度。

　　乐贤玉宅　2015年，主人将原小院重新设计，使之成为具有顶级品质的精品民宿，取名乐贤玉宅。女主人是乡贤"穿芳三张"的后人，有着良好的家风家训等文化传承。小院的陈设与服务都折射出安逸和风雅，软硬件配置选材考究，是传统青砖绿瓦的中式四合院。整体布局齐整大方，院内有山楂树，角落有摇曳的秋千，院墙边有滴水石堆砌的假山，树荫下有纯实木根雕茶座，院内有2个套房、4个标准间，舒适整洁。全院WiFi覆盖，热水、空调、独立卫浴一应俱全，为酒店顶级配置，配上木门悠远的红色，让游客眷恋"回头"。

　　主人的农家饭绿色美味，独具特色。其中有红薯玉米面豆沙包、水库鱼、土鸡蛋、无农药蔬菜等各种制作，食材均为游客美食上选。肉食中尤以肉饼最为拿手，深受游客青睐。

乐贤玉宅

　　悦晟明府　该院位于穿芳老街的西头，是一家集住宿、农家餐饮、娱乐休闲、旅游观光于一体的综合性农家院。小院为古建风格的高品质民宿四合院，外观漂亮，院落整洁敞亮、设计别致，有假山、喷泉、花坛，宛如一个古代府衙的小花园。院内有棵年代久远的安梨树，是山里人家的镇宅之宝。

悦晟明府

悦晟明府

　　院内客房高雅大方，可凭窗赏景。日间可赏蓝天美景，夜晚可得清幽静谧，是高品味乡居生活的绝佳处所。室内有雕花实木的家具床具，配备现代化电器等设备。全院 WiFi 覆盖、24 小时热水器、空调、独立卫浴、高清电视，五星级酒店标准配置。提供特色山野绿色美食。食材选料精，做工细，菜品花样多，色香型俱佳。

　　东岭农家　该院属徽派建筑体系，三层，独门独院落，尽显大院深宅的底蕴和内涵，具有独树一帜的院内景色，木质院落小亭被绿树黄花环绕，走廊曲转幽回，桃花、玫瑰色彩斑斓，犹如"一梦入红楼"。设有 9 间客房，可容纳 21 人同时食宿。配置多功能餐厅、多功能会议室、观光露台。

　　村内另有明宽鸿府、昱君宏府、乐浩农家、盛情迎仁、福远轩等高品质农家院，均为徽派仿古式建筑的高端民宿典例，由高水平设计

东岭农家

团队精心设计、采用高质量优质材料建造而成，富有尊贵典雅之气韵。院内设有假山、水池、花坛、雕花窗棂、碎石板路、果树百花等。卧房为明清古典式设计，高雅大方。客房内置雕花实木家具，风格完美，浑然一体。

二 乡野公园休闲区

按照星级酒店标准精心设计，乡野房车设有高级大床套房、双人间、多人间。此外，乡野公园还有独立木屋、邵窝庭院、云杉多功能厅等设施，拥有长60米、宽40米、面积2100平方米的云杉广场，特设户外婚礼、篝火晚会、卡拉OK等休闲娱乐项目。

为方便和解决游客、入住客户的餐饮，在乡野公园内特设立"云杉餐厅"，内部环境优雅，菜品新颖，菜肴新鲜，富有特色。公园内另有观光车数辆，游人可随意乘坐。

乡野公园风景

"邵窝"乐居

三 "邵窝"乐居

"邵窝"是依托挖土形成的断面,建成窑洞式的休闲庭院,取宋代贤者邵雍安乐窝之意而名。2016年,建成4个样本间,冬暖夏凉,外观似农家,内里打造高端私密性客房,设备环境一流,让游人体会到安逸舒适的乡野雅趣,非常适合休闲居住。

"邵窝"乐居

四 "立子缘"树屋

公园内另有房车数幢和立子缘一座。房车分别以植物命名,或"傍水岸",或"居林丛",是最为融入乡野自然的居所。"立子缘"是乡野公园内的树上木屋,由六棵栗子树托起。屋内生活设施俱全,器物以袖珍简约为特点,能得到别样感受。

"立子缘"树屋

第二节　旅游服务

一　服务组织

井田庐景区管理中心于 2014 年成立，现有员工 120 人，经营领域主要涉及旅游景区管理、农业休闲旅游观光。有高级专业技术人员 3 人，中级专业技术人员 9 人。主营产品或服务包括旅游观光服务、住宿服务、餐饮服务和会议服务。秉承乡土文化开发的核心理念，村大胆实施乡村旅游的集体管理模式，积极引进先进地区的品牌，逐渐构建起布局合理、成长性强的产业体系，成为实施乡村振兴战略中产业兴旺的践行者。今后更将引进天文台、高端地产民宿等项目，让乡村旅游活动更加丰富，以提高利润附加值，实现长期稳定的发展态势。

全村从事餐饮、客运、摄像、土特产销售、旅游纪念品制作及销售等服务人员达到 80 余人，90% 以上的农户都有旅游服务业项目。

云杉餐厅

二 "互联网+"服务

设立专业旅游服务网站。在村域重要景区及公共活动场所,利用"互联网+"技术实现实时监测与管理,对区域内车辆、房源、服务设施等实现在线发布和实时管控,借助移动互联社交App实现相关文化背景与资讯推送和获取,以及线上线下特色文化体验活动的组织与实施。结合大数据分析,为小穿芳峪建设与资源合理配置提供帮助。

三 特色餐饮

在小穿芳峪旅游特色村建设过程中,村民吸收传统风味小吃精髓,注重绿色环保食品的开发与创新,利用村乡野菜园提供的新鲜蔬菜,深山野林自然生长的野生蘑菇菌类及山野菜,翠屏湖产的鲜美鱼虾,山林散养基地出产的山羊、生猪、禽类等食材创造了很多农家特色小吃。详见第八编第一章第一节"衣食住行用"。

云杉餐厅

云杉餐厅

第三章　文化体验项目

第一节　历史园林群落 VR 展示与体验

采用 U 型大屏幕投影与头盔显示相结合的方式，将小穿芳峪历史经典的八个村馆景观以 VR 方式进行全景再现，包括空间布局、景观园林、馆舍建筑、自然风景等，应用交互技术实现观者自主导览、变换视角、局部展示等。通过移动互联网，观者也可进行相关 App 资源下载，实现自助观览和体验。

采用数字 3D 技术，将八个经典村馆景观进行历史复原、重建，并构建成完整的区域景观模型及渲染视图，利用 VR 技术完成经典景观及馆舍、建筑的交互展示与导览，并可内嵌 VR 视频展示内容。

第二节　耕读文化体验

一　"蝴蝶会"体验活动

"蝴蝶"为"壶 + 碟"的谐音，意为朋友们各自带着酒和菜，汇聚到一起聚餐，为今日"AA 制"聚餐之鼻祖，源于李江之《龙泉园集》。这是将古代餐饮方式植入当今的乡村旅游活动中，但摒弃了各自携带"壶和碟"的做法，改用农家餐舍的菜式与器具，分别展示不同价位的单个品种，聚餐人群采取编号抽签制，每人抽取一壶两碟的饮品和菜式，抽中的即象征为各自的携来品。

二　"亦爱庐"活动区

该创意源于李江集陶渊明之诗。建设茅草屋和风景园林，复原古诗"吾亦爱吾庐""敝庐何必广，取足蔽床席""良辰入奇怀，挈杖还西庐""形迹凭化仙，终返班生庐""草庐寄穷巷，甘以辞华轩""结庐在人境，而无车马喧"的意境，开展读书和休闲活动。以穿芳品泉、龙泉踏月、半壁栖云、花石夕照、片石仙踪、妙沟瀑布、鹦哥狐火、梨坞书声等为背景，打造石桌等特色景观，开展休闲体验活动，以天下饮、饮天下为内涵，打造休闲农业品牌形象。

亦爱庐

三 农耕文化体验

植树、种菜、养蚕、植药、手工制作（小烧酒、梨醋、蜂蜜、醉梨、潺豆、雷蘑）等特色农产品，是李江、王晋之等先人耕读文化生活的主要内容。将古籍中记载的耕读生活加以复原，修建草亭茅舍，组织游客仿效古人的生活，开展具有小穿芳峪特色的农事体验活动，过一种有意义的乡村生活。

四 小穿芳峪冰雪节

时间 2017 年 12 月 25 日至 2018 年 3 月 5 日。

内容 利用冬季的特殊天气条件，依托小穿乡野公园的场地优势和综合服务能力，秉承绿色健康发展理念，以特色乡土文化为核心，开展冰雪旅游活动，包括五个部分：一是冰雪景观展示，二是魔幻灯光夜景，三是冰上游乐活动，四是特色食宿与休闲娱乐，五是特色乡村文化展示与体验。

目标 突破冬季乡村旅游活动单调匮乏的瓶颈，为游客带来冬季冰雪活动的快乐体验，为本地乡民带来有品位的年节文化活动，扩大优秀地域文化的社会认知，增加小穿乡野公园的活动内容与范围，提高"小穿旅游"的品牌影响力，增加小穿乡野公园及区域内民宿业的冬季经营收入，实现乡村旅游的全时、全景式发展。

效果 丰富了区域内农民的节庆生活。为蓟州区及北京、河北等地的农民提供了新的过冬和过节方式，让周边的村民在家门口就能体验特殊的冰雪风景，举家老少一起赏冰观灯，丰富了农民的节日生活，增加了农家生活的内容与乐趣。

项目 雪场（面积 3200 平方米），冰爆（800 米），灯光彩虹走廊（70 米），雪景、雪挂（面积 10000 平方米），风车走廊（面积 100 米），古园林文化展示。

小穿芳峪冰雪节（2017）

第六编
村庄建设

　　旧时小穿芳峪村民生活困苦，多居住茅屋土舍，村庄破陋不堪。1949年新中国成立后，随着生活逐渐好转，村民居住条件得到提升。到20世纪七八十年代已普遍住上瓦房，村街道路改造为砂石路，但是"脏、乱、差"仍然严重，卫生状况属区镇落后村之一。2012年开始进行村容村貌改造，拆除临街违章建筑，铺设下水管道，建置绿色景观，彻底改变了落后面貌。2012年大力发展乡村旅游业后，多个家庭建起了高品质农家民宿，村庄面貌发生质的飞越，曾被农业部评为"中国美丽休闲乡村"，被天津市评为"美丽宜居村庄"。2015年，小穿芳峪又被纳入全国农村宅基地改革试点村之一，启动了农民住宅楼建设工程。一个新型现代化农村将呈现在世人面前。

小穿芳峪村景

第一章　住宅街道

第一节　民居变迁

一　民居改造

从建村至 20 世纪 60 年代，村民住房结构虽有发展变化，但始终没有摆脱老旧简陋的传统类型。按次序排列，村中先后出现过以下几种住房。

"茅屋土舍"　整座房屋皆用土坯垒墙，墙上掏门，没有门框，窗户多由木棍或秸秆做成；屋顶没有屋梁，用秸秆捆成把子排列平整，然后在顶上抹泥。顶泥和墙壁因受夏季雨水冲刷，每年春季需要重抹一次。

"老雁出头"　墙基下垒砌三五层砖，以上用土坯垒至房檐，用秸秆把子出檐以行雨水，顶上抹泥。

"穿鞋戴帽"　墙基下部用砖垒砌，一般用砖 3 层至 13 层不等；砖层以上用土坯垒砌至屋檐，房顶起脊、顶上覆瓦。

"里生外熟"　用土坯和砖同时垒墙，里边用土坯、外边用砖，垒至房檐后，起脊摆瓦。

"四面硬"　四面墙壁都用青砖垒砌，扒檐起脊摆瓦。

几种旧式房屋村民沿用日久，富者奢侈、穷者简陋，普遍低矮窄小、光亮度差。因一般村民家庭收入很低，人们很少建盖新房，即便儿女结婚时也多是对原有房屋修修补补，这种状况一直延续到 70 年代。

新建民房　八九十年代，随着村民生活水平的提高，村民纷纷翻建新房。这个年代也成为历史上村中建房最多的一个时期。21 世纪后，房屋建筑向高档次发展。新建房基多用水泥打桩，地坪打地梁，山石垒砌 13 ～ 17 培（砖层高度），红砖垒墙，平口之后筑围梁，屋顶使用大红瓦，起瓷瓦大脊，传统的木质门窗先后被铝合金、塑钢门窗所取代。室内装修更为讲究，多

民房（1990 年）

采用门窗包口，木质墙裙，石膏板吊顶，顶部设有灯池，用大理石或瓷砖铺地。

四合院　2013 年始，村支部书记孟凡全带头推掉旧宅，投资 170 万元建成高档农家院，引领村民发展高端精品乡村旅游。至 2017 年，全村有 11 户村民将老旧房屋进行重建，建成高档"四合院"民宿，多为仿古式建筑，一户一景，各具特色，以此迎揽游客。

二　庭院改造

旧时村民生活条件差，住房和庭院都极简陋。新中国成立前夕，全村拥有三间住房并建有院墙的只有十余户人家。其余人家大多只有房屋 1 ～ 2 间，多无院墙。有的在院子边缘用柴秸夹上"寨子"（篱笆），通常是高粱秸秆，经过风吹雨淋往往一年需要更换一次。后来有些村民使用土坯围砌院墙，通常比较低矮且易于因雨湿潮浸而垮塌。

20 世纪 80 年代，院墙多改由砖或山石垒砌，一般高两米左右，南面留有大门口，大门多为铁制。院内多用水泥铺设甬路，两侧留有少量菜地。

新型民居

21 世纪，村民庭院得到进一步改进，一般新建院落都是墙高门阔，院内铺方砖，建有浴室和厨房。

第二节　村庄改造

小穿芳峪立村后，村中环境多处于无组织自发维护状态，讲究卫生的家庭，每天早晨将自家院落和门前打扫一遍。但更多人是将污水随意排倒，生活及建筑垃圾临街堆放，村庄脏乱不堪，气味难闻。因为村里脏乱差，"在外面工作的不好意思说自己是小穿芳峪人"，"外来人难以进村"。

20 世纪 70 年代前，村内道路皆为土路，高低不平，宽窄不一，"晴天一身土，雨天两脚泥"。80 年代，村路被改造为砂石路，交通环境有所改观。

2005 年，村进行街路硬化，改建水泥路，宽 3.5 米，长 200 米。

2010 年，在各级政府的推动和扶持下，村户的旱厕改造成为水冲厕，但村容村貌仍无大的改观。

2012 年，新的村两委班子成立后，决定利用小穿芳峪村"前有生态林，后有古遗址，西有卧牛山，东有望牛岭"的自然资源优势，发动村民集思

20 世纪 70 年代街道

志愿者清理街道卫生（2015）

广益，制定九年发展规划，打造"一园、两景、四板块"的旅游专业村，让村庄来个大变样。

当年秋末，小穿芳峪村又着手对旧村貌进行改造。在村委会"身无分文"的情况下，村干部带头垫资以筹措资金，创造条件积极争取政府扶助资金，进行村容村貌治理、老街改造。先后建成 295 亩生态林，东街铺设 20 厘米厚的水泥路面，西街铺设花岗岩石板路。铺设直径 30 厘米 PVC 污水管道 2100 米，兴建大型达标厕所和 370 立方米容量的大型化粪池各 1 座，进行排污治理。将长 200 米的旧河道改造提升为景观河，动用土石方 4000 立方米，用砼 400 立方米，安装护栏 200 米，新建景观桥 5 座，河岸两侧栽植花木 1500 平方米，建游廊 1 处，铺卵石路 3000 平方米。粉刷临街墙面 5000 平方米，绘壁画四幅，安装太阳能路灯 80 杆，改装临街门楼 11 个，安置点景石 57 块，街道植树 210 棵，种花草 1500 平方米。

建村委会办公楼 1 幢，文化室 8 间，修建 2100 平方米健身广场 1 处，新建商业店铺面 10 间，建街头小公园 1 处，艺术泥塑 1 尊，建商业店前广场 6000 平方米。为移风易俗，建面积 10 亩的公墓 1 处，周边广植松树。

在望牛岭利用原有地形地物挖掘人造湖 1300 多平方米。湖上建曲桥 1 联，新建房车墅屋 12 栋，息坐亭 6 座，挖掘清流小溪 57 米，湖上拱桥 1 座，游路栏杆 400 米，古朴原木台阶 4 道，雕塑 3 尊，建土丘绿化 1.47 万平方

小穿芳峪村办公楼内部

米，新栽果树和原有大型果树 57 棵。为方便游客观光，设置广告宣传牌 2 座 70 平方米。建各类庆典和各类会议用餐厅、会议厅、烧烤房、公用卫生洗手间、餐饮服务

天津市市级卫生村

设施达 1500 平方米，另设庭院景灯 41 杆。特别为休闲或长期租赁之用，新建窑洞式客房 700 平方米 26 张床。为丰富景点建设还准备建文物与农村老旧器物展览馆及游艺场、儿童小乐园等。

几年前曾"不堪入目"的小山村，如今不仅有古色古香的农家小院，有集野营房车、野营帐篷、农耕园、花卉种植园等园林景观于一体的乡野公园，还有正在建设中的卧牛山景区。景区内将打造龙泉园、响泉园、习静园、井田庐等园中园和曲径通幽的 3 千米健身步道。

在五年中，小穿芳峪村实现"华丽变身"，村庄面貌发生翻天覆地的变化。村专门安排人员对村域内环境卫生、绿植、景点进行常态化维护，"来旅游的人都羡慕咱环境好"，村民们更是备加珍惜来之不易的美丽宜居环境，"见到个矿泉水瓶子都捡起来"。2014～2017 年，小穿芳峪被评为"市级卫生村"。

公共墓地建设 原来村老人去世后，都随意埋在自家地中，乱葬无序，不仅影响村容，还占用耕地资源。2013 年小穿芳峪定位旅游目标之后，针对乡野公园周边多坟墓的现状，两委班子决定将村北近 10 亩废弃地建成公共墓地，把各处散葬的坟迁至公墓，并对后逝者实行集中有序安葬。村投资公墓、迁坟和防火费近 20 万元，建成新墓地，每个墓穴占地 1 平方米，实行统一规划栽种苗木、统一立碑。为防焚烧祭品引发火灾，特在旧窑中垒砖为祭台，隔绝草木，严控火源，防止火灾发生。

附:

天津市蓟州区小穿芳峪村瞄准"休闲"翻了身
——小山村变形记

唐童瑶

农家院升级，"脏乱差"变身美丽乡村

"东北三十里，有峪曰穿芳。入山不见村，惟有树苍苍……"清代举人王晋之在诗文《家山吟》里这样描写天津市蓟州区穿芳峪镇小穿芳峪村的秀丽风光。"这是我们发展乡村旅游的本钱，但是农家院要想华丽转身，得有个明晰的规划，变单一业态为综合产业。"小穿芳峪村党支部书记孟凡全介绍，区里推动农家院升级，目前蓟州区的五星级农家院达30多家，四星级农家院达100多家。

"以前，污水横流、垃圾遍地，村貌脏乱差，别说是游客，连本村人都不愿意多待。"孟凡全介绍，2012年，小穿芳峪人均年收入仅8400元，而附近的毛家峪村已达到了4万元。

孟凡全带领村民，按照园林式景观设计，对每一户宅院进行打造，同时成立旅游公司，统一配送客房餐厅用品、食材，农家院经营走向标准化。2016年小穿芳峪村入选"中国美丽休闲乡村"。村里实现景观化改造后，建成了乡野公园、农耕文化体验园、房车基地等休闲旅游项目。

宅改释放活力，从单打独斗到组团发展

过去，小穿芳峪农家院发展缺乏规划，面临着土地资源紧约束。2015年，小穿芳峪村成为宅基地改革试点，村子开始了一场"变形记"：村民以宅基地入股，宅基地流转入村集体，由村集体交给旅游公司统一对社会招商。"这样一来，整合了土地资源，一家一户变成了抱团发展。"

经过统一规划，小穿芳峪村发展格局鲜明：村中东部为农业发展区，发展观光农业，西北部是生态保护区。村里重新选址，在村北部统建安置小区，村民集中居住；村民原有宅基地转为产业用地，由井田庐旅游公司经营，发展乡村旅游，实现了居住用地与产业用地分离，建设用地指标通过腾退村内空闲地和宅基地的途径解决。

平整的道路、乡野的木桥,小穿芳峪村中一座座农家小院错落有致。
村内环境美了、夜晚亮了。农家小院、农耕园等地也热闹了起来。

(原文刊载于《人民日报》2017 年 7 月 30 日 10 版)

第三节　宅基地改革

2015 年 5 月,全国宅基地改革试点开始启动,蓟县被确定为全国农村宅基地制度改革试点地区。蓟县成立宅基地改革领导小组,确定了 4 个示范点,小穿芳峪成为半山区的宅改试点村,村支部书记孟凡全为县、镇宅改领导小组成员。蓟县区根据《天津市村土地利用规划编制技术导则》,合理安排农村生产、生活、生态"三生"用地,对田、水、路、林、村实施综合整治,实现农村发展"一本规划、一张蓝图",打造记得住乡愁的新农村。

一　宅改试点工作思路

小穿芳峪村宅改试点分为三步。第一步,进行住宅情况调研,组织人员深入各家各户,登记总户数和宅院情况。村组织对全村 88 家宅院中一户两宅和多宅数进行登记,配合规划部门进行测量。第二步,进行宣传,向村民讲明宅改目的和以人为本原则,告知宅改于国家和百姓的益处,保证村民受益不受损,确保一户一宅和其他优惠。第三步,以村"不增加建设地指标"为前提,腾退过去建设用地 16 亩,加上退出宅院指标,在村北规划建盖农民住宅楼。

村土地利用规划规范后,村决定实施特色旅游村集中统建,实现居住与产业用地分离,集中新建低密度住宅,村民全部迁入,原有宅基地转变为产业用地,入股到村旅游公司统一经营。同时制定村庄的土地利用规划和基础设施规划,为将来小穿芳峪村庄建设和旅游产业发展奠定基础。

二　村宅基地改革新机制

按照"一户一宅、宅基地有偿使用和自愿有偿退出机制、完善宅基地管理制度"等基本原则,宅改领导小组制定了稳妥可行的宅基地管理新机制。

综合权衡村庄旅游产业规模发展的预期收益和享受国家政策的叠加补贴，村里启动了农民住宅楼建设项目，通过腾退村庄内部空闲地或宅基地的途径解决用地指标，建设过程分土地置换、集中统建、分类安置等三个步骤。

住宅楼建成后，村民可自愿选择居住场所，旧的民宅可以流转到村集体，统一规划，建设高度集约的旅游村落。

第四节　四合院民宿

2013 年始，村里实施旅游精品村项目建设。在村干部带动下，先后投资 2400 多万元，建成高标准古典式"四合院"民宿 11 所。

第二章 基础设施

第一节 水电设施

一 饮水

村域地下水丰沛，村民自古食用人工挖掘的井水。井水均为砂石缝隙水，水质洁净，积年不用掏挖，且水位高，几乎俯身即得，用扁担水桶挑井水，以泉水洗衣浇园，十分方便。

20世纪60年代后期，村中在北山顶打机井，修蓄水池，安装水管通往各家各户，从此村民吃机井水。

1972年，村中修建水库，村域两边溪流中止，饮用水主要依靠桥水库水源。

二 电力

1964年，在政府扶持下，村中开始办电，由唐山地区柏各庄20多名电工来村施工，村中负责安排吃住，村两个生产队的壮劳力负责运送电杆。连续施工五六天完成架杆送电，小穿芳峪从此始有电灯照明。随后又安装电动钢磨和碾米机，逐步实现脱粒电动化和农业水泵排灌。

2017年，全村有变压器1台，总功率500千伏安，电力供应能满足村生产生活需要。

村第一台变压器（1965年）

第二节 交通设施

一 公路

村通往天津方向的公路有京蓟高速、津围路、津蓟铁路，通往北京方向的有邦喜路、马平路、京平高速、蓟平高速、京蓟城际铁路，通往唐山方向有津蓟高速转京哈高速，通往承德方向有津围、邦喜路、塘承高速，通往廊坊方向的有102国道、京哈高速转104国道，通往遵化方向的有邦喜公路。

县级路峪龙路从村中由南向北穿过，马平路距村南约90米，S301省道距村南400米左右，村西距津围北二线2.9千米，村南距喜邦线约2.6千米。

二 桥梁

旧时，村小河上有小桥，草木结构，为人们生产和生活通行提供便利。

2016年，在村小河上新建拱桥5座，命名为"守仁桥""守智桥""守礼桥""守义桥""守信桥"，均为景观桥。

同年，在人工湖修建拱桥1座，曲桥1座。

景观桥

人工湖拱桥

三　交通工具

（一）人力工具

独轮车　结构为一轮、一平板、两手柄，可载重50千克。原为木质，后改为铁轴、铁辐条、铁轮，二支撑立柱。后又改为充气胶轮，安球轴承，轻巧省力，负荷增加1～2倍。1970年以前应用普遍，后被地排车取代。

地排车　由一平板、两轮、二车柄、二支撑立柱组成。原为木质结构，后改为铁木结构，铁质辐条主轮，车轮镶硬胶。后改为安装轴承、充气轮胎，载重量500千克以上，为60年代后村短途运输工具，90年代后被其他车辆代替。

自行车　20世纪三四十年代传入村内，逐渐用于交通运输，可载重150千克，70年代以后，成为主要代步工具。

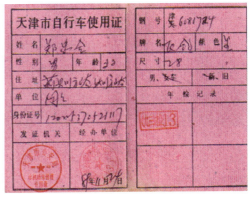

自行车使用证

（二）畜力车

铁轴大车　车上盘和车轮一般为木制，车轮的中心有一圆孔，可穿插车轴，将两轮相连。车轴为铁质，车轮上嵌有铁瓦以保护轮木。村民用于田间运送肥料、庄稼或蔬菜。1963年，铁轴大车被淘汰。

胶轮大车　俗称"钢丝轮"或"死胶皮"。车轴、轮毂为铁质，轮辐皆为钢丝条，车轮外缘有一圈厚厚的硬胶皮。轮毂与车轴接触处为轴承，可加注或更换润滑油。后车轮钢丝辐条改用弧拱形铁板，外缘的"死胶皮"以内胎、外胎代之，内胎可以充气，车上盘也由木质改为钢制。轮毂轴承较"钢丝轮"牵引力小，运行更轻快。

双轮车　60年代始现双轮地排车，俗称"小拉车"。构造及原理同胶轮畜力大车，辐条为钢丝条，轮毂内为滚珠轴承，内外胎小巧，可人畜两用，以农用为主，运送庄稼粮食、蔬菜及家庭生活用品。

（三）机动车

农用机动车　1972年，村里买下了20马力拖拉机（带车斗），用来运送砂石料，后来配上犁，这是村中首台大型农机具。其间，村中深翻或耕旋土地多租用公社农机站的大型拖拉机。20世纪90年代中期，农用柴油三轮车运输逐步取代畜拉双轮车。据1996年全国第一次农业普查资料，小穿芳峪村有小型拖拉机1台、农用运输车6辆。

二轮摩托车　90年代，村中始有二轮摩托车，一般为中青年人购买，用于出行、公务等。

汽车　21世纪初，汽车开始进入寻常百姓家，品种有"130"汽车、双排座、大发等，多用于运输和出租劳务。2013年始，家庭购买轿车者逐渐增多。2017年，全村拥有家庭轿车38辆。

四　公交

从蓟州客运站至青山往返，设穿芳峪站，每天上午发车两个班次，下午发车一个班次。

第七编
乡村政事

　　小穿芳峪村具有光荣的革命传统，是中国共产党在天津市北部较早建立党支部的村庄之一。党支部领导村级政权组织及青年、妇女、民兵等群众团体在抗日战争、解放战争、国民经济恢复、社会主义建设时期发挥了战斗堡垒作用。改革开放后，党支部持续探索创新村民自治的途径和方法，推行民主选举、民主决策、民主监督和民主管理，坚持村里大事由村民代表会决定。党员、村民代表、村务监督委员会在党务、村务中发挥了重要作用，有效发挥了共青团员、妇女、民兵、村务监督、民事调解委员会等在村民自治中的作用。党支部先后开展"三讲三爱""三个代表"重要思想、科学发展观、群众路线、"两学一做"等学习教育活动，制定完善的党内规章制度及村规民约。2012年以来，新的党支部带领党员群众以创新精神为指导，打造以乡野公园为核心的旅游特色村，实行村民土地入股等重要利民举措，村庄面貌和人民生产生活方式发生了巨大变化，村内风清气正、上下一心，呈现出跨越式发展的良好局面。

小穿芳峪村党支部被评为"先进基层党组织"（2016年）

第一章　党　务

第一节　党员　党组织

一　党员

1935年7月，中国共产党地下县委在穿芳峪村发展刘宏恩、蔡祥、王伦、张九江为共产党员，这是穿芳峪第一批共产党员。

1939年5月，村民张立芳、郑清、郑澜、刘秀松、魏华民之父（名字不详）等5人成为共产党员。1940年，发展金占友、鲁瑞、张福全和张福德成为共产党员。

抗日战争后期，村党支部不断吸收新党员，党员队伍不断扩大。

20世纪50年代分村时，小穿芳峪党支部党员有张福全、张福德、张梦伶、苑同4人，后增加退伍回乡的孟庆忠、孟庆志、孟庆如、张福顺、张旺、张敏、郑忠才、张立、苑春友等。90年代支部党员总数13人。

2018年7月，小穿芳峪村党支部有党员20名，他们是：张敏、王田、郑忠才、苑春友、孟庆如、孟凡军、孟庆志、张立、张永才、王永生、刘学良、蔡凤芹(女)、李学良、孟凡河、张小猛、孟凡全、张振兴、闫海涛、张勤、王建东。

二　党支部

1939年5月，中共地下县委领导马力、王伦、张九江在响泉园鸣泉轩举行发展党员会议后，穿芳峪村成立第一个党支部，刘宏恩当选为支部书记，蔡祥为委员。

1940年，穿芳峪党支部直接受县委李子光、马力领导，由张九江具体指导。支部党员总数11人，支部书记为蔡祥。

20世纪50年代分村后，小穿芳峪村成立独立党支部，第一任支部书记为张福全，党员4人。

1966 年 8 月，"文化大革命"开始后，村党组织处于瘫痪状态。

20 世纪 70 年代后期，村党组织恢复。后村党支部班子历经多次调整，一般采取党员推举，公社、乡（镇）党委任命与党员选举相结合的方式产生新的党支部。

1999 年始，按照相关规定，村党支部三年为一届，与村委会同步，每三年进行一次换届选举。

2012 年，村党支部进行换届选举，孟凡全当选为党支部书记。

2015 年，孟凡全再次当选为党支部书记。

2018 年 5 月，小穿芳峪村按照市委、市政府要求，在换届选举中执行"支部书记和村主任一肩挑"的规定，以选出"能人好人、能人中的好人"为目标进行换届选举。村 5 月成立选举工作委员会，由 5 名较有威望的村民组成，核定全村有选举权和被选举权的村民有 221 人，其中离退休的与非农业户口在村的 9 人。

选举工作开始后，村班子召开两次会议，以广播和电视的形式进行宣传推动，召开全体党员换届选举预备会。

6 月 26 日，小穿芳峪村党支部进行选举，全体党员选出新一届党支部。孟凡全当选为党支部书记。

7 月 12 日，在村委会主任选举中，孟凡全当选为村主任，实现书记、主任"一肩挑"。新当选的两委班子实行岗位责任制，工作上执行值班、坐班制度。

2018 年 6 月 26 日支部全体党员选举大会

附：

小穿芳峪历任村支书、村主任名单

1955 年，小穿芳峪进行单独经济核算，成立村委会，张福全任党支部书记，尹友任村长，张福德为民兵连长，王才任财粮管理员。

1970 年，张福顺任村党支部书记。

1977 年，张旺任村党支部书记。

1985 年，孟庆如任村党支部书记，王志刚任村主任。

1988 年，张立当选为村党支部书记，张敏当选为村主任。

2000 年，张敏当选村支部书记，王田当选为村主任。

2012 年，孟凡全当选为党支部书记，王建东当选为村主任。

2015 年，孟凡全再次当选为党支部书记，王建东当选为村主任。

2018 年，孟凡全当选为党支部书记、村主任。

第二节 党务工作

一 新中国成立前的党务

抗日战争时期，穿芳峪村党支部直接参与和组织发动群众开展对敌斗争。1940 年，在上级党组织领导下，为配合冀东军区抗日活动，村党支部秘密组建爆炸班，负责埋地雷、下"地枪"、炸桥梁，破坏日伪联络设施。村党支部还配合地方抗日武装开展坚壁清野和各种游击战，建堡垒户，为冀东军区提供食盐、纸张、医药等物资，刻印（油印）文件传单和战士识字课本，成立交通转送站，为抗日部队传送情报，站岗放哨，掩护抗日武装人员，配合抗日队伍攻打穿芳峪日军据点，为抗日战争的胜利做出了贡献。1945 年抗日战争胜利后，村党组织领导农民建立村政权，开展土地改革、土地复查和"清算斗争"。解放战争期间，党组织又组织群众开展生产，发动群众支前。

二 新中国成立后的党务

1949 年，新中国成立后，党组织领导群众开展抗灾自救，发展生产。1950 年抗美援朝开始后，村党组织动员青年报名参加志愿军赴前线作战，发动群众积极捐献物资,领导群众开展合作化、人民公社化运动,兴修水利,改善生产条件,促进生产发展。1962 年,开展党支部成员、党员素质教育、建树标兵活动,在恢复国民经济及 1963 年抗洪斗争中起了先锋模范和中流砥柱作的用。

1970 年,开展整党建党工作。改选村党支部班子,党组织恢复活动。

1972 年,夏秋两季连降大雨,党支部率领全村男女老少昼夜抢搭堤埝,确保农田作物不被水淹。

1979 年,村党支部率先开展农业生产关系变革,落实家庭联产承包责任制。

20 世纪 80 年代初,试行《农村支部工作条例》,健全民主集中制和集体领导下的分工负责制,党内"三会一课"制度得以实行,坚持党员教育经常化,党员活动制度化,推行党员联系户制度,每个党员联系 3～5 户。

1985～1989 年,村党支部进行"四个专题"教育,学习党的十三届三中全会公报,开展整党、党员目标管理活动。

1990 年,村党支部组织全体党员学习党章和准则,学习党在新时期的形势和任务,学习党的优良传统和作风,加强党员队伍建设,提高党员素质,在民主评议党员中合格和基本合格党员占 100%。

1991～1993 年,村党支部坚持围绕经济抓党建,抓好党建促经济。开展农村社会主义教育活动,实行民主集中制集体领导,领导班子成员分工明确,制定量化考核指标,责任到人,坚持各项例会制度,开展党员居住片联系活动。

1994 年,村党支部与乡党委签订党群基础建设目标管理责任书,组织党员开展"为党旗增辉,为家乡立功"活动。

1996～1999 年,村党支部重点抓好党支部凝聚力和党员队伍建设,提高班子的整体素质,全村党员联系 60 余户。

2000～2002 年,村党支部开展党员目标管理、思想教育、党员队伍建设和领导班子自身廉政建设等工作,通过开展"三讲"(讲学习、讲政治、讲正气)、"三个代表"重要思想学习教育、形势任务政策教育、观看警示片《生死抉择》等活动，修改完善《党员评议标准》，使党员目标管理更加规范、科学。

2003～2005年，村党支部在干部、党员、团员、入党积极分子队伍中开展"形势任务政策教育"及"三个代表"专题教育等活动。

2008～2011年，村党支部进一步加强党员队伍建设，教育党员在群众中起模范带头作用，为全村和谐发展做贡献。开展"学习实践科学发展观"专题教育和"争先创优"活动，以打造作风优良的农村干部队伍为目标，以严肃纪律、转变作风为重点，以强化宗旨、服务发展、密切党群干群关系为目的，坚持学习与工作相结合、各项主题活动相结合、开展主题活动促进村经济社会全面发展相结合。打造清正廉洁的干部队伍，严肃纪律、转变作风，在经济发展中发挥模范带头作用。

2012～2014年，严格执行选举法，坚持公开公平公正的原则，保障党员、群众的知情权、参与权和监督权，使党支部、村委会顺利换届。结合党的群众路线教育实践活动，加强领导班子和干部队伍建设，推进以民主集中制为核心的领导班子内部制度建设，健全集体领导、民主决策的运行机制，抓领导班子和干部的作风建设和纪律建设。村党支部借鉴周边村经验，结合村情实际，制定了全景式旅游发展规划。在村集体没钱投资情况下，村支部书记带头自掏腰包，其他村干部也带头垫资，实施了街道硬化、绿化、美化、亮化和排污、供热等10多项工程。为打造小穿芳峪特色旅游，村里决定兴建、改建农村四合院。村党支部主要成员又带头兴建四合院高端民宿，给村民做示范，打消村民顾虑，带领村民纷纷兴建、改建四合院，家庭收入迅速提高。

2015年，完成党支部班子换届工作，开展"三问三讲三争做"实践活动，加强党风廉政建设，按照中央八项规定，自觉抵制"四风"的各种形态，领导干部带头，厉行节约、反对浪费已成为干部的自觉行动。利用农村宅基地改革试点村的良机，鼓励村民开展宅基地置换，"腾笼换鸟"，把位于老街的房源改成农家院，利用宅基地置换出来的指标给村民兴建住宅楼，引导村民开展土地流转，发展集体经济，解决村民住房问题，使村民的生活质量得到很大提升。

2016年，按照镇党委安排部署，村党支部开展"两学一做"学习实践活动，做到有笔记、有心得、有纪律、有效果。精心组织专题学习讨论，创新方式讲党课，高质量召开专题民主生活会和组织生活会，民主评议党员，推动党的思想政治建设常态化、制度化。强化问题导向、整改落实，坚持两手抓、两促进，把开展学习教育同各项工作相结合，增强党支部和全体党员的创造力、凝聚力、战斗力。当年，村党支部被镇党委评为先进基层党组织。

2017年，为进一步深化拓展"两学一做"学习教育，村党支部推行党员户挂牌承诺，建立健全公开承诺、议事决策、廉洁自律等制度，并定立"三不三多"规矩：不对村民摆架子、不对工作推责任、不与村民争利益，多听村民意见、多替村民着想、多为村民办好事。开展不作为不担当问题专项治理和"忠诚教育计划"，向镇党委递交《2017年党风廉政建设工作责任书》。在全村党员中开展学习宣传贯彻党的十九大精神活动，创新宣传宣讲形式，利用各种途径，把十九大精神落到实处。

支部党员在学习讨论（2016年）

第三节 政治教育活动

一 整党

1985年3月，村成立了由党支部书记任组长的整党工作领导小组，坚持整党生产两不误。

党支部班子成员及党员采取集中教育与干部自学讨论相结合，听取报告、学习有关文件与分析讨论村实际情况相结合，参加乡级培训、讨论与村里党员大会相结合，干部带头讲与小组党员讨论相结合，自查自纠与谈心相结合，分别在党员大会上带头剖析党支部集体及个人存在的不正之风，总结查找自身思想和行为上存在的问题及不足，并分析产生的原因，制定切实可行的改正措施。党支部书记分别对十余名党员征求意见，干部与党员之间、党员与党员之间开展谈心活动，召开民主生活会，开展批评与自我批评，坚持边整边改，逐一制定整改措施。

二 "尽党员义务，做合格党员"大讨论

1997年6～8月，村党支部在党员中开展"尽党员义务，做合格党员"大讨论。以学习《中国共产党章程》《关于共产党员违法违纪行为的处罚条例》为重点，学习党员干部廉政建设教育材料、形势任务教育材料、系列党课教育材料，学习先进人物事迹。召开专题分析会，将全村党员站队排号，分析党员在言语行动、党风党纪、作用发挥方面的表现，有针对性地组织学习，由支部书记和乡联络员分别进行动员，对大讨论活动进行具体安排，提出具体要求。通过学习讨论，查找存在问题，针对问题完善和严格各项规章制度。

三 形势任务政策教育

2000年3～4月，村党支部集中对全体党员干部和村民代表进行形势任务政策教育，重点学习县委印发的《关于目前形势任务政策教育资料》，利用广播、板报、标语等多种形式反复宣传。在讨论过程中，引导党员干部、村民代表正确分析形势，迎接入世挑战，树立全面上水平的信心；对照乡党委下达的目标任务，结合本村实际，查找是否具备全面上水平的精神状态、发展思路、对策措施等。通过学习，统一思想，统一认识，结合实际，制定本村各项工作全面上水平的具体招法和措施。在总结阶段，召开支部会，对党员群众讨论内容进行归纳，制定出各项工作全面上水平的发展目标和措施。

四　"三个代表"重要思想学习教育活动

2001 年 8 ～ 10 月，以村党支部、村委会班子成员为重点，村党支部在全体党员中开展"三个代表"重要思想学习教育活动。活动分为学习培训、对照检查、整改提高三个阶段，通过学习、努力实践"三个代表"重要思想，增强村党支部的凝聚力和战斗力。两委班子召开生活会，采取入户走访等形式收集群众意见，查摆班子集体和个人思想行为存在的问题，并认真加以解决。加强党员教育监督管理，完善学习教育和监督系统，坚持党日活动制度、三会一课、民主生活会制度。

五　保持共产党员先进性教育活动

2005 年 12 月至 2006 年 3 月，村党支部在党员开展保持共产党员先进性教育活动。在学习动员阶段，打好教育基础，创新方式、多措并举、围绕中心、确定主题，保证学习效果和覆盖面。在分析评议阶段，扎实深入、紧密结合实际，采取多种形式征求党员和群众意见，人人分析、个个自查，开展批评与自我批评，先后与近百名党员、群众代表面对面谈心，征求对班子成员和企业发展以及管理方面的意见，制定和实施整改方案，着力解决群众最关心的重点问题，解决党组织和党员队伍中存在的突出问题，开展扶贫济困送温暖主题实践活动，并不断引向深入。

六　学习实践科学发展观

2009 年 9 月至 2010 年 1 月，村党支部在党员中开展第三批"深入学习实践科学发展观"专题教育活动。把学习实践活动作为推进党员、干部队伍理论学习的契机，采取各种形式学习中央和市委规定的必读书目，加深对科学发展观的理解。采取党组织负责人作动员、干部讲党课、理论骨干作辅导、先进典型作报告、观看教育片等多种形式，用身边人、身边事来引导大家加深对科学发展观的理解，增强贯彻落实的自觉性和坚定性，反复征求群众意见，针对存在的问题认真制定整改措施，逐项整改落实。

七 党的群众路线教育实践活动

2014 年 3 月至 10 月，村党支部在村班子成员和党员队伍中进行党的群众路线教育实践活动，历时 8 个月。活动分学习文件、查找问题、整改提高三个阶段。先后组织党员集中参加党课 3 次，组织党员观看教育片，举办特色党课。多次组织两委会成员、党员讨论交流，结合党员联系户制度，针对群众反映最集中、最激烈的问题及建议，采取互相谈心方式，剖析原因，召开领导班子专题生活会，主动把自己摆进去，使民主生活会真正触动灵魂，提高认识，针对查找出的突出问题，提出改进工作方法，提高服务水平。制定整改措施，确定八个方面的重点整治问题，与党员干部签定作风专项整治承诺书。健全完善涉及财务管理、村务公开、勤政廉政等方面的规章制度。

八 "两学一做"学习教育活动

2016 年 5 ～ 12 月，村党支部开展"两学一做"（学党章党规、学系列讲话、做合格党员）学习教育活动。活动分为"动员部署、专题学习讨论、创新方式讲党课、召开专题组织生活会和民主生活会、开展民主评议党员、整改落实"等 6 个阶段，主要学习内容为党章党规和系列讲话，即《中国共产党章程》、《中国共产党廉洁自律准则》、《中国共产党纪律处分条例》、《中国共产党党员权利保障条例》、《习近平总书记系列重要讲话读本》（2016年版），以及以习近平同志为核心的党中央治国理政新理念新思想新战略等。广泛开展谈心、谈话活动和征求党员、村民意见及建议，召开专题组织生活会、民主生活会，针对 4 个方面问题制定整改措施和制度。整个活动做到有笔记、有心得、有纪律、有效果。强化问题导向、整改落实，注重学习教育实际成效。坚持"两手抓""两促进"，把开展学习教育同村中各项工作相结合，按照镇党委提出的"六大战役"，切实增强党支部和党员队伍的创造力、凝聚力、战斗力。

九 学习贯彻落实中共十九大精神

2017 年 10 月，村党支部按照市、区委关于学习宣传贯彻中共十九大精神的工作部署和镇党委具体要求，采取张贴标语、发放宣传资料、召开座谈会等多种形式开展学习宣传教育活动，推动党的十九大精神入村入户入人心。党支部班子成员及党员率先垂范，抓住群众最关心、最关注的民生和三农等问题进行认真研读。11月16日，村党支部邀请区旅游局领导到村为党员、农家院经营户宣讲党的十九大精神，发放党的十九大精神基本要点"明白纸"，和党员、农家院经营户交流畅谈学习体会。

村党支部书记孟凡全认为，小穿芳峪村这几年依靠党的好政策发生了翻天覆地的变化，党的十九大报告提出的"乡村振兴战略"和习近平新时代中国特色社会主义思想，使小穿芳峪人看到了自身发展的更大空间，使党员干部进一步认清使命，强化担当，在村庄规划和发展上汇集民智，坚定信心，干出一番让老百姓满意的事业，让老百姓的日子越过越红火。

第四节　群众组织

在不同历史时期，村内存在不同的群众性组织。抗日战争后期，村成立民兵、妇女和青年团等组织，成为党组织的得力助手，至新中国成立一直存在。20世纪60年代，建有村贫协会。

一　民兵

1931～1933年，村中建立保卫团，设有团正、团佐，维护村中治安。

1939年穿芳峪村党支部成立后，在共产党地下组织领导下成立民兵队。1941年秋，爆炸班长张福德率9名党员和民兵夜间行动，将日军安装在桑树沟过台头到北辛庄一线的电话线杆280根全部锯倒，割电线300丈，分别捆藏于北王庄旧窑和台头水泉沟，此举破坏了日伪的交通联系，打击了日本侵略军的气焰。

新中国成立后，随着村政权的建立，扩大了民兵组织，村中18～35岁、政治可靠、身体健康的男性公民均参加民兵组织。民兵利用山坡作为训练场地，以班排为单位每天早晚及农闲时间进行训练，区乡武装部每年组织多次民兵军事训练。这个民兵组织在生产建设、抗洪抢险、巡逻保卫等各项工作中发挥了重要作用。1958年，中共中央发出"全民皆兵，大办民兵师"号召，穿芳峪人民公社组建民兵师，生产大队（村）建营或连，生产队建排，按照每班8～12人，4个班编1连，4个连为1个营的"四四"编制，60

岁以下男女公民皆为兵员，生产队改称连队，实行生产军事化管理。穿芳峪分为大、小穿芳峪两个村后，小穿芳峪村一直建有民兵连，村民兵连下设两个排，民兵保持在 40 人左右。

民兵打靶训练（1988 年）

60 年代后，民兵组织多有变化，各生产大队建立连、排、班，公社建团，后取消以生产队为单位的连排班编制，按年龄分为基干民兵、普通民兵。1961 年，按照"合理调整数量，纯洁民兵队伍，确保组织落实"的整组工作原则，重点整顿基干民兵组织，分为基干民兵、普通民兵、预备役部队。1965 年，村成立"青年突击队"（后改名为"硬汉子创业队"），民兵连长蔡森兼任队长，队员从初期 16 人发展到 48 人。突击队实行劳动生产战斗化，行动纪律军事化，各项比武样样第一名，在穿芳峪修路、建挡水坝、深翻土地、薅苗、耪地、打荆稍、沤绿肥、起猪圈、收秋、刨玉米秸等生产建设中发挥主力军作用，几年间绿化荒山 500 余亩，劳动效率超出普通社员的 2 ~ 3 倍。"青年突击队"曾多次被公社、县武装部评为先进集体、先进民兵连，为推动全村各业的发展做出较大贡献并留下宝贵的精神财富。

改革开放后，村不再设专职民兵连长，民兵组织负责人一般由村党支部、村委会干部兼任，民兵统一活动亦减少，乡（镇）武装部每年组织民兵干部进行打靶训练。

二　共青团

抗日战争后期，穿芳峪村在中共地下组织领导下成立团支部和儿童团。

20 世纪 50 年代，小穿芳峪成为独立行政村后，村设立团支部，着手组织建设，发展团员，开展党的政策，社会主义、共产主义宣传教育活动。

60 年代，团支部带领团员青年学习马列著作和毛主席著作，开展学雷锋做好事活动，义务劳动蔚然成风，好人好事层出不穷。带领团员青年积极投身生产建设，成立"青年突击队"，在各岗位上创造优良业绩。

七八十年代，整顿团组织，恢复落实"三会一课制度"，组织团员青年投入"争当新长征突击手""学雷锋树新风""五讲四美三热爱"等一系列活动。对团员青少年进行社会主义新风教育，开展义务植树活动，坚持用社会主义思想占领农村文化阵地，利用板报、广播开展法制宣传工作。

90 年代后，团组织活动较少，一般由乡（镇）团委组织村团员代表参加各种活动。

三　妇代会

抗日战争中期，穿芳峪村在共产党领导下成立妇女救国会，组织妇女做军鞋、糊信封，积极参加抗日救国斗争。

新中国建立后，村成立妇代会。20 世纪 50 年代，村妇代会组织妇女参加识字班学习文化知识，开展《中华人民共和国婚姻法》和党的总路线宣传，提倡男女平等、同工同酬，建立农忙时托儿所。

20 世纪 60 年代，加强妇联组织整建，开展学毛主席著作活动，学习新法种植技术，积极参加农业生产，教育妇女关心集体、爱国家。

七八十年代，村妇代会开展"晚婚晚育""殡葬改革""五破五立"宣传教育及争创"五好"妇代会、创建"五好"家庭系列活动。号召妇女走劳动致富之路，鼓励多种经营，开展"养殖、种植、家庭手工"竞赛，争当"女状元"。

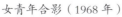

女青年合影（1968 年）

女民兵吉淑华

第二章　村　务

第一节　村政组织

1949 年新中国成立之后，穿芳峪村建立村公所。

1951 年 12 月，土改结束后，完成民主建政工作。1953 ～ 1954 年，村以互助组为单位组成村民小组，选举产生村民代表会，由村民代表会选举产生村政委员会。民主选举产生的村级政权，按期向村民代表会作工作报告，村民代表会负责审查村政开支，讨论解决提案及决定有关村政事宜，制定村规民约，选举村长等。至此，旧的村公所体制结束。

1963 年，"三级所有，队为基础"的经济管理体制确定后，成立大队管理委员会并代行村政组织职权，村建立大队部，村民都成为公社社员。

1966 年，村成立"大队革命委员会"。1980 年 5 月，按上级指示取消村"革委会"，恢复村大队机构。

1983 年 4 月，根据中央体制改革总体部署，人民公社改为乡镇，小穿芳峪村属穿芳峪乡。1986 年 12 月，建立村民委员会，原生产大队和生产小队正式撤销。

1987 年 11 月，村级政权建设逐步走向法制化。

1998 年 11 月，《中华人民共和国村民委员会组织法》（以下简称"组织法"）正式颁布施行后，小穿芳峪村民委员会每三年进行一次换届选举。村内有选举权的公民按选举法参加投票，选举产生自己满意的村委会主任、副主任、委员。

2012 年 6 月，村委会进行换届选举，王建东当选村委会主任。

2015 年 6 月，在村委会换届选举中，王建东当选为村委会主任。

2018 年 7 月，孟凡全当选村委会主任。

2018 年 7 月 12 日村民投票选举

第二节 村民自治

一 民主管理

20 世纪 50 年代初，村互助组成立后，以互助组为单位选举产生村民代表会，村民代表会行使选举产生村政委员会及村长、审查村政开支、讨论解决提案、决定村政事务等权力。高级社、人民公社成立后，村民大会及代表会一直承载民主决策生产队、生产大队（村）经济社会发展、分配等大事的任务。60 年代"文化大革命"开始后，民主决策权利遭到扭曲。

80 年代末，村实行村民自治，民主管理权利逐步得以恢复。1979 年，中共中央关于实行农村经济体制改革文件下达后，村党支部组织党员干部群众反复学习相关文件，让村民结合村实际情况充分发表意见，以生产队为单位召开村民大会，反复讨论实行农业生产责任制方案，在归纳总结群众各方面意见的基础上，党支部提出"家庭联产承包责任制"议案，交由党员、干部、群众代表大会讨论决定，得到村民一致赞同，率先落实农业生产关系变革。

90 年代始，村制定村民议事规则。依据《中华人民共和国村民委员会组织法》推行村民代表会议决策制度，采取党群议事会、召开村民代表会等形式讨论决定村政村务，每年年终召开党员村民代表会，分别由党支部、村委会报告工作并提出下年的工作目标及计划，经大会讨论表决通过后由村委会按计划组织实施。每年六七月份召开党员和村民代表会议，由村两委班子分别报告半年的工作，提出完成下半年任务的具体措施，交由大会讨论通过。重大事项或群众关心的焦点问题决策，在村"两委会"拟定议案后，先经各支部、各企业党员干部会议讨论提出意见，再提交村民代表大会表决通过后，交由村委会具体办理。

2012 年始，村全面实施《村民委员会组织法》，推进民主选举、民主决策、民主管理、民主监督等制度的落实，真正把干部的选任权、重要村务的决定权、日常村务的参与权、对村干部的评议权和村务的知情权交给村民。村党支部坚持以自我教育、自我管理为主，引导村民学法普法、尚德立德，村民自觉执行各项规章制度，积极参与村中经济建设和社会发展。根据村实际情况推行"六步民主决策法"，建立健全公开承诺、议事决策、廉洁自律等规章制度，村里工程项目全部实行集体决策、多人签字、全村监督，让村民彻底放心。使村民的参政权力不断增强，密切了干群关系，促进村风向善向上与和谐稳定。

2016 年，村组织"文明家庭"评选。2017 年，组织"最美家庭"评选。分别对当选家庭进行公开表彰，以促进良好村风家风的形成。

附：

村文明家庭、最美家庭名单

2016 年文明家庭 26 户：叶福江、王永明、孟凡军、张敏、王永生、苑军英、郑忠秋、张永才、张小猛、金玉明、苑雄英、王大伟、王田、苑荣军、张永红、王海龙、蔡凤芹、刘利彬、尹海兴、王志强、张立、孙云侠、尹海亮、郑忠才、苑春河、陈玉凤。

2017 最美家庭 11 户：苑春才、李宝、王永明、刘学良、尹凤敏、闫海涛、王志存、苑军英、苑雄英、王海龙、王田。

二　民主法制

《中华人民共和国村民委员会组织法》颁布实施后，小穿芳峪村把民主法制建设作为长期任务，通过宣传、立制、实施，实现村民当家作主、依法治村。2012 年，村成立普法教育小组，通过有线广播、普法宣传栏、集中学习、入户宣讲等方式，开展法制宣传教育活动，提高村民的民主法制素质。建立健全学习制度、会议制度、管理制度，赋予村民民主权利，让村民自觉遵纪守法。普法、用法、把法律知识用于生产生活实

表彰活动

践，依法维护村民合法权益是民主法制建设的重点。至 2017 年，普法教育小组帮助村民解决涉法问题 18 件。村内没有发生过司法案件和上访事件。

三　村务公开

1997 年始，落实"村务公开、民主管理"制度。建立村民代表议事会、党员大会和村民大会制度，村务活动必须坚持集体研究、民主议事、支部决定的原则。村集体财务一律实行统一管理、民主理财，正常的财务活动要按季度向群众公布，村务公开制度形成。村内设置村务公开栏和有线广播，每半年全面公布一次村务工作，重要村务活动随时公布。公布的内容包括：必须公开的党务工作，村民代表大会讨论决议事项的执行情况，计划生育政策的落实情况，救灾救济款物的发放情况，水电费的收缴情况，涉及村民利益、村民普遍关心的方针政策和经济开支问题等。村两委会负

责保证公布内容的真实
性，接受村民查询。村
民发现公布内容不及时、
不真实，有权向乡镇政
府或县政府及其有关部
门反映。

被评为"创建工作示范村"（2013年）

21世纪初，村两委
会以群众满意作为工作
的出发点和落脚点，主
动征求群众意见。凡是容易引起群众怀疑，涉及集体财务收支、投资、占地、
计划生育、房基地审批等问题，必须全部通过公开平台向群众公布。

2012年，建立完善财务公开制度。严格按照上级政府部门有关要求管
理使用资金，按时公开财务收支情况。同时修订和完善基层民主自治，加
强民主选举、民主监督、民主决策、民主管理制度；建立落实维稳工作制度，
村治保委员会与村民小组组成治安联防体系；严格执行计划生育工作制度，
坚持每季度对孕龄妇女查环查孕一次，同时开展集中服务活动。在穿芳峪
镇包村干部的帮助下，村两委会以加强村级组织建设、提高村级服务站处

村务报告会主席台（2018年）

理问题的能力为目标,围绕"一站三中心"(指镇设立的经济发展服务中心、社会事务服务中心、群众来信来访接待中心和在村级设立的便民服务站)工作主题,对沿用多年的村内规章制度进行了全面调整、补充、修改和完善。建立学习制度、会议制度、管理制度及监督机制,规范工作程序,活跃民主生活,提高办事效率,遏制腐败发生。

自 2017 年起,每年年终举行村务年度报告会。党务、村务公开内容更加全面,涉及廉政建设、重要会议及重点决策、三会一课落实、精神文明创建、入党积极分子培养、党员群众普遍关心的热点难点问题等 30 余项;村务事务公开包括村集体经济项目的立项情况、村集体土地开发情况、企业运营、村公益事业的建设情况、村基建项目的发包与承建情况、"文明户"及"和谐家庭"评选情况等 40 余项;财务公开包括村级集体经济收入支出情况、上级部门拨付的各项专项经费收支情况、其他财务收支情况、财务公开榜等 7 项内容。党务、村务公开交给村民一本"明白账",基层政务成为阳光政务。

四　实行"六步决策法"

2006 年,村开始实行"六步决策法",对村民普遍关心的、涉及村民切身利益的村务大事,严格按照征求民意、会议讨论、充分论证、组织把关、形成决议、明确责任等六个程序进行民主决策。具体内容如下。

第一步,村党支部组织召开党员代表和群众代表会议或以入户走访群众的形式征求意见,以多数人同意来确定议案。

第二步,村党支部和村委会全体成员召开联席会议,对拟定的议案进行讨论。半数及以上成员通过后形成初步意见,以"两委"的名义上报镇党委、政府。

第三步,镇党委、政府"预审把关领导小组"通过深入农村找党员和群众座谈、实地考察等方式,对议案的政策性、科学性和民主性进行审查,并对上报的议案做出批复。

第四步,村"两委"将镇党委、政府审议批复后的议案提交村民代表会议表决,形成决议。村民代表严重缺席时或议案内容特别重要时,也可召开全体村民会议表决。

第五步，村民代表会议或全体村民会议形成的决议，三天内在村务公开栏公布，接受群众监督。

第六步，在党支部领导下，由村委会对最后方案组织实施。

第三节　其他组织

一　农会

1950 年，为适应土地改革运动的需要，村成立以贫雇农为骨干的农民协会（简称农会），在共产党领导下完成土地改革，实现耕者有其田。1956 年，农业合作化后，农会工作逐步由社员代表大会代替，农会自动解体。

二　贫协

1964 年"四清"运动初，经村贫下中农选举成立贫下中农协会（简称贫协），时为"四清"运动的主要依靠力量。1968 年，实行贫下中农管理学校政策，贫协代表进驻小学校，管理学校达 9 年。1978 年，贫协停止活动。

第八编
村民生活

　　在漫长的历史进程中，小穿芳峪村民的物质生活经历了从贫穷到富裕的发展变化。旧社会，村域地少山多，自然灾害频发，村民生活相对困苦。新中国成立后，随着合作化和人民公社化的实施，人们生活逐步得到改善。20世纪五六十年代，村民基本达到温饱。中国共产党十一届三中全会后，村实行家庭联产承包责任制，群众生产热情高涨，农林牧副各业兴旺，村民收入大幅增加，逐渐进入小康社会。21世纪，村经济发展步伐加快，村容村貌大为改观，社会安宁，邻里和睦，村民物质文化生活水平快速提高，衣食住行日渐趋城市化，小穿芳峪村朝着富裕型小康社会迈进。

村民自发开展文娱活动

第一章　物质生活

第一节　衣食住行用

一　衣着

衣着　清末及民国时期，小穿芳峪村百姓多穿棉布衣服，均系自己裁剪、缝制。颜色多为冬黑蓝，夏白灰，年轻妇女和儿童穿着较鲜艳。民国以前土布居多，民国以后渐为洋布，富家多用绸缎料。冬季为棉裤棉袄，裤腰齐胸，用宽大的布腰带一系，裤腿用棉布绑腿，棉袄男为直襟，疙瘩祥，女为斜襟偏疙瘩祥。富者和教书先生裤褂外罩长袍，谓"长袍马褂"。夏季男子多穿单裤、单褂、背心、裤衩，女性穿水裤单褂。春秋季男女老幼则都穿夹裤夹袄。

村民孟陶氏与儿孙合影（1961 年）

村中少年合影（1979 年）

新中国成立初期，村民服饰款式无大变，面料则渐从平纹布变为哔叽、斜纹、单双面卡其、华达呢、平绒、条绒等。青年时兴穿学生服，偶尔有穿列宁服、中山服。"文化大革命"期间一度崇尚军便服，面料也以人造棉、的确良、涤卡等化纤织物为主。改革开放后，男女服装的品类款式及面料逐日新潮化、高档化，诸如牛仔裤、筒裤、中山服、制服、学生服、西服、运动服、夹克衫、皮夹克、拉链服、毛衣、毛裤、羽绒服、呢绒大衣等。女式服装变化快，长短裙、套裙、连衣裙、斜裙惹人注目。进入 21 世纪，村内青年衣着款式与城区青年无甚区别，跟潮流、追时尚，服饰颜色也从以前的单调而趋于色彩斑斓。

鞋袜 20 世纪五六十年代，男女穿鞋多为自做布鞋，中青年穿纳帮洒鞋，老年男人多穿圆口布鞋。妇女穿布面或缎面的绣花鞋。小孩鞋有猫鞋、虎鞋、兔鞋、猪鞋，多为巧手妇女缝制，样式美观，堪称艺术品。70 年代始，穿球鞋、皮鞋、旅游鞋、雪地鞋、皮暖靴者增多。尼龙袜子、高脚丝袜取代自制的布袜子。90 年代后，女性多穿丝袜，款式多且色泽光鲜。青年男女穿皮鞋、运动鞋的居多。21 世纪，随着人们健康意识的提升，手工布鞋逐渐受到人们的追捧。村民更加注重服饰、鞋袜的制作技术、质地、颜色、图案、款式及穿着搭配，折射出对美的认知和追求。

饰物 1949 年以前，年轻已婚妇女佩戴金银手镯、耳环、戒指，儿童有佩戴金银或包色金手镯、脚镯、长命金锁的习俗，新中国成立后减少，至 20 世纪六七年代基本消失。80 年代始，佩戴饰品时尚逐渐兴起，不仅青年女子戴金手链、金项链、金耳环及钻石戒指，中老年妇女和一些中青年男子也戴金戒指或钻石类戒指。

冠带 民国时富家子弟及文职人员戴礼帽，农民一般春秋戴六瓣儿合缝的瓜壳帽（帽衬儿），夏天戴高粱秆皮编制的斗笠式、马绊草编制的伞盖形、麦秸编织的礼帽式等草帽。老太太则戴一种叫"抹护"的无顶盖帽子，从前额沿两耳围到脑后，有松紧带儿，前额嵌饰品，两侧点缀绣花。新中国成立后，男子春秋戴解放帽、八角帽、呢子圆顶帽、前进帽（鸭舌帽），夏戴宽沿草帽，冬戴棉帽和长毛绒帽。老年妇女戴一种黑色平绒顶帽，青年妇女戴线围巾和各色方巾。20世纪六七十年代，男女青年盛行军帽。80年代，时兴鸭舌帽、爵士帽、夏凉帽、各式旅游帽，妇女戴纱巾及各色各样的毛线帽。进入21世纪，男性戴帽子很少，出行时偶尔戴各式旅游帽；女性则以戴遮阳帽、围方巾者居多。

二 饮食

1949年新中国成立前，村民生活贫寒，吃糠咽菜是常事。新中国成立初期，生活仍贫困，粗茶淡饭。20世纪50年代困难时期，挖野菜、采榆钱，以吃饱为主。六七十年代，大米白面很少，主食为玉米面窝头、稀饭、包饺子、捞面是改善伙食佳肴，大锅做饭，讲究一锅熟。村民有时到小河中捞些小鱼小虾烹煮，改善生活。只有过年、过节招待亲朋时才食用少量猪肉、羊肉，村民买肉都喜欢肥肉。20世纪90年代，饺子、捞面、大米饭、炖肉为家常便饭。90年代末，百姓餐桌常见煎、炒、烹、炸美味佳肴。买肉喜欢瘦点儿的，吃着健康。晚上多吃粥类，干稀搭配。

21世纪，人们的膳食结构发生明显改变，饮食需求多样化，更加注重营养搭配和科学饮食。鲜蛋、奶、豆制品以其营养价值成为村民的必备食品，主食以细粮为主、粗粮为辅，鱼、肉、蛋、蔬菜等副食品丰富，南方菜蔬也上了餐桌。村民对吃的要求越来越高，讲究营养均衡，粗细搭配，口味清淡，多吃蔬菜水果，少吃高脂肪、高胆固醇食物，野菜、粗粮成为常吃的健康食品。村民待客多饮酒，宴请必丰盛。男士以喝白酒、啤酒为主，女士饮红酒或饮料。酒菜以双数碗碟为佳，忌讳单数。荤、素、凉、热搭配，饭菜为荤、素、鱼，最后上汤。老人祝寿，婴儿满月、百岁，婚丧嫁娶，均摆宴席待客。

旧时村民长期饮用井水和泉水，响泉园等几处自涌泉，水质清冽、口感甘甜。20世纪60年代打机井后，建水池接管道入户作为生活用水。原做饭烧柴多用树枝和庄稼秸秆，70年代少数人家开始使用蜂窝煤做饭，90年代一些家庭开始使用煤气做饭烧水，部分家庭仍将烧柴与煤气混杂使用。进入21世纪后，村中普遍使用煤气或电器。到2016年，全村烧柴做饭基本绝迹。

（一）节日宴席

"四碟四碗" 旧时农家只有富户才能摆上八碟八碗的大餐。一般农家的节庆宴席是四碟四碗，被称为"小四四"，农家婚丧嫁娶时，都会摆上这种席面。穿芳峪一代的菜谱是：四碗——条肉、方肉、墩子肉、鸡肉（因为鸡肉贵，一般以瘦肉顶，称为假鸡肉）；四碟——猪头肉、糟肝、灌肠（切片，肉馅里加咯吱沫）、咯吱盒。

（二）农家主食

村民日常以面食为主。

大饽饽 村民进入腊月二十三过完小年儿或者一进腊月，农民用各种米面，玉米面、小米面，掺少量白面，做成大饽饽，蒸上一天，正值冬天，冻好，放在缸里。

南瓜豌豆包 秋天农户采收了豌豆，打碎，加糖，做成馅料。南瓜烀熟，打碎，与杂粮面一起发酵，加入馅料，上屉蒸熟。

年糕 过年时亲戚来往，蒸出精致的面点待客。用高粱、小米等五谷杂粮磨面，讲究的人家用黏米面，加上红糖或大枣，蒸成有馅的面食。

红糖核桃仁包子 将核桃的外壳砸开，取出核桃仁，用铁锅炒熟，搓掉核桃仁的外皮，用擀面杖碾碎，加入红糖，搅拌成馅料。白面和好，发酵，揉好分成小剂子，擀好皮，填上馅料，包成包子，上锅蒸熟。核桃是山里特产，加上红糖，是公认的补血佳品。山里女人产后坐月子，都食用这种食品补身子。

橡叶（桑叶、苏子叶）包子 "五一"前打下橡树叶，因为叶子很薄，村民称为"玻璃叶"，有股清香的味道。做贴饼子或蒸馒头等面食时，乡村农家没有屉布，直接在大锅里铺上树叶，蒸出的面食有一种清新的味道。应季食材也采用桑树叶和苏子叶，特别是苏子叶，可以一起入口食用，有养生保健的作用，健康又美味。

枯吃 穿芳峪一带的叫法，蓟州其他地方叫做锅塌。旧时农民出工回来，又累又饿，又想吃点儿好的，就发明了这种省时又解馋的做法。将应季的豆角或其他蔬菜择洗干净，肉炒熟，加水、调料、蔬菜，放入米，中火焖上，待水熬干时，米饭也就熟了。大米里混杂着肉菜的香气，很是诱人。

摊烀饼 新中国成立前，村民在长期食用玉米面、高粱面等粗粮的过程中，形成很多粗粮细做的方法，摊烀饼就是其中之一。其主料有玉米面、高粱面、小米面等，馅料主要有韭菜、白菜或各种野菜。做法：取玉米面、韭菜若干；鸡蛋一个、虾皮适量、调料适量；将韭菜洗净切碎，鸡蛋炒熟切碎，虾皮切碎，倒入容器内加入各种调料适量并搅拌均匀；玉米面加水和成糊糊状；将平底锅烧热刷一层食用油，将面糊摊在锅里，要摊均匀形成薄饼状；盖上锅盖，小火烙制，几分钟即熟，烀饼底部金黄酥脆，馅料鲜香扑鼻。进入 21 世纪，粗粮被人们推崇为保健食品，摊烀饼被誉为"农家比萨"，仍为人们所喜爱。

豆面菜贴饼子 黄豆面（用石碾碾压成渣子状）、玉米面或高粱面、甘薯面，白菜，葱花、盐等调料适量。将白菜洗净切成条状，玉米面加热水充分搅拌和成糊状，盖上湿布饧 20 分钟；取清水一碗放在灶台边；葱花炝锅（大铁锅），将白菜和豆面（渣）放入锅内翻炒半熟后加水煮；将和好的玉米面团放在手中，双手边团搓边沾水，然后拍成手掌大小的饼子依次贴在热锅上，盖上锅盖。约 10 分钟后，豆面菜熟了，饼也就熟了，锅盖一掀，满屋热气缭绕，清香扑鼻。

安（酸）梨碗肉 安梨也叫酸梨，小穿芳峪 9 株百年以上的安梨古树承载着很多的记忆。据传，状元崇绮曾把安梨送给慈禧品尝，酸甜的口感让老佛爷很是喜欢。因为村里的酸梨品味好、产量足，先人想出了以酸梨垫底做碗肉的独特吃法。将五花肉适量洗净，切成边长约 10 厘米的方块若干，放锅中用水焯，水中放姜片、肉桂、花椒、大料等作料，约半小时后取出，为了好切，肉不用煮熟。将红糖适量放锅内温火加热呈糖稀状，为肉皮上糖色，再放入已加热的油锅中"煸"，肉皮出现皱纹时取出，晾凉后用刀切成薄片儿。取中号粗瓷碗，先铺放若干条肉，肉皮朝碗底，每碗约放八两。酸梨去核后切成小方块，摆放在肉上面。梨上放适量的盐等作料，再用煮肉的汤放入碗内适量。把碗放在蒸笼上，用中火加热约 1 小时，晾凉保存。吃的时候把肉碗放锅中加温后，倒扣在另一个碗内，使碗肉的皮面朝上，肉色味香俱全，是村农民过年过节时的一道大菜。

红蘑炒肉　穿芳峪叫颜色蘑。北部山区的松树很多，夏天雨季后，松树的叶子掉到地上发酵，产成一种菌。先出的是松蘑，农历，八月采摘，半个月后是红蘑菇。红蘑晾干后储存。食用时先泡发，加肉炒香。

松蘑炖鸡　村民去山上采摘到松蘑，晾干，留到冬天时食用，味道独特。加入调料，与鸡肉慢火炖熟。

土窑橡叶鸡　从山东落户穿芳峪的张家三兄弟，承包下于氏的砖瓦窑，利用窑边的余火，又垒砌了个小窑。把家养的柴鸡宰杀收拾干净，用盐和大料等调料腌制好，先裹一层橡叶，再裹上泥，在出窑前一天放进去，用余火烤，24 小时后出炉。产品很受附近乡亲的欢迎。

小瓦罐炖肉　张家的瓦窑主要生产瓦缸，村民一般用来做米缸。家中的女主人顺手烧了些小瓦盆，逢年过节或有喜事时，小瓦罐里加上肉和作料，慢火细炖，满院飘香。

绿豆咯吱　咯吱原本是老百姓粗粮细做的产物。把精选的绿豆磨成豆瓣，用水发泡，漂去豆皮，然后上水磨成汁，再加水过箩去渣，经过三次去毛浆，待成洁白的淀粉后，再兑好汁，搅成浆糊状，用尖锅缓火摊制成圆形薄片，一张咯吱就做成了，清香诱人，富有韧性，拎起来不坏，折上也不会裂纹。绿豆咯吱具有清肝合胃，泻火消暑，美容解毒，降低血压、血脂的功能，符合饮食养生的要求。咯吱菜肴做法很多，醋溜咯吱、烩咯吱、炸咯吱、焦溜咯吱、玻璃咯吱、炒咯吱，咯吱签子、糖醋咯吱，等等，据说能开发出 100 多道菜。

（三）野菜

新中国成立前，遇荒年，村民多靠吃野菜、草根和树皮度日，将之加少量面粉，做熟膨化后以充饥。如今纯绿色无污染的山野菜成为村民和市民的推崇的健康美食。村域出产的野菜主要有荠菜、曲麻菜（学名苣荬菜）、马齿苋、苦大麻子、蒲公英等，应季时还吃榆树皮和榆钱儿。

榆树皮和榆钱儿 将树皮剥下，去外层硬皮，将内皮晒干，碾压成面，掺在高粱、玉米面中，制成饼子，作为主食。其粉和面后略黏，无异味，较之玉米骨、高粱壳所磨面为佳。今榆树面不复有，榆钱儿仍被人尝鲜食用。榆钱是一种季节性食物。每年清明节前后榆树胚芽鼓胀，生出榆钱。因旧时春季正处在"青黄不接"的春荒阶段，村民常采摘榆钱蒸成"扒拉"或团子代替粮食充饥。由于榆钱扒拉入口绵软、略带甜香，且具健脾安神、清心降火、止咳化痰等药用功效，适宜老人和儿童食用，后来渐渐演化为特色食品。

村民挖野菜

农家炮制菜肴

凉拌曲麻菜 又称苦苦菜、苦苣菜。取鲜嫩曲麻菜、豆瓣酱适量。将曲麻菜洗净沥干水分，切碎装入盘中，加适量豆瓣酱拌匀即可食用，也可将洗净的曲麻菜直接蘸酱食用。曲麻菜甘中带苦，有抗菌、清热、消炎、解毒、凉血、明目等功效。

炒曲麻菜 取鲜嫩曲麻菜适量，猪肉一小块，食油、调料若干。将曲麻菜洗净，沥干，切成小段备用；猪肉切成片，以少量淀粉、米醋抓拌均匀，备用；油锅烧热，先将肉片下锅，炒至8成熟，倒入曲麻菜同炒数分钟，添加食盐等调料翻炒出锅。

炒马齿苋 俗称马玲菜、长寿菜。有清热、利湿、解表、消炎、止渴、利尿、明目、止泻、除去肠垢、益气补虚、治疗久痢、降血压、防治心脏病等功效。新鲜马齿苋也可做成馅儿包包子、饺子或凉拌食用。旧时，人们多在夏季采摘大量新鲜的马齿苋，择好洗净后用开水焯后晒干，留作冬春食用，借以缓解粮食菜品紧缺。炒马齿苋的作法为取新鲜马齿苋适量，食油、调料若干；将马齿苋去根，洗净，用开水焯 5～8 分钟，捞出后放入凉水中冷却一下；将马齿苋挤干水分，切段备用；大蒜去皮切片，备用；油锅烧热，加入一半蒜片和适量酱油炸锅，然后放入马齿苋翻炒，加水适量盖锅焖 20 分钟左右；淀粉勾芡，加入食盐、香油等调味品及另一半蒜片，出锅。

榆钱炒鸡蛋　取鲜嫩榆钱适量，鸡蛋 2 个，调料若干。将榆钱洗净后放入容器内，打进鸡蛋，加入食盐等调料拌匀，油锅内炒熟即可食用。

蒸榆钱扒拉　取鲜嫩榆钱若干，玉米面或小米面少许，新鲜小葱或蒜苗适量，调料若干。将榆钱去蒂、洗净，沥干水分备用；取玉米面或小米面少许均匀撒在榆钱上拌匀，然后上锅蒸熟；将小葱或蒜苗切碎后加入食盐、酱油、米醋、香油、味精等调料适量调制成佐餐小料；在蒸熟的榆钱扒拉上，按个人口味淋入适当佐餐小料，搅拌后即可食用。

此外，还可将新鲜榆钱洗净后，按 1∶1∶1 的比例与玉米面、白面拌匀，加盐和调味品做成团子，上锅蒸熟即可食用。

炸花椒芽　将花椒的嫩芽在盐水（常温）里泡上几个小时，然后把面粉调成糊状，把泡好的花椒芽沾上面粉糊在油锅里炸，当炸成金黄色时出锅。酥酥的，加上淡淡的花椒香味，酥脆鲜香。

饮品与酱菜　村人祖传自制小烧酒、柿子醋、梨醋等饮品，自家饮用。黄豆酱则是佐餐佳品，很多农家自制使用。20 世纪六七十年代，二区供销社和村小商店出售 8 角钱一斤的白酒，可自由购买。

刘学良家传柿子醋　柿子成熟后用清水洗净晾干水分、破碎后放入密封容器内、加入秘制配料，放在阳光充足的地方发酵，大约一个月时间即可加工装瓶，将装好瓶后的柿子醋埋入地下深约一米的坑内密封好，大约一个月即可取出食用，放置时间越长越美味。柿子醋有美容养颜、软化血管、杀菌消炎和化解消退多种体内结石的功效。

蔡凤芹家传自制黄酱　将黄豆洗干净，加入食盐、八角、桂皮，放入大铁锅中烀烂，待凉后备用。先要制作出酱引子，用麦麸和少许面粉蒸熟后，装入瓦盆中，放置菜窖发酵，再晒干。将酱引子与酱豆搅拌一起装入密封酱缸，放到阳光下，每隔 3 ～ 5 天搅拌一次，连续搅拌 3 ～ 4 次，待半月后即可食用。有爱吃细酱的，可将酱豆和酱引子一起碾压细碎。注意食盐要在搅拌时分次放入，不可一次加足。

三　居住

新中国成立前，山区村民通常居住土坯房。建房之前，先制土坯。以稻草、麦秸或马鞭草和泥再用模具制成长方体，晒干后即可垒房。房屋的规格一般是每间长 4 米，宽 3.33 米，高约 4 米。单式起脊，3 根或 5 根木檩架撑。檩上铺以秫秸或苇把子。东西间各有一炕，堂屋有两个灶，烟道通过土炕，烧火做饭时也起到烧炕取暖的作用。屋内墙壁用轧碎的麦秸和泥抹两遍。

村域内曾经的几座清末园林古建筑，一般为砖瓦房，矮院墙外扎上篱笆，院内地面采用立瓦铺排，美观又利于排水透气。

20 世纪 70 年代民居

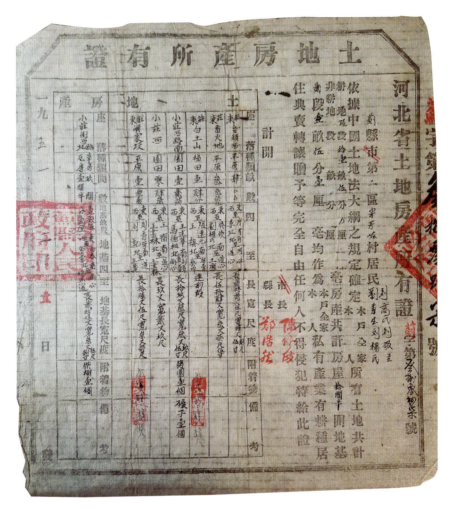

1951年颁发的土地房产所有证

　　兴建宅舍要先看风水，然后祭告土地神，建房期间必须"挂红"，意在驱邪。忌妇女尤其忌寡妇踏入房基地。安门窗时要贴对联儿，外间屋中檩画有罗盘八卦阴阳鱼，上檩时要放鞭炮，如逢下雨称作浇粮雨，视为吉兆。上梁之日，远亲近邻送油条20根，或送2～3千克挂面，称作"送小礼"。近亲则挂红帐，房屋建成后，主家要选吉日迁居宴请宾朋"稳居"（亦称"温居"）。新中国成立后，农民盖房由生产队派工，年终结算时，由生产队按规定扣除房主部分工分。20世纪七十年代，土坯房大都翻盖成砖瓦房。正房有一明两暗的连三间，两头住人，中间为堂屋。

旧时，窗户为格窗，糊粉莲纸。民国以后将百格窗中间装上一块玻璃，后来窗户上部改为"活四扇"，下半部三块玻璃。80年代住宅建设发生很大变革，打破旧的三间格局，设有客厅、卧室、洗澡间、厨房，地面为水磨石或瓷砖镶嵌，门窗也逐渐用铝合金材质，建筑多为砖木混凝土结构，院落仍多为四合院式。1995年，人均住房面积约20平方米。2013年起，村中建成十几户高标准仿古式"四合院"，用于接待游客。

四 出行

1949年前，本村农民走亲访友、赶集上市多靠步行或马车。新中国成立后，逐步以自行车代步，水管车架的载重使自行车既可驮人又可载物。后来有了标定、轻便的各种型号的自行车。20世纪70年代末至80年代初，自行车用量大增，每户人家都有一辆或数辆，成为最普通的出行工具。此后，摩托车、农用三轮车、农用汽车逐渐取代自行车，汽车运输取代大车（畜拉胶轮车）。远道出行乘火车、公共汽车甚为方便，乘飞机者亦不鲜见。进入21世纪，村民出行多乘公交车、骑电动车，很多村民自驾小汽车代步。

五 器用

1949年新中国成立前，餐具有陶盆、陶罐、粗瓷碗碟、竹木筷子等；茶具有扣碗、带套的瓷壶等；家具有桌（连三桌、连二桌、炕桌、八仙桌等）、椅（靠背椅、官椅、太师椅等）、凳（长凳、方凳、条凳等）、碗橱、油箱、板柜、条案、长几、靠山镜、帽筒、掸瓶等；照明是菜油灯、煤油灯、汽油灯等。取暖用陶制火盆。

20世纪70年代后，室内用器发生了很大的变化，条凳板柜之类的旧式家具逐步被淘汰，取而代之是沙发、大立柜、组合柜、木质板床、席梦思软床、新式木质座椅、折叠式座椅等。室内摆设更加讲究，各种款式的组合柜，吸顶灯、壁灯、吊灯等各种灯具，石英钟、座钟、挂钟、落地钟，大中型壁画、绢花已成为一般农户的摆设，洗衣机、电冰箱、电热炉等家用电器进入村民家。80年代初期，电视机、固定电话开始进入村民家庭。1988年后，彩色电视机亦开始普及，村集体投资安装闭路电视系统。90年代末，彩色电视机基本普及，固定电话入户率达40%左右，"大哥大"、

村民家居摆设一角

BB 机、电脑逐渐进入村民家庭。21 世纪初，电话、电视机、有线电视入户率达 100%。2016 年，手机、电脑在村中基本普及。

六 通信

1949 年新中国成立前，村内无通信设施，村民与外界联系均靠亲戚朋友互捎口信或亲往。20 世纪 50 年代初，域内通邮，村民可采取寄信的方式联系。50 年代末，村办公室安装了手摇式电话机，遇有急事和较为重大事宜可到乡（公社）所在地或市区内邮电局拍发电报。90 年代初，程控电话进村，村办企业安装了电话，电报、互致信件等通信方式逐渐被人们所弃用。90 年代末，光缆电话普及到户，村内多数家庭安装了固定电话，手机成为新宠。

21 世纪初，有线电视、互联网等入村入户，发展迅速。由于手机、互联网的逐步普及，家庭固定电话逐渐减少。2017 年，村内成年人乃至老年人几乎人手一部手机，人们通过手机通话、发短信、微信、微博、视频聊天，利用互联网联系业务、做生意，甚至出门购物、旅游、做生意都不用带现金，通过手机移动支付。手机、互联网等现代化通信手段成为村民日常生活中不可缺少的组成部分。

第二节 人情往来

小穿芳峪村自建村始，村民一直继承"一家有事大家帮""礼尚往来"的传统美德，多在亲戚朋友之间的婚丧嫁娶时"随礼"。旧时"随礼"多采取馈赠物品的方式，"礼轻人意重"。新中国成立后，给嫁娶的亲友"随礼"多是自产的粮食、自己手工制作的小物件等。给办丧事亲友"随礼"一般几毛钱，需折祭的扯上几尺布料。20 世纪六七十年代亲友婚嫁时，馈赠礼品多为洗脸盆、洗漱用的搪瓷缸、暖瓶之类的生活用品。给办丧事亲友"随礼"数额提高到一二元，多的五六元。给亲戚孩子"过满月"时，送些自产的鸡蛋，买上几斤红糖。改革开放后，随着人们收入的增加和社会风气的变化，"随礼"数额激增，且乔迁、子女升学、开业庆典、祝寿等名目愈来愈多，婚丧嫁娶大操大办和"攀比"之风抬头。村两委会将反对铺张浪费、反对婚丧嫁娶大操大办、反对封建迷信作为精神文明建设的重要内容，并纳入村规民约，对红白喜事等划定合理标准和规模，同时发挥村红白理事会等群众组织的作用，用民间舆论、群众评价的力量褒扬社会新风、批评不良现象，使铺张浪费之风得到遏制。

20 世纪 90 年代，亲戚间"随礼"数额一般为 50 ～ 100 元。进入 21 世纪，亲戚间随礼数额涨至 100 ～ 200 元，朋友之间"随份子"一般为 200 ～ 500 元。2016 年，亲戚间除婚丧嫁娶互"随礼"外，给新生儿过"满月"也是必随之礼，礼金数额为 200 ～ 1000 元。

第二章 文化生活

第一节 教育文娱

一 教育

私塾（义塾） 清代村中富户设有私塾，学童以自家和亲戚男童为主。清同治年间，"穿芳三隐"在村办义塾，村中孩童多得入塾读书。时教学内容为《百家姓》《三字经》《千字文》《弟子规》《名贤集》《中庸》《大学》等，习字（毛笔字）、珠算为必学课。塾师采用念、写、背、讲方法进行教学，学童读过几年私塾后，能读书识字、打算盘记账。曾在义塾读书的张继贤后来成为村里的教书先生。其后私塾教育一直延续到民国年间，后被国民小学替代。

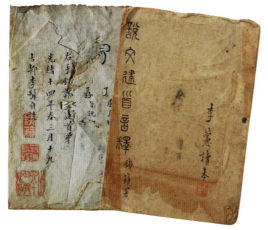

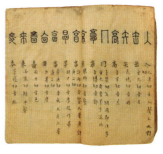

义塾课本（李树屏书）

幼儿园 1958 年"大跃进"期间，为解放妇女参加农业生产，村中建有幼儿园，村选派妇女担任保育教养员，主要是哄管护理孩子。三年困难时期停办。改革开放后，村小学设有幼儿班，也称育红班，主要教孩子们唱歌、做游戏和幼儿课程。21 世纪后，村幼儿入园率达到 100%。

小学 1938 年村小学成立后，招收村和附近村学生。新中国成立初期，村小学有学生 30 多名，教师 2 名，采用复式教学方法，分上下午课。20 世纪 70 年代后，村小学建制正规化，学生在百名左右，教师配备和教学条件均达到正规学校标准。

中学 1956 年，村小学设初中班，称穿芳峪中学，后改为小学。

二 文化娱乐

旧时村民文化生活简单枯燥，平时除下棋、打牌，最大的娱乐方式就是赶大集。每逢春节、庙会，人们可以得闲看看花会表演和戏剧演出。新中国成立前，来村演出主要是皮影团，多为兰州等外地皮影团，演出节目以"花木兰从军"或宋代杨家将故事为主。有些年份联村请外村小剧团到村演出，一般只需供给饭食，不支付其他费用。

1949 年新中国成立初期，村里组织有小文工团，演出"拿懒汉"等鼓励劳动生产类的文艺节目。1952 年，村成立评剧团，演出剧目《小女婿》《柳树井》《小二黑结婚》等，尹素芸、白素兰是主演，张九龄、孟庆志等是乐队伴奏。这是村民自发组织的文艺团队，于农闲时节编排演出，很受村民欢迎。20 世纪 50 年代，由于村域有驻军，军营中经常放映电影，村民得以观看。60 年代，乡电影队经常来村放映电影，特别是"文化大革命"期间，样板戏电影成为村民收看最多的电影，许多人都能熟记台词和唱段。村中曾成立"毛泽东思想宣传队"，演出一些政治性强的简单文艺节目。80 年代后，随着电视在村中的普及，村民文娱生活多以观看电视为主，间或有打牌、下棋、读书、游戏等，文化生活越来越丰富。

进入 21 世纪后，村中建有农家书屋，村民可随意到书屋阅览各种书籍。

"农家书屋"匾额

第二节 卫生体育

一 医疗卫生

新中国成立前，村内长期处于缺医少药状态，百姓得病只能靠硬撑或求神问卜，加上生活水平低，卫生条件差，各种传染病、多发病肆虐，人民生命健康得不到保障，平均寿命只有 50 岁左右。患重病者需到马伸桥请坐堂医师，往往因交通不便、无车马而耽误医治。婴幼儿死亡率很高，村中专有埋葬夭折婴儿的乱葬岗。

新中国成立后，这种状况逐步得到改善，卫生保健水平不断提高。五六十年代，村里开始为儿童接种疫苗，大大降低了儿童死亡和患病率。20 世纪 70 年代后，村中实行合作医疗制度，为村民缴纳合作医疗基金，村民看病吃药只需花少量费用。设有卫生所，有"赤脚医生"，方便了村民就医，基本做到小病不出村，大病不耽搁。改革开放后，村民医疗主要在乡镇卫生院诊治。

进入 21 世纪，开展新农村建设，村进行环境卫生整治，提倡卫生健康生活方式，聘请专家来村讲授公共卫生知识，定期为村民免费体检，村民生活质量和身体素质、保健意识均大为提高，患病率大幅下降，村民均寿命接近 80 岁，跨入长寿社会。2015 年，村建立起家庭健康卫士服务体系，专业医生挂职，设置村级联络员，公开联系网络，开展公共卫生服务。

为村民免费义诊（2017 年）

公共卫生服务项目包括：居民健康档案管理、健康教育、预防接种管理（0～6岁儿童）、老年人健康管理、高血压患者健康管理、2 型糖尿病患者管理、严重精神障碍患者管理、结

家庭健康卫士构成及服务项目

核病患者管理、传染病及突发公共卫生事件、卫生计生监督协管、残疾人精准管理、大肠癌筛查、家庭医生签约服务、地方病管理、孕产妇管理和妇女儿童保健。

家庭健康卫士组织构成：组为长刘宏亮，家庭医生为王国军，村级医生为胡广泉，公共卫生医生为刘荣华，计划生育指导医生为刘晓东，村级联络员为蔡凤芹。

二　民间体育

历史上，村内体育活动多为民间传统项目，如武术、踢毽、举重、掰腕子、摔跤、打岔、游泳、滑冰等，无固定体育组织和活动场地。

新中国成立初期，篮球运动得到发展，村小学有简易球框和小球场，村民农闲时来运动和比赛。20世纪70年代始，村篮球、乒乓球运动以及象棋、体操等逐渐盛行。

进入 21 世纪，村开放旅游后，体育设施增加，村委会旁空地被当作健身广场，晚间有村民于此健身锻炼。景区多处设立健身区和健身器械。一些中老年女性村民喜欢跳广场舞、扭秧歌，中老年男人多喜欢健步走或散步，青年人中盛行象棋、球类和健身器械运动。

2016年始，每年春节前村民集体过"小年"，举行村民趣味运动会。运动会为期三天，举办下棋、拔河等多种娱乐性比赛，参与者为各年龄段村民，深受大家欢迎。

踢毽子活动

下棋对弈

拔河比赛

乒乓对垒

第九编
风土民情

特有的山水文化哺育了小穿芳峪人，村民也在岁月的洗礼中磨练出坚韧的生存意志和敢于抗争、开拓创新的精神，养成善良、勤劳、朴实的品格，山水与人文共生便形成独特的风土民情。立村后，随着生活环境的变化和经济发展、社会变迁，村民也在继承和变革着祖先的传统习俗：吸收传统的婚嫁、殡葬、民间礼仪和日常生活的一些仪规，又不断创新，将传统观念与现代社会新习俗相融合，推出崇尚科学、节俭、健康的新风尚，对一些陈规和陋俗予以摒弃，形成具有现代特征和地域特色的风俗习惯。村民在多年劳动和社会实践中，总结出涉及气候物候、农事、社会政治生活等诸多民谣谚语，其地方个性鲜明，语言干练，诙谐幽默，今犹多有使用。

第一章　民　俗

第一节　婚　俗

一　传统婚俗

过帖　男方到婚姻年龄后，家里便托媒人给说亲。媒人到女方家介绍男方情况，若同意，便将女子的"生辰八字"送到男家，称为"过帖"。男方找算命先生根据双方生辰八字"合婚"，若有生肖冲克或五行冲克则不能合婚，就要"退八字"。若男方认为可成亲时，将龙凤呈祥"红束"书写生辰年月和文约放入木匣，外裹红布连同彩礼送往女家。女方收到彩礼和龙帖后，也将女方的名帖放入匣内，由媒人带回，此为定亲，又称"过字"下定礼。

喝会亲酒　又叫"换盅"。订亲后，由媒人选定日期，请女方父母及至亲到男方家会亲家，双方家长把第三盅酒互相换一下，这时开始称亲家了，当面过聘礼，男方往女方的嫁妆食盒里装二斤肉（叫"离娘肉"），由媒人转交给女方父母。

做新被褥　结婚之前，男方请来四名儿女双全的女性为新婚夫妻做新被褥，在被褥的四角放入红枣、栗子、花生，意为早生贵子，花插着生，儿女双全。

娶亲　选定吉时迎亲。男方哥嫂作为娶门客，带四名男童手拿火把或小红灯笼随轿娶亲，轿到女方门前燃放爆竹报知花轿已到。女方家长接客人进家喝茶吃点心，曰"摆果子茶"，提前打扮好的新娘由哥哥背起上轿，新娘揭开红盖头面向父母大哭，要泪如雨下，意思是给父母留下金豆子。母亲嘱咐女儿要温顺，孝敬公婆，然后起轿。女方哥嫂作为送门客随轿送亲，四男童提着灯笼在前引路。到男方家门口，由娶门客搀新人下轿，进大门前鞭炮齐鸣，有乐队伴随走入大门，两个小孩儿领新人走向二门，迈过门槛上的鞍子，谓之平平安安，门里面放一个炭火盆，新娘也要一步跨过，意为今后的日子过得红红火火。穿官服戴纱帽的新郎出来与新娘并立，面向北方：一拜天地，顺心如意；二拜高堂，永久吉祥；夫妻对拜，相亲相爱。礼毕，小夫妻手牵六尺红绸，由伴郎伴娘送入洞房。入了洞房，新郎用盘秤秤杆揭下新娘红盖头，叫"称心如意"。

洞房花烛夜　进入洞房后，新娘面朝里坐，不与旁人说话，叫"坐福"。坚持到晚上，把煮得半生不熟、大小不一的饺子让小夫妻吃，名曰吃子孙饺子。洞房外嫂子大声问：生不生？一般新郎说：生！意指生不生小孩。此后，开始闹洞房，闹洞房的人越多意味着男方家人缘越好。闹洞房的散去后，由一名儿女双全的嫂子铺床焐被，边焐边说："褥边搭褥边，生个儿做大官儿；被窝搭被窝，生儿生女一大车。东一轮，西一轮，粮仓装满仓，骡马一大群。褥子长，被子宽，小两口一块钻。"熄灯休息后，有人悄悄听墙根，曰"听声"。

接回门 次日早晨起来，梳洗完毕，新婚夫妻先拜祖宗，烧香叩头，再给公婆叩头，见哥嫂、姊妹、弟弟等。早饭后，新婚夫妻带上礼品回娘家，曰"接回门"。来到丈人家后，新姑爷被安排在上房屋，丈人家亲朋好友都前来赴宴，新姑爷饭前要给亲戚朋友让烟续茶、认亲。

二婚 丈夫不幸去世，媳妇可守寡也可再嫁。经媒人撮合，女方要些彩礼，双方同意后确定结婚日期。结婚的头天晚上，再嫁女要由哥嫂陪伴到村头选一棵大树搂抱一下，以示不再妨丈夫。再婚前先向公婆叩头拜别，再向亲生父母叩头告别。一般下午举行简单婚礼后，在祖宗牌位摆上新媳妇的八字帖和供果，和丈夫一起给祖宗叩头，求祖宗收纳，向新公婆叩头改口叫爹妈。

二 新式婚姻

新中国成立后，1950 年 5 月，《中华人民共和国婚姻法》颁布，男女青年可以自由恋爱结婚。男女青年经人介绍，双方无意见可以继续交往，比较满意就要"相家"，其后订婚，订婚时男方给女方戒指、项链等或礼金，然后到乡政府登记领取结婚证书。结婚日期由男方与介绍人共同选择良辰吉日，并征得女方同意，结婚日期不能更改。

结婚前一天，女方派人将嫁妆送到男家，男家给送嫁妆之人喜钱并设宴款待。新中国成立初期多用马车接亲，后来用拖拉机，迎娶方式简单朴素。20 世纪六七十年代，结婚仪式简单，新郎骑自行车到新娘家接新娘，家人在一起吃顿捞面，也有的家庭在家里摆几桌，招待亲朋。彩礼讲究自行车、手表、缝纫机"三大件"。80 年代后，女方彩礼的项目及数量发生变化，有见面礼、奶水钱、三身衣服、"三大件儿"等。进入 21 世纪，女方对男方的要求越来越高，结婚费用一般在数万元以上，小穿芳峪乡野公园的户外婚礼成为一种时尚。婚礼当天上午，男方率童男童女随去女家迎亲，鞭炮齐鸣中，新郎把新娘从车上抱到"立子缘"树屋床上"坐福"。选择吉时举行隆重而又现代化的婚礼仪式，中午亲朋好友开怀畅饮，庆贺新郎新娘喜结良缘。

嫁娶禁忌　旧时忌同族五服之内通婚；议婚忌男女属相相克；忌非"全可人"做新婚被褥；忌姑女还家即姑女嫁舅男；忌正月提亲；迎新送亲有"姑不接，姨不送，姥姥舅舅全不用"之说；忌孕妇、寡妇进洞房；忌新娘独自回娘家留宿；忌一个家庭在一年中一娶一嫁；忌迎亲车辆同一条路去归。旧时迎娶寡妇在下午举行结婚典礼。现在除了与丧偶或离异女子结婚与未婚者相同外，其他禁忌还在一定程度上保留着。

第二节　丧　葬

一　传统丧葬习俗

送终　人将咽气时，子女守候床前，眼看着老人断气，称为"尽孝、得济、送终"。老人生前儿女多么孝顺，照顾得再好，断气没在跟前也叫"没得济"，没为老人送终。

装裹　人即将咽气时，将提前备好的装老衣服、鞋袜、帽子给老人穿戴好，准备后事。

烧倒头车　人将咽气前先把备好的"倒头车"（纸糊的车）烧了，全家人到齐，把亡者抬到搭好的床板上，尽情恸哭，烧香摆供，给死人身上压断命铜钱，也有压锅铧铁的，压砖头的，两脚缠上麻绳。

送纸（吊唁）　人死后，家人托人给亲友送信儿，送信人在亲友家吃点儿东西喝点儿水才能回来，叫"不空口"。回来时再听候知客（管事的）分配和料理应办事务，吹鼓手奏哀乐，乡亲们前来吊唁，送纸钱，亡者子女及族亲戴孝扎麻，端供品去村头五道庙送纸，安葬前要送七遍纸儿。

吊纸儿　人死后，众乡亲都来给死人送纸钱，叫吊钱。吊纸的人到门前要吹奏一番，由一亲人跪接，有人陪着烧纸拜别，还有的要哭两声。

批绑挂命符　人死后由记账先生写一张生辰八字叫批榜，再按年龄挂命符，上有銮印铜钱对折长条白纸一岁一条儿另加天一条儿地一条。与榜纸一起挂在大门外，纸符头是尖头表示亡者为男性，符头是叉的表示亡者为女性。

入殓　给亡者送完三遍纸后，要把尸体装入棺木，叫"入殓"，"入殓"前由亲人端碗白水给亡者点五官，叫"点眼公"。另外有人在棺木内用白纸满糊，不露木色，棺底铺上众亲送的纸灰。入殓前孝子抱头，其他子女依次连同褥子一起将亡者抬入棺木内。此时亲人大哭、奏哀乐、扣盖，用三个小木板（连棺板）钉上棺和盖，亲人哭说，躲钉。封好后，棺盖上压上一盒米饭，插上筷，按亲人数每人一双，另外加天一双，地一双。灵棚摆供，点燃蜡烛。乐队奏哀乐后，等待亲人随礼吊唁。

看坟地打墓坑　人死后，家人请风水先生看坟地，有老坟地的择吉时出殡，利时下葬。若看新坟地时，要选择风水好的地方，看方向，定时间及墓坑深浅，下葬前墓坑由一名亲人走近看着，防止有人下镇物破风水。

送葬　出殡前，孝子拉着一把扫帚上盖命纸榜文，盖一件死者的上衣，抬着闺女准备的全套纸车、金银库等到五道庙前上供，奏乐焚烧，焚烧前由一名女支客给洗捻塞入纸车内（男性死者为马车，女性死者为牛车），等一并烧完，此为送葬，也有称"接丧"。

出殡　送葬后要绑扛，按棺木质量轻重和亡者身份来安排扛数，最少用4扛（1扛为1抬，1抬为1人），8扛为前4人后4人，16扛为前8人后8人，最多24扛为前12人后12人。棺木有薄有厚，木质也不同，穷户用杨柳木，富户用油松木、香椿木，甚至用柏木、楠木。一般户守灵3天出殡，富户讲究5天或7天出殡，甚至请僧人做道场，超度亡灵。

出殡前，长子打幡儿，长媳妇抱罐儿，抬杠在杠头指挥下一同起肩，长子起身摔碎丧盆，由丈人家同辈或晚辈挽扶打幡儿抱罐人，众亲朋在后跟随。大姑爷怀抱柳斗撒路钱儿，过十字路口或桥头时要烧纸钱，进入坟地下葬后，亡者儿媳用蒙头布抢装土块快步回家将土放在炕席底下，并有"谁先到家谁先发家"一说。其他客人不入坟地，解孝服原路而回，进家在门口外提前摆盒果子，每人捏一口吃，曰"不空口"。下葬后由挖墓人填土成坟，出殡至此结束。

祭日　入葬后的当天晚上，兄弟多的丧主家庭要声望高的近族长辈或同辈主持丧事开支的分摊及明确祭日的责任，第三天早晨"圆坟"，起早用秸秆插房子（犹如房屋架构），将一枚铜钱拴在前面横架在中间位置上，叫开前门，太阳升起时家中人去上坟。其后，祭日分"一七"祭（第7天，下以此类推）、"二七"祭、"五七"祭。亡者去世一周年、二周年、三周年的当日为"周年祭奠日"，家族主要亲属都要前来祭奠。

孝服　亡者子女要守孝一年，一年内不准饮酒，不准拜年，不准参加娱乐活动，孝子的鞋要挽白布。若父母仅一人去世将鞋的前半截缝上白布，父母双逝就得把全鞋缝上白布。

迁坟　夫妻二人若妻子先过世，可埋入坟地。若丈夫死在妻子前，不能直接埋入祖坟，要先寄埋别处，以防"单身进入阴宅，"等妻子死后再把丈夫的棺木和尸骨迁入坟地。若丈夫死在外埠，起灵时要在棺木上放一只捆绑好的大公鸡，棺木不能进家，可直接迁入坟地与妻子合葬。

二　新式丧葬

新中国成立后，推行移风易俗，丧事从简。20世纪70年代中期开始，村中实行火葬。2013年村两委班子决定设立公共墓地，把各处散葬的坟迁至公墓，并对后逝者实行集中有序安葬，统一规划栽种苗木、统一立碑。人死后，开小型追悼会，将骨灰盒捧送公墓埋葬。为防焚烧祀品引发火灾，在旧窑中垒砖为祭台，隔绝草木，严控火源，防止发生火灾。

三　丧葬禁忌

忌讳穿孝服者进非亲族家；忌吊唁时主家给的孝服原封不动带回家中；忌死者之伴侣随灵车进墓地；忌丧事后当年办喜事；忌孕妇进墓地；忌孕妇身挨死人灵床；忌入殓前亲家见面（故入殓后亲家再吊唁）；忌丧事当年春节贴红春联；忌死者停床时双脚蹬空。

第三节　信仰习俗

一　织女会

每年农历七月初七为"织女节"（又称"七夕""乞巧节"），是未婚少女特有的节日。七月初六,就有人牵头操持过节事宜,全村少女自愿参加,每人要拿二升麦子和一些钱,然后,大伙儿共同劳动,捞麦子、推磨、箩面、和面、蒸馒头、擀面条,购买食品和供品,请来织女神像等。无论在谁家办"织女会",家长都很支持,无偿提供场所和用具。把请来的织女神像摆在堂屋,烧香、摆供品(水果),然后,大家分别参拜神像。初六、初七一起吃两天伙饭,吃剩的面食或水果,大家再共同分配。办"织女会"习俗一直延续到20世纪60年代初。21世纪后,"织女节"演变为中国"情人节",村中青年恋人或年轻夫妻多以互送玫瑰花、手表或约会共度节日。

二　贴俗

贴倒酉　旧俗,腊月"二十九贴倒酉"。"酉"字在阴阳"五方"中属"西"方,正对应"五行"的"金",酉倒(到)即金倒(到),如今演变成倒贴"福"字,反映的都是求吉心理。

贴条幅　除夕之前,在水缸上贴"连年有余",在石磨上贴"白虎大吉",在碾子上贴"青龙大吉",在屋壁上贴"抬头见喜",在门上贴"肥猪拱门""连年有余",在院墙上贴"出门见喜",在棚圈上贴"六畜兴旺",在窗户上贴窗花、剪纸、"喜鹊登梅",等等,有驱灾迎祥之意。

贴春联　由古代"桃符"驱鬼辟邪俗衍化而来。多七字联,竖贴门两侧,左为上,右为下,门楣贴横批,内容多祈福、禳灾、祝颂、迎新、送旧之辞。

贴门神　贴秦琼、尉迟恭及钟馗等画像,同时贴门心,双扇门贴"对脸儿"、单扇门贴"独坐儿"。21世纪,村民搬入新居,门上多贴福字。

贴年画　民间尤喜"莲(连)年有鱼(余)""招财进宝""麒麟送子""大胖小子""牡丹富贵"等,大红大绿、富贵吉祥、喜庆祥和。

贴(挂)吊钱　红绵纸制作,有人工刀刻和机器裁制两种,村民多用16开型,后也日趋增大,吊钱下部为桃叶状穗,内为"福"字或"四季平安""合家欢乐""财源茂盛""招财进宝""吉祥如意"等吉祥语,门窗上檐多为每格1张,随风飘动,一片春色。

三 放爆竹

红白喜事、年节多放爆竹，一为营造气氛，二为驱邪、辟邪。1995 年，天津市发布限时 (平时 22 时后)、限地 (交通要道) 禁放条例，放爆竹行为得以规范。

四 石刻"泰山石敢当"

旧时，村民有在房后 (侧) 山墙，安砖 (石) 刻的"泰山石敢当"或"太公在此"习俗，以镇妖驱邪。

五 讨口彩

讨口彩就是在生活习俗中使用的吉祥话，或通过比附、象征、谐音等手段创造并使用的吉祥话，目的是图吉利，讨彩头，表达对美好生活的祈望。年三十吃鱼叫"年年有余 (鱼)"，无论多少都要剩下，叫"剩余 (鱼)"；打碎东西叫"岁岁 (碎碎) 平安"；婚仪上借枣、栗子、莲子、花生比附出"早立子""连生子"，男女"花着生"等口彩；新婚之夜新人吃饺子要说"生"，以讨生子的口彩；结婚贴双"喜"字、"双喜临门"，倒贴喜字叫"喜"到 (倒) 了；为老人过生日叫"祝寿"，过生日者叫"寿星"，有庆寿辰 (诞)、吃寿面、吃寿桃、贺寿礼、喝寿酒等口彩；老年人寿终正寝叫"老喜丧"，等等。

近年，人们青睐吉祥数字，尤以"8"字为甚，"8"谐音"发"，主发财。还有打喷嚏说"百岁"的习俗，打一个说"一百岁"、打两个说"二百岁"，多是长辈为晚辈讨此口彩。

六 正月二十五"请姑姑"

正月二十五这天，几个未出嫁的姑娘聚在一起，用两根高粱秆扎成梯形架子，插上两个发卡，套上皮筋儿，一绕一拉可使发卡分合。姑娘们烧香叩头后请茶花姑姑入座，有人问：今年什么粮食收成好哇？如问到玉米收成好吗？发卡相碰就意味着玉米收成好，农民就多种玉米。也有姑娘问自己找到的婆家好不好，对象是否漂亮。凡是姑娘关心的事都问，发卡没碰合，说明一事无成，若发卡碰合，姑娘们乐得手舞足蹈，否则几天不高兴。请姑姑时不准男人听、看，也忌讳出家人。

第四节　人生礼仪

一　生育

妇女生育俗称"坐月子"，须在婆家生产。孕妇生产前，娘家即将衣裤、小被、垫子（尿布）、鸡蛋、红糖、核桃等准备齐全，婆家也准备相应的东西。生孩子要请接生婆（也称"老娘婆"）来家"接生"。产前卷起炕席铺上甘草，叫"草中得子"。生头胎时不论男孩女孩，由丈夫去丈人家报喜。旧时生男孩叫大喜，生女孩叫小喜。产妇屋门帘上缝红布条儿，不准外人进产房。产后第五天娘家来人送小孩子的应用之物，曰"捂住"，小孩不得病。七天吃饺子，名为"捏骨缝儿"，亲友送来钱物，前来看望产妇和新生儿。男孩儿出生九天、女孩儿出生十一天（躲开正十日，才大吉大利）给孩子"做十日"，娘家送斗米斗面，主家宴请前来贺喜的亲戚朋友。小孩满月要"挪臊窝儿"，小孩出生一百天，要办"百岁儿"庆麒麟送子。生男孩儿叫"弄璋之喜""喜生锦龙"，生女孩为"弄瓦之喜""喜生秀凤"。小孩第一个生日称"雨岁"，姥姥家送来挂面，名曰"长寿面"。

二　寿诞

寿诞俗称过生日，男女老幼，每逢生日全家均改善生活。一般于生日的前一天吃饺子，当日吃捞面，谓之催生饺子长寿面。旧时，穷人办不起寿宴，一般吃顿高粱米饭、煮几个鸡蛋以示庆贺。富户给老人祝寿则要唱戏、说书、摆宴席。

村中老人一般从66岁开始办寿宴，子女们操办寿宴，闺女、姑爷、外甥、外甥女及好友们都带着寿礼前来祝寿。子女会给老人蒸些馒头，买几斤点心和两瓶好酒，全家在一起吃顿团圆饭。

三　其他习俗

过继　旧时，夫妻无子被视为绝后，为传宗接代，托人说和从兄弟间或外姓子女较多的人家收养一子，曰"过继"。过继仪式多在晚上进行，双方家长、兄弟及村中管事的等人参加，受继方需摆宴席，宴前要写过继文书，谓"过子单"，明确养父母百年之后家业由继子继承，继子为养父母养老送终，双方父母签字画押。酒席之后继子要换穿养父母做的新衣服，向养父改口叫爹妈，给养父母叩头，其文约还要到相关部门进行公证。有女孩无子之家，可招赘女婿，为父母养老送终。

认干亲　村人认干亲有三种原因：一是出门在外遭遇不测被人搭救，为感恩图报，以厚礼重谢并认恩人为父母，常年孝敬；二是为了子女好养活，要认干亲；三是防止子女命硬"妨父母"。旧时也有选大树、马兰墩儿、水井、大石头代为干亲，并常年供拜。如今，认干亲习俗偶有沿袭。

造屋习俗　村人盖新房前，要请先生看好方向和选择吉日吉时开工，开挖第一锹土后燃放鞭炮，挂红幡旗，意在驱邪。外间屋中檩画有罗盘八卦阴阳鱼，中心钉一个一尺五寸见方的红布"辟邪"，阴阳两端贴两条对联，上写"太公在此，诸神退位"。禁止孕妇进工地，上完正梁檩要燃放鞭炮，如逢下雨称作浇梁雨，视为吉兆。中午主家安排酒饭，犒劳瓦木工匠及"帮工"人。到调脊时，瓦工由两端安装"提海头"，到正中间含垄脊时要放"脊正"（用银元或铜钱）。事毕，一般家庭给领作师傅赏钱，领作师傅拿出准备好的五枚铜大钱压在脊中叫"含龙门儿"。

填宅　也称稳居。新房建好后，选择吉日搬家。搬家头天晚上在新房堂屋扣一个水桶，搬家那天太阳将要升起时，主家在旧房烙一张大饼，半熟时将热锅端进新居，进门先把扣着的水桶摆正，喻"日子早早翻梢，由穷变富大翻个儿"。然后点燃灶火，把半熟烙饼翻一个儿，烙熟另一面儿，大家分着吃，意为"翻身了该发财了"。乔迁新居后，亲朋好友前来填宅，带五升高粱、一篓筷子、一包火柴、马尾笤子一个，意为"财高高快发家"，日子红红火火，骡马成群。

第五节　传统节俗

一　春节

腊月二十三，俗称"小年"，开始步入春节，人们提前买来糯米做的糖瓜儿，到傍晚在锅台上摆放桌子，上面摆好糕点糖瓜和白水，主人焚香跪拜，求灶王"上天言好事，下界降吉祥"。旧时，腊月二十三是穷人一年中最难过的一天，要向地主老财交租粮和还高利贷，再晚也不能拖过三十除夕夜，若到时仍未还上，就要以人抵账，抓女儿去给老财主做妾，抓男孩儿做三年苦工顶债。

腊月三十，俗称"过大年"，村人习惯上把过年视为庆丰收、贺太平的喜庆日子，其他事情都停放一边儿，一门心思过大年。旧时，富裕人家要七碟八碗，山珍海味美酒珍馐上满桌；穷人家也要杀只鸡、打只兔子改善伙食。家家户户写对联儿，写斗方，并要在太阳落山前贴好，一般在大门、屋门贴对联，多为"天增岁月人增寿，春满乾坤福满门""迎喜迎春迎富贵，接财接福接平安"，横批为"福满人间""四季平安"，对门墙贴上"出门见喜"条幅，家家贴窗花，放鞭炮。太阳落山后，在牲口棚圈、碾子、石磨、仓房处糊"香兜儿"，打着纸糊灯笼给天地牌位、祖宗牌位、门神、碾磨烧三遍香，在猪圈门旁也要贴上"肥猪满圈"的条幅。全家人开始包饺子、擀面条。直到午夜，全家老少在天地牌位前摆供上香，发大纸（把写有"风调雨顺""五谷丰登""六畜兴旺""四季平安"的黄纸烧掉），然后按大小辈儿叩头拜年，老的给小的压岁钱。明灯熄灭前吃饺子面条，叫"线穿元宝"。

大年初一，早上起床放鞭炮迎新春，早饭吃饺子，换上干净的衣服，

村中洋溢着浓浓春节气息

去给庄亲长辈拜年；初二起床放鞭炮迎财神进家，出嫁的女儿和女婿带上酒和点心给丈人家拜年。过了初五，很多村民就开始劳作了。

二　元宵节

农历正月十五为元宵节。早饭仍吃饺子，中午吃饽饽年糕，晚上吃元宵，赏花灯。家家都用五彩纸剪成半寸宽三寸长的纸条捻成带座的小纸灯儿，喷上麻油，晚上开始由住屋点燃第一个，引着第二个放在门口，接着点放到临街大门口，再接着点到小河边，将剩余的小纸灯全放入提前备好的瓢岔内，点好顺河漂流，意寓送鬼祟出宅保平安、免灾，称为"撒灯号"。

为庆贺元宵佳节，村里举办花会，穿芳峪有驴子会、落子会、小车会、小秧歌、龙灯会等五档花会。从太阳下山开始，家家门口摆上茶桌，桌上放点心、糖果、花生、瓜子儿，会档由打旗的领着，在摆茶桌家门前扭演。以前穿芳峪与南山毛家峪、小穿芳峪为一个行政村，曰为"北三村"，几个村轮演起来，通宵达旦，热闹非凡。正月十六全天在龙泉寺、英歌庙祭演。

过了元宵节，过年的气氛逐渐淡下来，村民又开始生产，搞备耕工作。

三　填仓

正月二十五是农家填仓的日子，晚上由家人取灶膛灰一小桶在院内撒成直径五尺的大圆圈儿，中间撒大十字，视为粮食大囤，在每个交叉点处放一摆子粮食，按院大小撒囤，数量不等，每个囤的粮食不同，用护岔盖上，次日早晨揭开让鸡鸭啄食干净，叫填仓，预示今年粮食满仓，填仓节中午要吃豆干饭。

四　龙抬头

农历二月初二这天，传说是天上主管云雨的龙王抬头的日子，从此大地回春，各种虫类开始蠕动。老百姓这天早上吃饺子叫吃龙角，吃饽饽叫吃龙蛋，吃米饭是吃龙子，吃卷子叫吃懒龙，意思是把懒龙、坏龙吃掉，唤醒好龙王保佑一年风调雨顺、五谷丰登。

五　清明节

也叫寒食节，旧时清明前后十天要给祖先添坟上土，立碑扫墓，压挂纸，烧纸钱，摆供烧香。同一家族共有一块墓地，有些富户雇用人看坟并负责种好坟周围土地，收获的粮食除供看坟人生活外，其余的粮食卖掉换钱，等来年清明全部家族的人都来上坟时会餐一顿，名为"吃伙坟"。

进入 21 世纪，传统节日被赋予了更多文化内涵。清明节时，所有族亲从外地赶来，同祭祖先后互致情感交流，有的在慎终追远、虔诚祭拜后，即踏青郊游，有的家庭照"全家福"，使清明节成为家族的团聚日。

为保护环境，村两委会禁止清明时节随意焚烧祭物，提倡文明祭扫。

六 端阳节

农历五月初五，亦称端午节，村内俗称"五月五"。节日当天，村内仍沿袭门插艾蒿、吃粽子的风俗。家长用彩布条做荷包缝在儿童腋下衣服上，女童佩戴光屁股的小儿荷包，男童佩戴小女娃儿荷包。吃的粽子，很多农家会自己包，一般以大枣、蜜枣、豆类为馅料。

七 中元节

农历七月十五，俗称"鬼节"，家家户户祭祖上坟焚烧纸箔，祭奠列祖列宗。也有的用新米、新面做供品来祭拜祖宗尝鲜儿，以示当年会有好收成，求望先人保佑五谷丰登。

八 中秋节

农历八月十五，亦称"团圆节""八月节"，有吃月饼、赏月的习俗。出门在外的要赶回家过节，子女们要给老人送酒、月饼、茶等。旧时，晚间在庭院设几案祭月，以月饼、鲜果供奉月亮神，主妇焚香跪拜，祭闭随黄钱焚化，曰"圆月"。只限妇女，有谚曰："男不圆月，女不祭灶。"祭月供品多为圆形，取"全家团圆"之意。也有以豆枝儿为供品的，意为供月宫中的神兔，使之捣药救济穷人，管住野兔不损坏庄稼。全家宴饮赏月，食俗烙糖饼、月饼，亲朋互赠，以祝贺合家团圆美满幸福。

九 重阳节

农历九月初九，俗称"九九重阳节""登高节"。旧时节日食品为年糕、切糕、蜂糕类，取"步步登高，年年高升"之意。1989 年，天津市政府定此日为"老年节"，村中老人聚在一起登山、赏菊、吃重阳糕，侃谈心中乐事。

十 寒衣节

农历十月初一，旧时有"十月一送寒衣"之说，人们多以烧纸方式祭奠故去的亲人。这天傍晚，到坟地或路边朝墓地方向画一个盆口大小的圆圈儿，留一个小口儿，烧起提前用五彩纸剪好的纸裤纸袄，边烧边念叨。

十一 腊八节

农历腊月初八，俗称"腊八"。各家早起以白米、黑米、小米加豆类（红豆、云豆、黑豆、绿豆等）及枣、核桃仁、莲子、百合、板栗等原料熬制"腊八粥"食用，象征"五谷丰登"。该日用大蒜去皮泡丁醋中封好，除夕开封食用，蒜瓣变成绿色，蒜中有醋味，醋中有蒜味，谓"腊八蒜"或"腊八醋"。

十二 庙会

小穿芳峪村民的传统庙会为每年农历二月十九英歌寨菩萨庙会、农历四月二十三峰山庙会。庙会期间农民可以不干活儿，上庙看戏，观杂耍，逛买卖摊，京津唐各地商号及杂耍团体和个人都来庙会摆摊做交易或展演，有的销售生活日用品、耕种工具、皮货、刀剪，有的拉洋片、变戏法、跑马戏、说书，有的卖膏药，还有各地传统小吃齐聚庙会。庙会往往成为当地最大规模的交易会，非常热闹，一般持续三天，深受村民喜爱。

第二章　方言谣谚

第一节　语音语汇

一　语音

小穿芳峪村语音基本为蓟州方言类属，为冀鲁官话区保（保定）唐（唐山）片蓟（蓟州）遵（遵化）小片语系，含有浓郁的冀东口音。在蓟州方言中，穿芳峪一带语音属东部分类。与临近的玉田县、宝坻区等语音相近，主要特点是习惯将那些去声与轻声组合词语的去声变读为升调，如将"院子"变读为"园子"、将"吃饭"变读为"吃"（阳平）等。

二　语汇

小穿芳峪一带的语汇也与以蓟州城区话为代表的蓟州方言存在一些差异。如将尊称"您"变称为"喽"，将"对、是"等肯定用语变称为"嗯的"等。此外，个别称谓也有变化。如称"大伯"为"大爹"等。

第二节　方言谣谚

一　方言

挨呲哒（遭到训斥）

挨鼻（受到批评）

爱咋儿咋儿（爱怎么着就怎么着）

不大点儿（比喻东西小）

把人搡得一顿（用不恰当的言语埋怨、嗔怪别人）

不落忍（不忍心）

不须会儿（不一会儿）

不大离儿（差不离）

淹洁了（糟践）

逞晒（逞能）

臭气达哄（臭气熏天）

蹭蹭地长（比喻长得非常快）

瞅不冷子（突然地）

抄凉啦（着凉）

出幺蛾子（主意或举动不符合常理）

扯臊（不符合实际）

抽勾（抓阄）

刺挠（痒痒）

叉巴啦（比喻出岔头了）

电棒儿（手电筒）

多前呀（什么时候呀）

大估摸儿（大概）

大敞窑开（指门敞开，没关闭）

后个儿（后天）

前个儿（前天）

儿咕着小孩儿（小孩骑在人的脖子上）

二青子人（二愣子）

睡二门里去了（睡得很香）

火烧火燎（比喻很着急）

晗叉吧啦（不好看）

翻叱了（翻脸了）

发毛（显得很害怕）

发瘆（很可怕）

翻个底儿倒（寻找东西很彻底）

硌硬你（讨厌你）

鬼头撒脑儿（比喻人很聪明）

嘎嘣牙（议论是非）

瞎鬼求（自作聪明）

咯吱窝（腋窝）

鬼头三脑儿（假聪明）

不搭路（不对路）

滚光圆（滴溜圆）

乱鼓攘（乱动）

疙瘩噜苏（形容疙瘩多）

各路（与众不同，偏颇）

花八地来一次（交叉，交错着）

欢阳了（高兴的样子）

后方晌儿（下午）

搅皮柴（胡搅蛮缠）

几啦拐弯（弯弯曲曲）

家八将（没外人）

抠搜（吝啬）

可惜了的（可惜）

可怜巴伴的（很可怜）

里愣歪斜（不是直线，曲折）

撸哧撸哧（整理一下）

拉拉脸子（不给人好脸色）

拉饥荒（欠债）

没着没落（比喻人的心情或没落脚之地）

抹眼泪蒿子（掉眼泪）

懒就事儿（比喻办事超近，不按规矩办）

能耐梗（好逞能，显摆）

破七十乱（比喻环境很乱不整齐）

泡土狼烟（灰尘很多，乱飞）

区青（绿色，很鲜艳）

熟腾了（比喻东西快要腐烂了）

没四至（不靠谱儿）

秃鲁皮儿啦（比喻碰破皮）

淘换来的（找寻）

扎古扎古（装扮一下）

真寸（真巧）

招活吧（大干吧）

坐大蜡啦（陷入窘境而束手无策）

二 谚语

村中民间歌谣流传很多，不同时期各有不同的形式和内容。有的是从外界输入的，有的则是村民根据生活见闻自己编写的。从内容上都是对生活的讴歌和对良善的颂扬，具有时代特色。

（一）农谚

立春雨水修置农具，惊蛰春分备肥送粪／清明谷雨点豆种棉，立夏小满引水防旱／芒种夏至抢种麦收，小暑大暑间苗耘锄／立秋处暑种菜割黍，白露秋分种麦抢收／寒露霜降晒粮归仓，立冬小雪收菜修炉／大雪冬至林果剪修，小寒大寒娱乐过年／一场秋雨一场凉，一场晚霞一场霜／头天青蜢难飞，次日准要下雨／家栽千棵柳，不用满山走／要想虫害少，除掉苗间草／旱不死的葱，饿不死的僧／七九河开河不开，八九雁来雁准来／开河不过惊蛰，雨足浇园草木柔／小驴盼清明，老牛盼谷雨／谷雨前后，种瓜种豆／夏至刮东风，麦子不中扔／夏至东风摇，麦子水中捞／水缸穿裙山戴帽，蚂蚁搬家蛇过道，燕子低飞老牛叫，蛤蟆吵坑雨就到／日晕三更雨，月晕午时风／一场秋雨一场凉，三场白露一场霜／七月十五定旱涝，八月十五定收成／八月十五云遮月，正月十五雪打灯／黑夜下雨白日晴，收得粮食无处盛／月亮带草帽，明日把雨闹／东虹云彩西虹雨，南虹出来卖儿女（指将涝）／头伏有雨，伏伏有雨；头九有雪，九九有雪／黑云黄稍子，必定下雹子／竖闪电雨成线，横闪电雹成片／天有骆驼云，雹子要来临／老石旧砖，出汗闹天／傍晚火烧云，明天晒死人／开河不过惊蛰，春分地气通／夏至雷鸣三伏旱／云彩往东，一阵大风；云彩往北，一洼大水；云彩往西，王母娘娘披蓑衣；云彩往南，王母娘娘撑船／春耕深一寸，顶上一茬粪／种地不上粪，等于瞎胡混／家土换野土，一亩顶两亩，地种十年亲如母／要吃碱地饭，就得拿粪换／种麦不怕草，就怕坷垃咬／白露早，寒露迟，秋分种麦正当时／今冬麦盖三层被，来年枕着馒头睡／五月不耙地，六月干生气／七月枣，八月梨，九月柿子红了皮／倒茬如上粪，种地要好，三年一倒／人误地一时，地误人一年／今年留下一颗草，明年一车拉不了／种蒜不出九，出九长独头／头伏萝卜二伏菜，三伏有雨种荞麦。

（二）生活谚语

瘦死的骆驼比马大／美不美，家乡水，亲不亲，故乡人／现上轿现扎耳朵眼儿／平时不烧香，临时抱佛脚／大难不死，必有后福／远亲不如近邻，近邻不如对门／大义不施，小利莫求／人穷志短，马瘦毛长／撒谎瞒不了当乡人／吃不穷，穿不穷，算计不到才受穷／宁跟明白人吵架，不跟糊涂人说话／书到用时方恨少，船到江心补漏迟／临阵磨枪不快也光／亡羊补牢，比不补牢靠／风过关门，雨过打伞／宁走十步远，不走一步险／钱财如粪土，仁义值千金／不受苦中苦，难得甜上甜／在家敬父母，不用远烧香／多年大道走成河，多年媳妇熬成婆／上梁不正下梁歪／抽巴葫芦锯不出好瓢来／少吃一口，安定一宿／饭前喝汤，苗条健康，饭后喝汤，越喝越胖／久病明药理，病好半个医／说话应在理，办事要托底／勤是摇钱树，俭是存财库／妻子勤俭，丈夫不懒／勤是耙子，俭是匣子／酒要少喝，少出灾祸／小孩要管，细树要剪／赶早别贪晚，赶晚乃出险／别在人前自夸口，强中自有强中手。

第三节　歇后语

哑巴吃黄连——有苦说不出

王八吃秤砣——铁心啦

筛子扣锅——蒸（争）不了气、赌（堵）不了气

小老妈儿坐飞艇——拌起来了

蝎子拉屎——毒（独）一粪（份）

擀面杖顶门——没权（差）儿

庄稼佬不爱财——越多越好

猪八戒照镜子——里外不是人

爷俩赶集——一大一小

纸糊的驴——大嗓门儿

懒驴拉磨——尿屎太多

泥菩萨过河——自身难保

十冬腊月生日——动（冻）手动（冻）脚

嗑瓜子嗑出臭虫来——不是个仁（人）儿

孙猴的帽子——一道箍儿

耗子咬茶盅——口口是瓷（词）儿

头顶上长疮脚后跟流脓——坏透了

张飞的妈妈——吴（无）氏（事）生飞（非）

庄稼佬不认识海蜇——白肺（费）

旗杆上扎鸡毛——好大的掸（胆）子

贴炮竹——没信儿

城里人不认识欧李儿——小杏（姓）儿

狗撵鸭子——呱呱叫

豁牙子啃西瓜——各有各的道儿

芝麻开花儿——节节高

药王爷摆手——没治

狗咬吕洞宾——不识好人心

旱甜瓜——另个味儿

兔子尾巴——长不了

擀面杖吹火 —— 一窍不通

木头眼镜儿——多一层儿

送殡的车——走后啦

破大褂子——没法缭（聊）了

蚂蚱屁股——嘴硬

土坷垃擦屁股——沫沫（磨磨）叽叽

上鞋不用锥子——针（真）好

碌碡打墙——石（实）顶石（实）

蝎子掉磨眼儿—— 一蜇一磨儿

秋后黄瓜——蔫儿啦

灶王爷打跟头——离板儿

高射炮打蚊子——大材小用

后脑勺留胡子——随便（辫）

做梦娶媳妇——想得美

拿着钱包跳井——舍命不舍财

盘子上生豆芽儿——扎不住根

没梁筲——饭桶一个

卖烧饼不拿干粮——吃货

锔锅的戴眼镜——找茬儿

墙上挂帘子——没门

燕子窝掉地上——白搭了

王家浅萝卜——心儿里美

上马伸桥走壕门——绕弯儿

腰别扁担——横闯

癞蛤蟆想吃天鹅肉——妄想爬高

屁股上挂暖壶——有一腔（定）水平

赶车的盖鞭梢——暖和一条是一条

破大褂子——没理

破垚——没法提

追蚂蚱的鸭子——穷踮

旱鸭子过河——摸不着深浅

鸭子上粪堆——穷踮

茶壶里煮饺子——有嘴倒（道）不出

哑巴吃点心——心里有数儿

黄鼠狼给鸡拜年——没安好心

纸糊的灯笼—— 一捅就破

外甥打灯笼——照舅（旧）

管丈母娘叫嫂子——没话找话儿

法官打爹——公事公办

染布缸洗澡—— 一身轻（青）

三瓣嘴儿出门子——豁去啦

罗锅子上山——前（钱）紧

草帽子耍圈儿——订好

夏天穿皮衣——时候不对

和尚打伞——无法无天

大和尚给小和尚拿虱子——庙的工儿

冻豆腐——难办（拌）

猪八戒摆手——不伺猴（候）儿

猴拿虱子——瞎掰

猴吃麻花——满拧

熊瞎子掰棒子——头掰后丢

屎壳郎进灶膛——拱火儿

屎壳郎戴花——臭美

狗拿耗子——多管闲事儿

狗掀帘子——净仗嘴皮

狗上锅台——扒扒（八八）窗帘

猴拉稀——坏肠子啦

耗子钻风箱——两头受气

蝇子落鸡蛋上——没缝儿下蛆

破钟表——没准儿

破钟——拨拨动动

老鹰叼小鸡——手拿把掐

老窝瓜——不青（轻）

包子有肉——不在褶上

玻璃杯摔坏——岁（碎）岁（碎）平安

冰糖葫芦——一串一串儿的

秋后核桃——满仁（人）儿

数三九喝凉水——寒心

三伏天穿皮袄——里外全热

张飞拿虱子——大眼瞪小眼

坐飞机吹喇叭——响（想）得真高

有棱（儿）鸡蛋——难找

炕洞劈木柴——要不开

冷锅贴饼子——溜啦

过河的卒子——横冲直闯

傻小子睡凉炕——全凭火力壮

秃子头上的虱子——明摆着

二月二饽饽——龙（聋）蛋

老姐们拜年——说说算啦

门神贴墙上——不像画（话）

老太太上鸡窝——奔（笨）蛋

老蚧吃蝇子——张口就来

老鼠舔猫鼻子——找死

老鼠拉木锨——大头在后儿

老太太吃柿子——嘬瘪子啦

老儿子娶媳妇——大事完毕

老两口子出门——老有锁（所）落

老虎吃鹿——死等

第十编
艺文杂记

　　小穿芳峪依山傍水的优美风光和纯朴民风，引得古今文人骚客到此游历吟诵，尤其是李江、王晋之、李树屏等"穿芳三隐"留下的大量诗文著述，成为难得的乡贤文化遗产。其中，"穿芳义塾碑记"记载了清代山区乡村办义学的情况，具有一定史料价值。当代人也写下大量现代歌颂赞美诗作，多在媒体上发表，也成为小穿芳峪旅游文化建设的组成部分。而传统久远的各种神话传说和真实故事，反映出村民不同时期的生活场景、意愿与追求，同样是人们精神诉求的折射，也是难得的乡村文化遗产。

天津社会科学院图书馆相关藏书

第一章 艺 文

第一节 诗歌古文

一 李江、王晋之、李树屏诗文选

以下诗文摘自《小穿芳峪艺文汇编·初编》和《小穿芳峪艺文汇编·二编》。

家山吟

蓟州古渔阳，素号山水乡。东北三十里，有峪曰穿芳。

三面山环绕，东南少开张。入山不见村，惟有树苍苍。

山山有流泉，流多源并长。夏秋水暴涨，南溪更汪洋。

穷渠灌蔬圃，曲折随园方。虽居乱山中，田畴莫不良。

一村无别业，不读便耕桑。有学申孝弟，有仓备凶荒。

薄收即乐岁，况乃足稻粱。花时开满山，万树成一香。

秋来果实熟，禾稼复丰穰。方之隐者居，兹地费评章。

秦时桃花源，吾家辋川庄。

——王晋之

歌咏穿芳峪

梨花如雪柳如烟，阁阁蛙声水满田。

携榼大家来聚饮，溪光山影落樽前。

——李江

接柿栽梨太觉迟，算来晚景不相宜。

我今但种千株柳，转眼明年挂碧丝。

——李江

野老语多趣，村童闲自渔。

晚农烟柳外，归荷夕阳锄。

——王晋之

万条柳线锁诗情，野客乘凉树作棚。

半亩菜香酣宿露，一林蝉语带秋声。

——王晋之

夹河杨柳绿交加，风送归舟落日斜。

谁把芳田添点缀，沿途栽遍小桃花。

——王晋之

杨柳阴阴覆绿隄，乱山青过小桥西。

流莺也识春光好，飞向桃花红处啼。

——李树屏

风飘柳絮团征斾，潭落桃花涌去波。

悔未寻芳纵游目，韶光九十竟蹉跎。

——李树屏

游客看花添别恨，诗人临水笑情痴。

殷勤戏嘱风前柳，更系残春住少时。

——李树屏

柴门浓覆柳阴清，茅屋疏篱书不成。

好是小桥东去路，月明添出读书声。

——李树屏

烟波空阔水程遥，晓日初晴宿雾消。

夹岸垂杨青不断，乱弹声里过苏桥。

——李树屏

梦园廿四诗

李树屏

化蝶山房

花木扶疏映小窗，黑甜乡好足徜徉。

《南华》读罢闲敧枕，更幻游仙梦一场。

泛月溪

绿波香沁落花红，流水潺湲漱石丛。

好是舟回杨柳岸，半溪明月一溪风。

漱石桥

柳阴浓覆白沙堤，隐隐飞桥跨碧溪。

斜倚赤栏闲坐听，乱泉声里水禽啼。

钟石林

钟石何时薙碧苔，云林故物漫相猜。

藤阴几点嶙嶒立，似怪游人特地来。

待月廊

昨与嫦娥约未忘，倚风小立竹阴旁。

回头忽见东山月，花影纷纷上画廊。

妙有峰

沿溪石笋钟高低，穿出花关路欲迷。

满地白云飞不起，一峰孤立竹亭西。

小山楼

羊肠儿折费跻攀，松竹烟岚翠接天。

傍晚雨馀闲眺远，乱山无数拜楼前。

梯青栈

几层萝薜络松身，绾作雕栏亚字纹。

莫笑寒儒惯偃蹇，也教平步上青云。

天半居

置身天半隔嚣埃，岚翠含云郁不开。

松际月明笙鹤过，夜深时有列仙来。

晚钓矶

桃花浪暖锦鳞肥，隔岸风来柳絮飞。

昨夜小溪初过雨，水痕涨没钓鱼矶。

韵泉亭

垂杨几树绕孤亭，落叶敲窗酒半醒。

灯影一帘秋料峭，泉声如雨梦中听。

锄云别墅

稻畦莲荡绕门前，矮屋疏篱断复连。

敲就新诗无个事，阅耕闲立柳阴边。

眠云洞

洞中幽敞绝纤尘，长夏应来避暑人。

一枕新凉贪午睡，醒时云絮满吟身。

爱日堂

堂开爱日日迟迟，乐序天伦世莫知。

春酒半阑亲半醉，教儿高唱采兰诗。

契陶庐

肃霜时节菊花天，篱畔诗情画意兼。

倚杖独吟秋色里，错教人比晋陶潜。

秋香径

西风吹得暮云开，石径阴阴绣碧苔。

月色半林凉似水，桂花香里踏秋来。

易安真境

游踪游倦掩柴关，矮屋容身署易安。

花影满庭无客到，梦醒红日已三竿。

梅坞

浑疑歧路到林家，香雪霏霏点石华。

鹤子不来人已去，空留名月伴梅花。

听秋轩

庭竹摇风闹不休，寒林落叶响飕飕。

主人别有闲情绪，斜倚轩窗独听秋。

芙蓉畔

一池红影钦残霞，色染胭脂缀露华。

最好秋光无著处，夕阳扶上拒霜花。

海棠榭

红云一簇映罘罳，破晓春寒到陂池。

人与海棠同睡足，落花风里卧敲诗。

玉龙崖

危崖孤削挂飞泉，溅沫喷珠匹练悬。

有客临风忽长啸，玉龙惊走翠微巅。

醉秋谷

丹黄璀璨遍遥峰，霜后园林设色工。

一角斜阳红树外，独持尊酒酹西风。

绿天深处

耳畔呦呦群鹿鸣，绿天深处梦分明。

醒来一笑浑无著，卧听芭蕉送雨声。

二　今人诗歌

赞小穿芳峪历史文化遗存（十四首）

园艺使者

小穿芳峪

燕山脚下有卧牛，史载七户落蓟州。

三面环山马平路，世外桃源落地图。

龙泉寺

龙泉寺庙史书有， 北魏时期把它修。

香火旺盛佛家地，平安富贵众民求。

问源草堂

四梁八柱黄草铺，木板金字皇家留。

问源草堂中间挂，崇绮踏青栽满竹。

龙泉园

两亩宅院四周房，龙泉竹亭坐李江。

看破红尘官场斗，回乡墨笔绘芬芳。

井田庐

拜把贤书八兄弟， 辞官回乡带儿妻。

九亩土地井田制， 十斗余粮救民急。

习静园

书文二弟不当官，自筹银两建学园。

决心教育来报国，悔恨当朝无人传。

响泉园

光绪三朝吏部书， 清明随帝来蓟州。

李江得知访学友，次日朝官穿芳游。

观看二泉赏卧牛，东庵院内来绘图。

提笔画地三十亩， 穿芳园艺在此修。

五亩建宅宾朋住，十亩田园配花竹。

响泉环绕宅中过，西坡柿苹观日出。

八家村馆

八家村馆忠义传，仗义救友卖房田。

穿芳三隐会贤士，留下诗赋赞家园。

半壁亭

先人做事后辈评，诚信忠善心自清。

世间万物需圆满，只求今生半壁亭。

石福树

容花独立名合欢，组石刻书尚目观。

合家兴旺本是福，民间传承儒家言。

栗子缘

邵窝独立天地间，千世相约许若言。

三枣六栗为信物，今朝共度结姻缘。

卧牛山

京东有蓟州，穿芳藏卧牛。

若想时来运，山峰嚎一嚎。

穿芳五槐

八仙春游到穿芳，缺少五行称中央。

随即点下阴阳树，榆柏加槐更吉祥。

五槐八景

山谷芬芳千年槐，古今天下聚贤才。

五槐八景阴阳顺，春季姚园报花开。

小穿芳峪游记

娑罗子

卧牛山上吼，大地为你抖一抖。卧牛山间走，绿色世界你拥有。

卧牛山庄宿，烦恼疾病不敢驻。小穿乡野游，快乐学识跟你走。

鹧鸪天·穿芳峪赞

陈德生

相聚小穿在初冬，家宴温酒泛颜红。书画展艺赠村友，铺笺挥笔诉情浓。

穿芳峪，雾朦胧，丹青香墨韵无穷。夜静无眠望明月，赋诗感念好梦同。

依恋故乡——穿芳

郑璨

今夜

我的思念又在起降

久久难入梦乡

它像个精灵

幻化成一只极小的彩蝶

蹁跹穿越古老的地平线

飞向一弯新月的小屋顶上

飞过卧牛山坡

那五颜六色的野山花香

再漫舞飘落在龙泉和响泉园旁

喝一口家乡的甘甜水

时光的记忆

再次温暖了我的心房

指尖触摸你那涓涓潺潺的丽姿

思绪绵长

情动闪烁的泪光

映在高大的柿子树上

奶奶大伯的呼唤

似乎亲切地在耳边回响

乡情再次邀我

邀我来感受这

跨时代的人间天堂

灵智的小彩蝶

再次漫步井田庐

越过石孔小木桥

来到望牛岭

那个先祖歇息过的好地方

纵览

远眺

极目四望

家乡旖旎的田园风光

激情难抑

在峡谷中震荡

你啊

我的故乡

再也不见了往日的苍凉

日月华光在感召

诗人的灵气

也如乡野山花在怒放

故乡啊

故乡

千亩林带做嫁衣

绿树掩映着别墅新房

一座座

一幢幢

男耕女织的时代早已变迁

你却

仍有着北国世外桃源的佳景可赏

白云尽情天悠悠

大地放歌人心亮

挥汗的日子不再有

笑声阵阵荡广场

土泥的褶皱容颜改

幸福的日子

播种在希望的田野上

老街

石碾

吱吱吱的音符不再唱

早已被定格在前人行过的时间隧道旁

几度飞燕

来亮剪修妆

丝丝柳眉描画了

灵悍柳的婀娜与粗壮

云杉厅前的紫砂大壶

沏开

笑迎四海宾客的美茶香

异域民俗

奇风情长

驻足回乡圆梦的美好时光

故乡啊

故乡

我日夜思念的地方

党的好政策

人民来拥护

更得益于好的带头人来提倡

众人拾柴火焰高

故乡

团结奋进

宏图画亮展

你正阔步腾飞

腾飞在

我们美丽的中华康庄大道上

小穿芳峪——等待暖春早早到来

刘荷花

在空灵中起舞

早寒冰中跳跃

一片一片青青漫漫

一片一片潇潇洒洒

晶莹的雪花

飘过卧牛山岭，飘过九霄云外

她像天女撒下的颗颗珍珠

她像银河飞溅的白色瀑布

她像昨夜扶上枝头的万朵梨花

悄悄盛开

一幢幢

青砖灰瓦水墨庭院被积雪覆盖

满目清新

满树银辉

乡野公园远山近景浑然洁白

雪，带着六角花瓣神秘的色彩

带着童话般古老的传说

带着一份诗情和画意

落在穿芳老街和小桥湖畔

净化世界，涤荡人间尘埃

雪，把美丽的小穿芳峪装扮得银光闪烁

她正跳下山岗绕过河流

在含笑中化作滴滴春雨

将牵牛山脚下

肥沃的土地精心灌溉

缕一缕清风走出云中的无奈

携一束阳光舒展凄美的姿态

雪，正敞开无私的胸怀

她在迎接八方游客

等待小穿芳峪

下一个暖春早早到来

雅友小穿芳峪行

漫步细雨中，雨幕燕子匆。

心似阳光照，虽阴亦晴空。

——杨海东

漫步细雨中，携友踏故乡，

细雨迎客忙。老槐笑招手，老街话情长。

——雨幕

细雨飘洒迎秋爽，志友小聚添诗香。

乡野山水画中游，柴门古籍话穿芳。

——雨幕

阴霾不碍小穿行，挚友相伴好心情。

诗情画意醉人心，把盏言欢笑盈盈！

——客尘

三 散文

不到穿芳不寻梦

金学钧

晚秋，小穿芳峪村老街街口，忽闻响泉叮咚有声，一架水车在村北的溪畔，沐浴着果香的晚风。毛家峪的寿星，走过山谷晚钟。此刻，牛羊下山，飞鸟归还，街巷中点起了太阳节能灯。

九月的月亮，半个身子爬上窑洞，邵窝里的菊丛缀满了星星。笑语流过夜空，丛林轻啼鸟声。房车静静，梦在月中。

清晨，公鸡啼落满天星星，小穿芳峪的村头，旭日傍着古树上升。古槐的心胸，包容日月，包容人生，包容蓟州北塞的崆峒，包容岁月的迭更。树下走过的脚印，今天却是足下生风。穿芳峪年轻了，古树获得了重生！

响泉园的古井，仿佛记得古老的井绳；响泉园的石柱，仿佛撑过古老的茅亭；响泉园的秋草，仿佛记得先祖的飞蓬。柴门草户，是另一种年轻；鸡鸣犬吠，是另一种心情；泉水叮咚，是另一种意境；晴耕雨读，是另一种途径；穿芳寻梦，是另一种豪情！

近处听泉，远处莺歌声声；近处观松，远处坝尺飞虹；近处雅赏，远处壁立半屏；近处笑语，远处已上九龙。龙泉已近，仿佛走近观澜先生，如椽巨笔，夜半寺钟。义仓义塾，铸造一代乡风！龙泉诗草，读之如沐春风；一鞭挥影，追慕一代仙踪！

农家重农耕，传家习其风；问青在山下，卧牛山几重。晋之先生未走远，穿芳峪恰似桃源中！三隐有树屏，人在山影中。井田有规制，公田在其中。八家井田在四围，中间地亩属于公。

不到穿芳不寻梦，原在桃源古树中。响泉至今唱不停，邵窝原来习古风。晚秋入穿芳，梦在香甜中！

第二节　杂　著

一　乡贤文录

穿芳义塾碑记

李江

同治九年秋，余辟园穿芳峪龙泉之上，其地泉甘土肥，宅幽势阻，窈深缭曲，殆如古所谓盘谷者。因读书其中，得与村中父老时相过从，见其习俗勤俭，风尚近古，而其子弟亦皆醇厚朴茂。易以施教，顾皆贫不能读。即或数家醵金延师，力少不继，事或以废。则又叹其僻处山谷，即欲建学敷教，亦无以为之倡也。既而，村人尹君克衡语余曰："余村田最狭，寺最多，计诸寺所占田，殆三顷有奇，往往寺富则败其戒，贫又仰食于一村，是皆于村不利。今余与村人谋，凡余村二氏之徒，去者勿复，绝者勿续。其所遗田以十亩，畀村中鳏寡孤独，居寺内奉香火。余则分而为二，以其一归于社，凡村中公费皆取给焉。以其一于村中湧泉庵立义塾，延师训子弟。"父老皆以为便，欣然为之，而不余戾也。既又念义塾费不足，则又与庠生王公毓华、李生树屏、高君文卿等，悉籍村中徭役之费为言之于前知州事宋侯彭寿，且以风晓郡中吏役之职其事者，悉以蠲之于学。义塾之费，遂以渐裕，而村中徭役，自是亦无其扰。寻礼部尚书万公青藜与前知州事蔡侯寿臻、知三河县事查侯光泰，皆义其举，各助以资，而吏部侍郎崇公

穿芳义塾残碑

绮更为孹窦榜于其学。于是，穿芳义塾遂极一时之盛。尹君又语余曰："兹学之成，公与有力，今将砻石刻文以志其事，愿公记之，俾来者有所考也。"余惟古之教者，家有塾，党有庠，非若今之合数村而始一见也。其师以德不以位，非若今之必列胶庠厕科目者，而始为师也。其教则本之孝弟忠信，而归之实践，非若今之专攻记诵词章也。是以其时教化修明德业成就，非后代所能及。自世变俗衰，学校政废，父兄不知所以为教，子弟不知所以为学，人才不出，有心者深为慨焉。今穿芳峪义塾之设，或亦讲求养正之功，屏弃俗学之陋，轻浮文而重实行，庶几不失先王立教之遗意欤！而尹君与其乡人，乃能斥异端崇儒术，不使其徒相继蔓衍于吾乡，而村中子弟，亦因之有所成就，诚能易无益为有益者。昌黎所谓庐其居，朱子所谓尽逐其人夺其所据，而悉归之学。何其能取儒先之论，而真有以见之行事也。吾知穿芳一峪，山水清奇，钟毓特盛，奋兴鼓舞，必有人才出于其间。岂惟余与尹君之所深望，抑诸公雅意培植之，必有其效者也。中宪大夫四品兵部候补主事郡人李江撰。滦榆教谕觉罗官学教习议叙知县里人王晋之书。同治九年十二月二十日。

《〈龙泉园十六景〉注》自序

李树屏

　　龙泉园者，居穿芳之谷，结北寺之邻。地僻而幽，境深且邃。加以云山回合，溪水曲环，花木扶疏，屋庐掩映，仰观俯听，得意自可忘言。搜胜抉奇，会心殊不在远。然地因人重，景自情生，不有标题，终虞湮没。我龙泉先生爱标胜概，著其大凡。煮茗品泉，尝遍穿芳之水；寻风踏月，行过龙泉之溪。波注柳池，冬时犹暖；路出霍峪，秋色争妍。荫福缘之古槐，三伏谊暑；望金灵之秋树，九日登高。半壁栖云，奇峰特立，花石夕照，晚景尤佳。若夫暮雨初来，南屏云起，晨钟甫动，北寺风清，破苍霭而访仙踪，听涛声而观瀑布，夜赏鹦哥之仙火，时来梨坞之书声，靡不足以清助诗情，新翻画本。人传胜境，迹永名山也。敬注数行，俾览者略知梗概。复饶一语，望游人更赐宠题云。

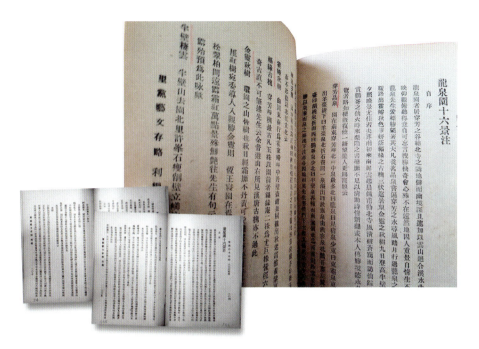

《龙泉园十六景》书影（摘自《里党艺文存略》）

穿芳品泉

园在蓟东穿芳峪北峪中，泉最多。北曰龙泉，曰星宿泉。少东曰东庵泉。东庵泉之南，复一泉出羊枣树下，曰羊枣泉。北折石窦间，一泉溢出，曰漱寒泉。由漱寒泉抵鹦哥寨左麓胡桃树畔，一泉尤盛，曰胡桃泉。折而西，曰鹦哥泉。少北曰半壁泉。再转而南逾岭，是为西溪则，妙沟泉在焉。大抵峪中之胜，以泉著。而泉之奔流下注，亦各因地而异。先生尝偕门下士携瓦铫，燃枯枝，支石山根，试以佳茗，盖靡不清冽甘芳，而龙泉尤为之最焉。

龙泉踏月

园距龙泉溪畔，林木四绕，溪水曲环。每暮雨初收，暝烟乍起，东山月上，水木空明，先生曳竹杖，蹭石梁，循曲径，小步花阴柳影中，行饭寻诗，颇极幽悄之致。

柳池冬暖

园中有池，以近柳曰柳池。引龙泉注之，荇带萦流，游鱼梭织。冬时晓汲则出气如蒸，虽极寒亦不冰。投以冰辄立化云。

霍峪秋妍

由园东南行,为霍家峪。峪中丹壁森峭,果树杂出。秋老霜酣,黄紫万状,绚烂峥嵘,鲜妍可玩。

福缘古槐

穿芳峪槐最古凡五株。以园前者福缘庵二株为尤。巨株皆径六七围,老干幽螺,清阴茂密,奇古直,不可笔述。先生云:余昔游山右,所见汉唐古槐亦不过此。

金灵秋树

环园之山,皆树也。秋日经霜,靡不丹黄。可爱惟霍峪暨园西之金灵峪为尤盛。但霍峪以丹崖红树宛委导人入观胜,金灵则恒王寝园在焉。青桐槲栎,亏蔽崖谷,登高遥瞩,时于碧瓦红墙苍松翠柏间,远露霜红万点,景殊鲜艳。往先生有句云:"锦绣堆作峰,峥嵘出烟雾。千点万点红,时自松间露。"殆预为此咏欤。

半壁栖云

半壁山去园北里许。峰石瘦削,壁立嶙峋。嶻嵲有如斧劈,下亘巨石一,横卧如两间屋,宛成一洞势,颇幽深。时有归云布满洞口。先生因以栖云名之。

花石夕照

园之南,霍峪之北,峭壁屏列,双溪带萦,濒溪断阜,坟起石作红色,旧名曰花石岩。每当夕晖斜射,水影交明,如双龙争戏火珠于霞光岚翠中。虽赤城栖霞不是过也。

南屏暮雨

立于园之南者,旧呼为南山。峰峦绵亘,山势弯环,若屏障然,故更名曰南屏。每天欲雨辄兴云雾,弥漫岩谷,拥絮堆棉,倚窗观之,如游云海。

北寺晨钟

寺即龙泉寺。土人以其依北山,故曰北寺。有黄冠居焉,朝夕焚修无间。值晓梦乍觉夜气方清,钟声宏然,四山皆应,致足发人深省。

石门苍霭

直园之南，有断崖，对立如门，俗名和尚沟。暮霭氲氲，苍紫异色，颇耐揽观。昔人句云"石门破苍霭"。此盖得之。

片石仙踪

出园北行，抵半壁山，路旁榛莽中，片石横亘，为山水穿激、风雨剥蚀，有肖杖痕、履痕暨云水痕者，山民竞传为二郎神担山遗迹。按事虽不经，留之未始不可作山中点缀、游人清赏，故亦从而仙之云。

石塔涛声

塔在龙泉寺观音殿前。高丈许，上周镌佛像，相传塔底有泉，故镇焉。时于塔根俯听其下，辄作风涛声，亦一奇也。

妙沟瀑布

环园皆水而无作瀑布者，惟园西妙沟有焉。虽流不甚久，然夏月泉发水自峭石间出，飞湍迅激，溅沫喷珠，亦称巨观。

鹦哥狐火

园北少东为鹦哥寨。山色苍秀，特立孤圆，旁无联附，上环石垒，卫以炮台。盖昔人守堡用也。今则栖道流奉大士相焉。地故多狐，士人辄呼之曰仙。每夜静山空，则吐火如球，乘风游戏，流星万点，遍满岩谷，较之元宵灯火，尚觉彼繁华而此幽隽也。

梨坞书声

园西麓多梨树。先生于其中筑室读书，颜曰梨云坞。游客时到，初不识门，但闻书声咿唔飏出梨云花影间，与风声鸟声溪流声相应答云。

自跋

右龙泉园十六景，为龙泉先生手撰，命屏注之，以作园中掌故者。客见而诘曰："历观景，佳则佳矣，但景凡十六而居园中者十不二三，并援金灵峪亦入园中，不亦妄而近于袭乎？"屏应之曰："溪山风月，无恒主人。闲者便是主人。今诸景既供龙泉先生之吟赏，荷龙泉先生之品题，即并入龙泉园中，与龙泉共传千古，应无不可否。或时一登临，藉恣游览，署作外园亦无不可。如必画界分疆，限以尺幅则隘矣。况吾人神游六合，推之田盘、庐阜、雁荡、龙湫，凡宇内名胜之区，无不可供我默游，指为我有。矧此区区近在几席之间者哉？至景引金灵，亦犹西湖名胜，敬列圣因山阴古迹，竟说禹陵也。何亵妄之有？"客笑而退。因志其语于末。未谂先生以屏言为侈焉否也。

穿芳峪龙泉园前记

李江

　　穿芳峪，在吾蓟东三十里，桃花寺山之后。峪之北有谷曰龙泉。谷之内高下田凡数区。其西北隅坦而沃者凡三亩，是为龙泉园。园固未成也，胡为记？记其意在园前，故署曰前记也。余有山水之好，环吾蓟数十里，林泉佳处盖无不游。然求其依山临水可辟而为园者，莫兹谷宜。今年春正月，余始购而有之。峪当谷之南口，自峪北行，循溪流抵山麓，历苔磴而上为龙泉寺。东下有土阜隆然曰东岗，龙泉发源处也。其西有岭，自北山横亘，抵谷而止。东南复有小山蔽之。谷四面山不甚高，然游人不入其中，杳无所见也。园之中有桃成林，梨杏错出，以十数计。余将于林罅诛茅筑室，颜曰龙泉精舍。精舍之西，有土壁峭立，穴而室之，命之曰上古居。稍南，因大石可起小楼，窗其三面，曰卧云楼。楼之南有地坟起，命守者旁植杨柳，留为好事者为余作茅亭也。绕园则密植桑榆，因编为篱。面东为柴扉，即以龙泉园榜之。园之东北，内外池各一，池深数尺，清可见底，土人云旱岁不涸也。其内池当作桔槔，足灌蔬十余畦。其外池，水自旁罅溢出，南注于溪。若作小堤，障而西流入园，可引至卧云楼前，汇为二池，一以种莲，一以蓄鱼，然后放之出园，亦妙景也。园之东为溪流，南折之始，溪之上可架石筑亭，以憩游人，当题曰枕流之亭。稍南沿溪一带可种竹数千竿。山中竹不易得，拟代以柳。柳下有地数弓，可掘为沼，以种稻。再南为桃林，为菜圃，皆在溪上。盖龙泉发源于谷之东岗，西合诸泉至枕流亭，地而渐大，折而南，凡流数百余步出峪，始没于地。自园之西北，径历三四坂登岭，西眺则烟峦重叠，树木深秀，紫翠万状，西山之胜一览靡既。友曰："是不可以不台。台之名'西爽'为称。"逾东岗而北，怪石丛立，气象阴森，有泉自石罅喷湧下注，曰漱寒泉，泉入鹦哥溪。再北为溪源，其上则鹦哥寨也。自东岗南下不数武，又得小泉，绕田东注，田平如砥，土人云是名东莽，因名之东莽泉。穿芳峪故多溪，右出者为妙沟溪，左出者为鹦哥溪，中则龙泉溪也。水为最洁，林为最茂，地为最幽，而吾园适居其最佳处。精舍成，余当与同志读书其中，以求吾志，仰而看山，俯而听泉，不为物扰，用全吾天，则庶几余之学少有所进，不徒与二三子寻隐处之乐也。

读朱子《云谷记》讫，因记此。然朱子所谓"晦庵"者，皆实境，余则若室，若亭，皆得诸想象间。嗟乎！余既无求于世，又不能既归故山，遇为之耶？抑余之不决也。同治九年三月都中记。

龙泉园后记

李江

余之为《龙泉园前记》，在同治九年春三月，其时第有可园之地而已，他无有也。是年秋九月，园始有室。又明年春，室始有垣。今年春三月，室始增，而垣亦加长。余窭人子耳。遂有此，非初意所敢及也，特更记之。园之内，凡起屋十余间，中其庭而南向者，为龙泉精舍，舍凡三间耳。其西以为庖耳。其东以代仓。其侧列于精舍前者各二间，左恒斋，右梨云馆也。障精舍而后者列五间而狭壁，而隔之樵薪、园丁、秃尾驴、农具、圃具、游具，胥于是乎在，而书史、法帖、古画、药鼎、茶铛、诗筒、酒盏，悉以庋之精舍。恒斋以课子，梨云馆以宿学侣。多其窗，将以收景。矮其垣，将以看山。茅其前，示质素也。瓦其后，防野烧也。欲圃之拓，则庐于西而隙其东。欲园之靖，则墙其内而篱其外。计用金凡数百，助于人者十之六，入之修脡者十之四。去年冬贷于人，又市山田二十亩。于是，余之园始可居，而余居山之志始益定。始余作退休计，不敢谋之诸兄，惧不吾许也。既归，不敢与京中故人通函，惧其来劝驾之书也。园成不敢令世人知，惧游人多，惊我猿鹤也。今而后，余其可以藏声卷迹于龙泉谷矣。同治十一年三月记。

响泉园记

李江

出龙泉园而东，循溪行凡数十步而溪尽，是为龙泉谷之东口。逾口又得一谷，谷中土地层累相承而多平旷，冈阜绵互，溪流演迤，人家三五，出没林麓，怪石错出，卧立低昂，姿态各具。其西南山坳，林木荟蔚，鸣泉喷薄，地为特幽，而响泉园适筑其中。园为屺村老人建，中为茅茅屋三间，榜曰潾碧山房，后列室数楹，以栖守者。山房之前为潾碧池，池长二丈，深可及腰，众流所汇也。盖院中凡二泉，一出山房后窗下，以游人至必憩于此，因命之曰憩泉；一出山房前窗之西南，以其近而可把，则以把泉名焉。把泉甫出即蓄，甫蓄即折，于其巅作瀑布而下注于潾碧池。憩泉亦自后院穿垣南流，而会于池内。两泉既合，又自池隙南溢，潴为小池，然后曲折放之出院。院之为地，高下不一，而流水之声为潺潺，为汩汩，为泠泠，为虢虢，其疾徐、轻重、短长，亦因之而异。而总之自昼至夜，不绝于耳，此响泉之园主人所由名也。把泉之上为长坡，坡之际草木蒙密，蔓络藓封，而羊枣三株尤奇。古垣之东为莲沼，为稻畦，为菜圃，绣错绮交，翠色可撷。山房于四面作窗，卧牛山适屏其前。其北则乱山重叠，攒拥拱揖。鹦哥寨孤圆特秀，恰当其北窗。每天阴雨作，开轩四眺，山色空蒙，云气环合，烟雨迷离之景，画所不到。已而天开虹见，云退峰出，朝暾夕照，掩映明灭，彩翠变幻，顷刻殊观，然后叹兹园之奇在泉，而其他景之可玩者，亦骚人逸士穷日累月领略之所未尽也。自江辟龙泉园于穿芳峪，而师友之同志者，往往相依卜筑，以弄泉抚石为读书谈道之助，而林之蔚，泉之近，坡陀之迤，靡地势之高旷，而幽邃皆不及此。噫，是可记矣。

五槐诗

李树屏

余村有古槐五，涌泉庵与村口福缘庵各有其二，其一则在村人高云书文卿宅畔，皆数百年物也，因为《五槐诗》志之。

一槐夭矫如游龙，一槐横卧如长虹。两槐相向寺傍立，清阴交覆仙人宫。更有两槐峙村口，俨若当关坐相守。终年看尽往来人，暗笑劳劳苦奔走。其一特地能择地，高人宅畔钟灵异。枝头向晚液争流，伫待明朝风雨至。【枝头一细孔，每天欲雨辄流液，历验不爽。】村人争欲纳凉来，风吹树底无纤埃。绿阴满地不知暑，吟风细细蝉声哀。就中一株称巨擘，数抱不交高尺百。

叶密枝繁腹竟空，多时疑有精灵宅。余亦难征种植年，曾覆村人鼻祖树。阴眠孙枝近日亦成栋，秋风落实惊如拳。临风悄向五槐问，百年应觉不逾瞬。严霜繁露几曾经，村中往迹难重认。沧海桑田迹已残，枯根依旧石间蟠。无言郁郁阅人代，对之宜作古人看。看来枝老根株重，伤心材大难为用。五槐诗就且长吟，萧然我作南柯梦。

二 村人著述

民国以来，村文化人注重流传于村内的教材著述的整理和村史、家史的编写，或根据自身经历写出日记、回忆录，有的还集结成书。其中较有影响的有《莺山日记》《故事辑文》《六十年回忆》等。今人孟庆志写有《我的生活回忆》、郑中和著有《穿芳风物》《小穿芳峪史话》等，均客观真实地记述了村域历史和个人经历，成为乡村文化建设的重要成果。

第二章 传说故事

第一节 传 说

神槐的传说

穿芳峪原有古槐很多，现只存三棵老槐。其中"唐槐"干径六搂半，树老腹空，可容纳五六个人，奇怪的是腹中竟然生长一棵大榆树，枝繁叶茂，其根下还有一个一搂半粗的榆树根，可知现存榆树已是第二代，"槐抱榆"由此得名。另外，古槐树于缺损处有一块清代状元崇绮题的"唐槐"二字石碑，更使此槐远近闻名。

有人说此槐树是唐代槐树，也有人说早在汉代建村修庙时已有此槐。

传说很早以前，村中来了一个打铁的，在树下安炉做营生，一天打铁时，飞起一颗火星儿，落在朽树干上着了火，虽火势很快被用水泼灭，但树身被烧出一个大空洞。有一天阴云密布，炸雷滚滚，顷刻间大雨倾盆，此时跑来一个美貌女子，到树下跪地求救，说也奇怪，一个枝杈垂下挂起女子放入洞中。不一会儿，雷停雨息，天色转晴，女子因而得救。此后，女子每年于这日必来祭拜，每次都焚香摆供，引起村民蔡老汉注意，于是老汉便上前问她是怎么回事。这个女子说，自己是榆钱儿仙子，专为灾荒年月救济穷苦百姓，让灾民采摘榆钱儿充饥，这样做受到灾民感激，却被椿妖嫉妒，就编织谎言，骗天神捉拿她，她无处藏躲，只得跑来向老槐求救，老槐应允其住在树洞中。仙子住入树洞后，变成一棵粗壮的高大榆树。

椿妖后来发现榆仙没死，又骗天神以雷炸死榆树。蔡老汉心知此情，便向真武庙的真武神祈求，让榆树复生，此后真有一棵榆树生长起来，就是今天的这棵榆树。村民说：这是上天赐老槐为神槐，来保佑一方平安。而有坏心的椿妖永远让人唾骂，被叫做"臭椿"，只活一二十年就会被砍掉。

穿芳峪和附近村民非常崇敬神槐，流传有"千年松万年柏，不如老槐跶一跶"之说，认为一心向善、为百姓做好事的都可福报。诚心焚香祭拜者，用丝带留下名姓的，神槐也会赐福增寿。近年外地参祈神槐的人有很多，观览者络绎不绝。（郑中和整理）

"唐槐"碑的由来

古槐被雷炸，树身亏损一块，为人所痛惜，也有碍观瞻。后来，清代一位著名人物来村时，便题刻"唐槐"二字在一块碑石上，镶嵌在亏损之处。

这人便是清代唯一的旗人状元、时任吏部侍郎的文山人崇绮。立碑时间是光绪二年十二月。

但看过这碑的人都会纳闷：唐槐的"槐"字的鬼字上面没有撇儿、鬼字的勾中不是"厶"却是一个点儿，这是怎么回事？

原来，崇绮是满族人，与"穿芳三隐"结盟交好，来穿芳峪拜访同年好友李江时，发现穿芳峪是个山清水秀、文明礼仪之乡，便请李江帮着买地，在村卧牛山后建问源草堂。这天，在寻访村人王晋之时，见村头古槐树身残缺，便出资题刻石碑，树立在亏损处。

王晋之见石碑上槐字不全，问崇绮是何意？崇绮说：穿芳峪是文明礼仪之村，这棵槐树是村的象征，怎能见"鬼"呢？所以才把撇儿免掉；另外，穿芳峪的人真心向善，更不能有"厶"字出现。厶是今私字的古写，所以"厶"用以点代之。故此把槐字刻成这个样子——蕴含着对穿芳峪村良风美俗的赞颂。

这就是"唐槐"碑的由来。（郑中和整理）

卧牛山传说

在穿芳峪镇小穿芳峪村西北有一座山，此山不高，只有二百多米，从远处看就象一头老牛卧在那里，人们都叫它卧牛山。卧牛山真可算是一块风水宝地。山前山后生长着各种果树，春夏秋三季有果；栽种着杨柳、云杉、白蜡等各种景观树，四季风光不同。那么卧牛山到底是怎么来的呢？这里还有一段神奇的传说：

话说很久很久以前，穿芳峪境内不知打哪来了一只山魈，此物身形巨大，有人一样的四肢，马猴一样的脸，浑身长满了棕色的长毛。这家伙来到这里一天也没消停，成日里偷鸡摸狗，破坏庄稼，更可恨的是还时常到村子里抓小孩子吃，坏事干尽。老百姓们吓坏了，不管是白天黑夜都紧锁门户，躲在屋子里求神拜佛，祈求老天爷赶快把这个害人的怪物赶走。很快，山魈害人的事被当地的土地神知道了。大家都知道，土地是神仙里级别最低的，也没什么厉害的法术，除了上天遁地之外，最大的本事就是把凡间发生的事向玉帝禀告，这就算是尽职尽责了。穿芳峪的土地知道山魈害人的事之后，来到天宫向玉皇大帝进行禀报。玉帝一听小小一只山魈居然如此胆大妄为，立即拨出令牌，敕令天蓬元帅（也就是后来的猪八戒）连夜下界捉拿山魈，为民除害。想那山魈也是小有道行，天蓬元帅的厉害他是知道的，见天蓬元帅来捉拿他，撒丫子就跑，从东水厂、西水厂、坝尺峪一直跑到了半壁山。天蓬元帅紧追其后，一边追一边抡起钉钯左一下、右一下地猛打，想尽快把山魈制服。谁知山魈虽然身形巨大，动作倒是挺麻利，天蓬元帅没有耙到他，却在山梁上留下许多钯子印，形成了现在的坝尺峪。这一神一怪你追我赶，到了现在的半壁山地界，山魈跑也跑累了，见眼前孤孤立立一座小山，就钻到山底下躲了起来。天蓬元帅追也追急了，眼看天就亮了，再不捉住山魈就没法回去向玉帝复命，只见他扬起钉耙使出全身的力气照着山魈藏身的小山就砍了下去，只听山崩地裂一声巨响，小山被钉耙削下去一大半，这就形成了现在的半壁山。这一下把山魈吓得再也藏不住了，哆哆嗦嗦地钻了出来，跪倒在天蓬元帅面前请求饶恕。

　　这声巨响不仅吓住了山魈，也吓坏了正在此地闲游的一头大青牛。这头牛原本也非凡间的耕牛，本是上天太上老君的青牛坐骑，趁着老君不注意来到下界看风景，正在悠哉之时，突见天蓬元帅气势汹汹而来，又整出如此动静，以为是主人派下来捉拿他的，吓得撒腿就跑。跑着跑着到了小穿芳峪境内，老青牛发觉身后没动静，天蓬元帅没追过来，顿时松了一口气，放慢了速度。只是跑了大半个时辰，觉得又渴又累，刚好前面不远的地方有一泓泉水哗哗地流着，便颠颠儿地跑泉边大口大口地喝将起来。泉水很甜，大青牛已经渴极，喝着喝着便忘了时辰，东方的天空渐渐泛起鱼肚白，一声鸡叫惊觉了正在饮水的大青牛，眼见着天亮了，再也来不及回到仙界陪伴他的主人了，无奈地冲着上天长叫了一声，缓缓卧下不再动弹，慢慢变成了一座山，也就是现在的卧牛山。那青牛饮水的泉就是现在的响泉。（时会芳整理）

水冲龙伐木

在半壁山村南，有处如刀削斧劈一样直立的悬崖峭壁，崖壁下有座俯卧着的半拉山。从整体看，应该是一座完整山峰，可一半直立呈悬崖状，一半又呈俯卧状，令人不解。听老人们讲：一天东海龙王要重修龙宫，龙宫用的木材须采用双芯木，双芯木只有穿芳峪一带才有。于是龙王就派小白龙手持玉帝法旨，率领虾兵蟹将来到穿芳峪地界伐木。虾兵蟹将白天砍伐树木，夜间就住到现在响泉园处一对老夫妻家。这老两口心地善良，勤劳朴实，男人白天和他们一起上山伐木，女人就在家招待这些砍树者。有天夜里出屋小解，发现原来马棚里好多的马不见了，正要喊人，突然发现马棚里、料槽子里都是特大个的虾米——原来那些马都是虾米变的。她吓坏了，忙回屋叫醒丈夫，丈夫悄悄地趴窗户一看，屋子里睡着的也都是王八和螃蟹。他一下明白了，这些干活的可不是一般人，而是这些神物的化身。夫妻俩吓得不轻，不声不响地回屋睡觉。第二天早晨，这伙人继续上山伐木，其中一个头目模样的人，交给老太太一根筷子，告诉她如果夜里下大雨不要出屋，把筷子别在门上就行。

这些人将双芯木全部砍伐掉，正为木材运走发愁，突天降大雨，山洪暴发，砍伐的双芯木全沿着山沟顺流而下，到了现在的半壁山村南，一座小山挡住了去路，这时就听"咔嚓"一个大炸雷，将山一劈两半，洪水从中间冲出一条河道，双芯木顺着河走。大雨下了整整三天三夜，眼看大水要把穿芳峪村子冲毁，就听天空中有个声音喊道："别冲走穿芳峪，这里还有'一个半'好人呢！"洪水果然躲开穿芳峪，在村东冲出一条河道，直奔姚铺洼而去。原来那时男人是一个人，女人算半拉人。这"一个半好人"说的就是那对老夫妻！这样，穿芳峪村没有被淹没冲毁，老夫妻家破旧的房子在大雨中，也因那双特殊的筷子而安然无恙。这就是当地流传

广泛的"龙伐木"的故事，也是后来人们所说"龙爪半壁山，水冲姚铺洼"之典故的由来。（孟庆志整理）

挂钟的传说

明代永乐八年夏初，柏树沟古刹方丈来龙泉寺传授经法，还邀玄贞观主持和莺歌庙老尼也来参禅论道。佛事结束那天，老方丈说："我要到外地化缘，可能去三四十天。我走后，请各庙观建造钟楼，我回来之前要竣工。八月初二夜半，在各钟楼地面中心点燃一支香为号，同时挂钟。告诉众徒到时不管有啥声响，不准出外观看，切记！千万不要在挂钟时出现差错。"说完飘然出寺而去。

八月初二这天夜里，伸手不见五指，玄贞观老主持出外化缘未归，没人在钟楼内点香，挂钟时找不到位置，误把给莺歌庙的小钟挂在庙西歪脖杏树上了。龙泉寺的老僧把香点好后进禅房等待，此时，一位小沙弥去茅厕撒尿，刚到天王殿后，听到空中呜呜作响，很害怕，抬头一看，一物有塔般大朝他压下来。小沙弥回头就跑，刚到柏树下，此物扣在他的身旁，顿时吓得昏迷过去。醒来时太阳已升起，有几个师兄弟在呼唤他，这时他才看到，原来夜间的怪物是一口大铁钟，钟的下轮角都已陷入地面。此钟高四尺四寸，厚五寸，足有数百斤重，钟面铸刻着经文、佛戒等。这口钟历经几个朝代，一直扣在树下，龙泉寺虽有钟楼，一直未挂钟。

英歌山庙老尼依训，那天在钟楼下点香。第二天，发现钟楼上挂了一口特大号的铁钟，比龙泉寺那口钟还大，令人称奇。

这传说缘于英歌山庙，其位于山顶，四周陡峭，只有弯曲的羊肠小道，人们疑惑大钟是如何能运到山上？又是怎样挂上去？玄贞观建在山下平坦地方，庙宇大，反挂一口高不足三尺的小钟？又为何有钟楼不用，却偏偏挂在歪脖杏树上？龙泉寺天王殿西面有钟楼，钟却放在距楼几十丈远的树下？因诸般不可解，人们便疑有神力或玄妙处。后人做打油诗道："玄贞道观家底厚，小钟却挂歪脖树。大钟仰卧朝天看，龙泉寺内未上楼。穆柯寨山庙虽小，为何大钟这里有？先人不曾解谜团，今朝寻梦访老叟。"（孟庆志整理）

小龟山的传说

在穿芳峪村南下坎，有个小山包，形似一只小乌龟，头冲西南尾朝东北方向，常年俯卧于此。据说，那是一只小神龟夜间出来找水喝，一时贪玩没及时回家，眼见东方天空露出鱼肚白，"喔喔"一声鸡叫天就亮了，可是那只小神龟再也回不去了，就定格在这里，幻化成一座小小的山包。小乌龟头部土坎上方，住着南山村一户周姓人家，人称家主为"老周五爷子"，奇的是人们从来没看过老五爷子学过木匠，做出的活计却巧妙精细，特别是做驴驮子、马鞍子、大木桶更是拿手绝活，是十里八村谁也比不了的巧手木匠。有人说，就是他家的地势好，那只小乌龟显神灵佑助他呢！

龙泉神水

在卧牛山畔有一个清澈的水潭，水由山上汩汩而下，远远一望，水流在满坡绿草的衬映下，像是一条绿色的瀑布。水落处长期被冲击，形成了一个积水的水潭，山泉水碧绿清澈，又从山上流来，当地人便称之为龙泉潭。

相传早年泉边住着一户人家，夫妻俩男耕女织，其乐融融。后来生了一个女儿，给家里带来了更多欢乐。

那时，人们流行定娃娃亲。女儿不满周岁，便由走街串户的媒婆给说定了山后的一户人家，两家订下了亲事。

不承想，十年后男孩生得眉清目秀，女孩却是长相一般，而且脸上有不少雀斑，父母暗中叹气不说，女孩也是心里不乐。后来，男方家里听说女孩不美，脸有斑点，便有意悔婚，找到媒人试探口气。媒婆虽知女孩相貌不般配，但还是想撮合成这桩婚事，就向男家说道："女大十八变，越变越好看。女孩还小，谁也保不准长大了不会变成一个美女！"男方听了不好多说，只得摇头走开了。

男方有意悔婚的事传到了姑娘家。渐渐懂事的姑娘心中烦闷，便常常来到翠流湖边，对着潭水出神，有时也到潭中洗浴，渴了就喝潭中的泉水。渐渐地，枯黄的脸上泛出了红晕，眉目越来越清秀，再后来脸上的雀斑也消失得干干净净，变成一个白皙漂亮、亭亭玉立的大美女，山前山后的人们无不称奇。姑娘还特别善良贤惠，勤劳能干，认识的人无不夸赞。男方听说后，便和媒婆一起上门来订迎娶日期。女家记起前事，便推说女儿貌丑不相匹配，请求退婚。男家忙作揖打躬，口中赔礼不迭，媒人也在旁连说好话。女家见状，一笑而罢。于是，两家择吉选定婚期，终于结成美满姻缘。

此后，人们便争相饮用这翠流潭的泉水，还把这水说成是能使人变丑为美的神水。

第二节　故　事

一　古代故事

尼姑还俗

穿芳峪村中路北有一古庙，庙名中月庵，又叫福缘庵。庵主老尼叫王月平，是本县溯河村人。身边尼徒叫静月，年方二八，长得眉目清秀，自幼读书识字，能抄经绘画，裁衣刺绣，性格和善温顺，老尼喜欢，众人夸赞。师徒二人在庵修行，与村人相处和睦。庵有香火地六亩，在白土子山东下坡，耕种雇工。有时静月也去摘取瓜果。

民国初年的一天，静月去香火地摘豆荚，遇到一个在附近干活的青年，名叫蔡士文，保定人，在穿芳峪打工。静月口渴，便向士文讨水喝，二人坐下来一块休息，各问对方的身世。士文十八岁，浓眉大眼，身材健壮，而静月虽是尼姑打扮，却艳似桃花，粉面含羞，越显俊俏。二人言谈投机，互生爱意，便订下终身之约，并不顾俗规和戒律，结合在一起。

三个月后，静月显出身孕，自然被师父月平察觉，她把静月痛打一顿后，逼令打胎或自缢以保庵堂净土。

静月心有不甘，觑得方便去找士文商议。士文颇有胆识，便找到村中素有威望的朱云仁老伯，诉说前事，请老伯出面说情，求老尼宽恕静月，写文书让其还俗。朱云仁仗义相助，找到月平，劝说成全两位年轻人的心愿。月平心知无可挽回，又看在朱云仁面上，只好允其所请。静月还俗后，仍改叫前名杨玉姣，与士文欢天喜地回到老家生活，结成名正言顺的夫妻，后生下一子。二人不忘朱老伯恩德，认老伯为义父，并把暮年的朱老伯接到保定供养，改叫父亲，组成一个新的美满家庭。

这一段真实的故事在穿芳峪多年传为佳话。

卧牛山与望牛岭

俗话讲："天上一天，地上一年。"话说七月七的夜晚，牛郎带着一双儿女，追赶妻子织女到了天河边。此举，感动了老王母。她命令喜鹊，每年的七夕为他们搭桥相会。

这一日，牛郎含泪返回了人间，他来到家里，猛然想起自家的那头小牛犊来。于是，便四下寻找。他找呀找，终于打听到了小牛犊子的去向。原来，这只正在成长之中的小牛，当看到牛郎身披大牛的牛皮，脚绑大牛的蹄子，肩担两个大箩筐中的孩子，去追赶妻子织女的时候，这只小牛便马上像疯了一样地去追赶牛郎。它脚不停蹄地追呀追！想它还只是一只正在成长中的人间凡牛啊！正在它追得精疲力尽口渴难耐之时，突然听到了青龙山下有汩汩的泉水声作响。于是，它欣喜若狂，直奔青龙山前。牛儿在这里畅快地痛饮了一番甘甜的清泉水之后，久经奔波劳累的身体越发疲惫，便不知不觉地爬卧在大泉水池前，静静地睡去了。

小牛在睡梦中，见到了牛郎和妈妈，它激动地留下了两行清泪。小牛的义举感动了天地之神，便立刻让小牛变成了一座小山包，使它的生命之躯化为永恒。小牛的两滴眼泪也化作了两道小清泉，也就是后来人们常见的龙泉园里的龙泉和响泉园中的响泉。

当牛郎寻访小牛，找到了风景如画的穿乡时候，他站在小穿芳峪村前那座高高的黄土岭上，放眼望去青龙池边，那里哪还有他的小牛呀！只见高高的青龙山下，清澈的龙泉边，一座秀美的卧牛小山端卧在眼前。

从此，一个有关卧牛山和望牛岭的美丽传说，便在穿乡这一代流传开来。（郑璨整理）

二　现代故事

常海学艺斗凶顽

常海原本不是小穿芳峪人，他 1904 年生在南山村，早年父母双亡。

某年的一天，他正在山外给人做农活，忽然大雨滂沱，地里没法干活儿，就提前回家了。走到村头，发现道沟里有一个物体在动，他走过去一看，原来是一个人，忙问道："你咋了？"那人浑身是水，紧闭着双眼，说不出话来，看穿着像是个和尚。

常海意识到这是一个病人，如果没人管可能会死在这里，便背起那个人，一口气跑到家里，烧热水给那人擦干净身子，盖上被子，又做了一大碗白薯面疙瘩汤喂下。

那人醒了过来，说自己是一个云游僧人，因路上得重病才昏倒在道沟里，常海安顿僧人休息，便上山采来草药为他调治。半个月后，僧人痊愈了，对常海说："施主，你与佛有缘。我有一身武艺，想教你几手，以作防身之用。"常海忙磕头拜师，僧人将他扶起，便收常海为徒。

从此，白天常海去扛活，僧人去化缘，晚上僧人教常海武艺。

半年下来，常海大有长进，要跟僧人出家，僧人死活不答应。一天夜里，僧人悄没声地离开了。

僧人走后，常海照常练武。

抗日战争暴发后，常海给八路军抬担架、送粮食，成了支前模范。有一天夜里，常海和几个人接受了往盘山给八路军送粮食的任务，路上与一伙不明来路的人相遇，那些人直接抢粮食，常海一个人便把那伙人打得人仰马翻，仓皇而逃，还丢在现场一把大刀。拂晓时分，常海等人把粮食一粒不少地交给八路军，也把大刀送给八路军。

常海40岁时，经人撮合倒插门来到小穿芳峪。婚后生育两女。女儿长大后，想让爸爸教武艺，常海不教；村里有人想学，他推说不会。一次，生产队有几个毛头小子要试试常海的能耐，冷不防一起向常海发起进攻。可是，常海就像一棵扎下根的大树，纹丝不动。几个人苦苦央求："您就给我们露一手儿吧。"常海说；"行，你们几个一起上。"领头的小子喊了声"上"！可没见常海使什么招术，几个小子都倒在了地上。还有一次生产队杀牛，刀"崩"了，带伤的牛在村里横冲直闯，常海见状冲上去，迎头猛击一掌，牛应声倒地，剥开牛皮一看，牛头骨已粉碎。

村里人说，常海简直就是个谜一样的人，可惜一身的武艺没传下来。

（王广山整理）

瓦盆张轶事

历史上，小穿芳峪曾经有个瓦盆张家，由于瓦盆退出了人们的生活，瓦盆也就逐渐为人们所淡忘了。只有瓦盆张的第四代后人张小猛还能说出一二。下面是张小猛的讲述。

爷爷跟我讲过，清咸丰八年（1858），山东邹县张富庄久旱不雨，地里的庄稼都烧了香，颗粒无收已成定局。

我老太爷把最后一锅旱烟抽完，在鞋底下磕净烟灰，咬了咬牙，"走吧，这儿活不了了"，老太爷无奈地对老太说。

第二天，一家五口人在祖坟前磕了三个头："不孝子孙走了。"

天津是大城市，人多，家家都用得上瓦盆，瓦盆窑少不了，凭我的烧盆手艺，给谁扛活，养活这一家子还是没问题的。我老太爷心里有底。

到了天津，老太爷傻眼了。天津正在打仗，大街小巷都是乱兵，别说找地方给别人烧盆了，找个存身的地方都没有。

一家人离开天津继续往北行，经过几天的跋涉，来到蓟县的穿芳峪，这里三面环山，山清水秀，两棵老槐树站在路旁，仿佛在告诉我老太爷，这里就是他的落脚之地。

那天正是英歌庙大集，街头有一个卦摊儿，老太爷请先生算了一卦，先生说："不能再走了，再走就是死路了。"老太爷付了卦银，走进村子。

当时，大穿芳峪和小穿芳峪是一个村，老太爷想买下或租一块地方，可围着村子转了三天，也没找到合适的。天快黑了，一个白发老汉走到街上："你是憨宝的南蛮子吧？""我是逃荒的，想买一小块地在这住下。"老太爷说。老汉说："我这儿倒有一块地想出手。"这真是踏破铁鞋无觅处，得来全不费功夫，我老太爷眼前一亮，当即去看了地方。

这个地方真好，山坡的黏土地，土质很干净，山坡下就是水，取水非常方便，很适合烧窑制作瓦盆。第二天，老太爷求卖地的老人请来了村里管事的和街坊，立下字据。第三天，一家人齐动手，开始盘窑，穿芳峪人像看耍猴儿的一样，来看张家干活。两个月后，一个盆窑盘成了，冒烟，住火，第一窑瓦盆出窑了。那质地，比在山东烧得还好。老太爷拿起一个大盆托在手上，捡起一块小石头敲起来，当当作响，声似洪钟。乡亲们闻声过来，人人夸好。

为了答谢乡亲们，第一窑盆没卖，全部送给了大家。

有心栽花花不开，无心插柳柳成行。送给大家的瓦盆成了广告，三里五村都知道这里出了个瓦盆张。老太爷后来把手艺传给了我的三个爷爷，爷四个一起干，这下子了不得了，有贩土的，有摔坯子的，有烧窑的，成了流水作业。盆子的个头有大有小，大的一个人搂不过来，小的形似酒杯。花色有素的，有阴花的，有阳花的，有人物的，有动物的，还有带故事情节的。

瓦盆张出了名，买瓦盆的纷至沓来。由于我老太爷和三个爷爷心术正，有十个卖瓦盆的和我爷爷拜了干哥们。

后来，日本鬼子来了，我爷爷加入了共产党，成了共产党的交通员。县大队刘吉抗大队长多次在窑地开会，安排抗日工作。我爷爷的十个干哥们也都走上了抗日道路，以卖盆为掩护，给八路军送情报，形成了一个看不见的情报网。当时，我奶奶年轻好胜，也要求加入共产党，经过讨论，允许其入党。当天，我奶奶没跟我爷说，就去马伸桥串了一趟亲戚，回来后，我爷爷火冒三丈，当即把我奶奶给开除了，我奶奶的党龄只有一天。

后来，瓦盆不吃香了，盆窑就荒废了，现在只能隐约找到窑址。（王广山整理）

"龙泉酿"酒作坊

中华大地西高东低，三级阶梯，大凡河流都自西向东流。然而，蓟州的州河则反其道而行之，在州河北岸有一个小山村——穿芳峪，群山环抱，植被繁茂，一条小河从村中流过，弯弯曲曲地汇入州河。

早年，由于水源丰沛，小河所经之处，高粱年年丰收。由于高粱扛旱耐耐涝，人们也习惯种高粱，每年中秋时节，州河两岸满目通红。由于这里水好、高粱旺，明朝中期，小穿芳峪域内的尹氏家族办起了一个酿酒作坊，选址在卧牛山下的宽敞地界。起初，这个作坊规模很小，产量只够方圆五六里村子的老人们喝。由于掌门人尹德兴收高粱价格公道、卖酒货真价实，把酒糟送给乡亲们喂猪，谁家遇到天灾人祸总要周济一二。一来二去，人们送给尹德兴一个外号——尹善人。一传十、十传百，往东传到遵化，往西传到蓟县城。小小的作坊门庭若市，应接不暇，没有办法，只好扩大规模。因为坐落位置与龙泉很近，穿芳酒坊给自己的酒起了一个响亮的名字——龙泉酿。

到了明朝晚期，兵荒马乱，民不聊生，酒作坊举步维艰，几乎倒闭。

清康熙年间，社会秩序逐步稳定，穿芳酒坊有了转机，尹德兴的后人重操旧业，靠着尹善人的名望，龙泉酿再度香飘穿芳峪。后来康熙帝的两个孙子先后葬于小穿芳峪西面果香峪，朝廷派17名兵卒守陵，守陵兵卒成了穿芳酒坊的常客。守卫果香峪陵墓的兵卒和守卫清东陵的兵卒多有来往，把龙泉酿推荐给了守卫清东陵的官兵。清东陵驻有重兵，高层官员能够喝朝廷送来的酒，下层守陵人还得喝自己买的酒，龙泉酿成了东陵守陵人的"特供酒"。

清同治年间，李江率好友来穿芳峪定居，耕读之余也开始酿酒自乐。村人尹玉璿是李江等人的总管事，正好将家传的酿酒技术表现出来。京城的皇族崇绮在穿芳峪建起了问源草堂，众好友时常聚会，吟诗抒情、品茶饮酒，尹家的龙泉酿颇得崇绮赏赞，而李树屏用响泉园井水酿出的酒更属上乘。有诗为证："辟地种秫，即以酿酒。""已见何须诉别情，且持樽酒饮山城。明朝更取龙泉酿，共向田盘顶上倾。"

刘学良听家中老人讲，尹家后来恢复了酒作坊，借助几位京官的推介，烧酒远销京城，每三天送一车酒，酒作坊是两扇大门对开，就是为了方便车辆进出。相传，崇绮曾携龙泉酿进宫，为慈禧贺寿。尹家后来衰落，半壁山刘氏买下了尹氏多块地产，也接手了酒作坊，将酒坊改名为"刘记烧锅"，在本地小有名气。

抗日战争时期，共产党员刘秀松奉命回穿芳峪组织革命工作，将同族兄弟的酒作坊改建为地下兵工厂，又是一段佳话。（王广山整理）

白合救伤员

1944年秋，我十三团小通讯员从下营去英歌寨联系县大队，刚到穿芳峪东头，迎面碰上几个伪军，盘问是干什么的，去哪里。小通讯员说："下地看看庄稼成熟没有。"伪军小队长说："不对，一看你不是庄稼人。"说着几个伪军围上来要搜身，小战士灵机一动，向北喊了一句："同志们！这儿有几个伪军。"

趁机跑向玉米地，伪军回过神来，胡乱向玉米地打枪。正在这时，我县大队赶到，伪军不顾追小战士，立即逃向东岭了。县大队员开枪射击，打倒了一个伪军，其余几个没命地跑入青纱帐。这时，穿芳峪村干部白合到村头查看情况，发现有血迹，知有人受伤，按血迹找到受伤的小战士，见他血从手指缝还流着。白合问是干什么的，小战士喘着气说是十三团通讯员，要找县大队长刘继抗通报紧急任务。让白合别管自己，快去英歌寨报告。白合立即去往英歌寨，路上正碰上押着受伤伪军的县大队，当下说明情况，才知领头的就是大队长刘继抗。刘继抗让白合马上去救那位小战士。

白合迅速返回，从地里找到小战士，撕开汗衫包裹伤口后背回家中，又帮助清洗伤口，派人找来懂医术的村民郑润给上药，进行重新包扎。

小战士在白合家养伤二十多天，白合像对待亲人一样尽心照顾，炖鸡汤，捕鱼虾，为他调养身体。日伪来清乡讨伐，家人便背着小战士到卧牛山后松林躲藏，直到伤口完全愈合。

后来，十三团二营营长张国志骑马来接小战士归队，奖励给白合三十斤小米票和一件军上衣。军衣一直被白合珍藏，平日从不舍得穿一次，直到去世。

硬汉子突击队

1965年4月，为适应全国民兵大比武的形势，穿芳峪大队（村）党支部，选派蔡森为民兵连长，成立硬汉子突击队。在蔡森的带领下，硬汉子突击队留下了一段感人的篇章。

蔡森当时22岁，有胆子有点子，能说能做，年轻有为，组织能力强。

当时全村有 6 个生产队，他从大小生产队的民兵骨干里挑选出 16 人，其中大队 4 人，各个小队每队 2 人，组成了一支精明强干的"青年突击队"。在他带领下，凡是村党支部交给青年突击队的各项任务都能提前完成，党支部非常满意。这个突击队劳动生产战斗化，纪律行动军事化，小伙子们热情高涨，一个个生龙活虎，士气旺盛。为了提高民兵连的战斗力，提高劳动效率，后来又从各生产队抽出 8 人充实到青年突击队里来。6 个生产队哪个队有硬任务，只要接到通知，突击队员们就雷厉风行，打着红旗排着整齐的队伍进入劳动阵地。只要任务一下达，青年小伙子们就你追我赶，谁也不甘示弱，很快就结束战斗。所以这支队伍受到了生产队长的夸奖和社员们的拥戴。

村党支部对青年突击队的工作非常支持。青年突击队的劳动效率超出普通社员的劳动效率的 2～3 倍。为了增加民兵连成员的集体意识，提高战斗力，村党支部决定从 1966 年起，将青年突击队扩充到 48 人，并吸收一部分女民兵参加。别看是女民兵，可她们一个个是巾帼不让须眉，干起活来个个都像小老虎儿。这时，原来的"青年突击队"的大旗也改成了"穿芳峪硬汉子创业队"，近 50 人的硬汉子创业队拉出去就是一个民兵连。他们走在穿芳峪村的大街上，唱着歌，迈着整齐的步伐，一个个挺胸抬头，威风凛凛，如同军人一样，相当有气魄。村民们看到他们，也为他们的气势所感染、所鼓舞。

在日常工作中，民兵连就是他们"青年之家"，每天出工站队点名，无论哪队有脏活、累活，都是这群姑娘小伙们一马当先。如修路、建挡水坝、深翻地、薅苗、耪地、打荆稍、沤绿肥、起猪圈、收秋、刨玉米秸等，到处都留下了他们的身影。有时起大早收秋，有时顶着月亮深翻地，还有时义务劳动。不论是干什么活，他们总是你争我抢地干，唯恐比别人干得少。

闲暇之时，这些 20 岁左右的青年男女创业队员们有说有笑，个个活泼可爱。民兵连发给他们每人一杆木头做的步枪，邀请当地驻军侦察营教官来指导列队、唱歌、射击，训练刺杀等。每人发一把木制的匕首练习擒拿、练格斗、摔跤等。还统一发放军衣、军帽、腰带。他们打着硬汉子创业队的旗帜，人人都像标准的军人，个个斗志昂扬、威风凛凛。他们白天劳动，夜间训练集合，半夜搜山查敌情。有时还与当地驻军一起联合训练，充分体现了"军民团结一家人"的军民情谊。

全村 48 名创业队员，只要一听广播呼唤或集合号声一响，队员们即要放下手中的事情，保证在 5 分钟内全部集合，一名不缺。集合的速度可与当地驻军相比，真正体现了民兵军事化的战斗作风。

斗酷暑战严寒，一年四季创业队员马不停蹄。春夏秋之季，除在 6 个生产队轮流劳动外，当酷暑难耐之时，还要给大队的荒山上挑水栽松植柏。几年时间，绿化了村里的 500 亩荒山。当寒冬到来之时，创业队员战斗在荒山上开石头，筑挡坝，平整地形，开田造地。几年间开田造地近百亩，建拦洪坝台近万米。村北的大庙沟东坡西坡，小庙沟的里沟，龙泉寺的山顶，高低错落的坝台，就势而下的平整地块，至今依然保留着当年创业队员留下的层层梯田和茂密的松柏林以及拦洪筑坝的成果。

民兵连队的不断发展壮大，为这伙年轻人注入了活力。他们有激情也有歌声。他们利用业余时间搞创收。用创收的资金购置铜鼓、小鼓、洋号、锣鼓家伙等乐器，成立了业余文艺宣传队，在村里演出节目，在公社召开的万人大会上，穿芳峪村民兵连和台头村、果香峪村民兵连一起，比队列比唱歌，看哪个民兵连唱得好，唱得整齐，唱得有力量。在各项综合比赛上，穿芳峪村硬汉子突击队多次被县武装部、公社武装部评为"先进集体""先进民兵连"等光荣称号，各项比武样样第一名。当年硬汉子突击队人员的艰苦创业，为村里的经济发展、为推动全村各业的发展起到了一定的助推作用，给穿芳峪村的后人们留下了十分宝贵的精神和物质财富。

20 世纪 70 年代，民兵连长蔡森由于工作出色，被上级党委转为国家正式干部，调到其他公社担任职务。后来大气候发生变化，各生产队陆续把人撤回，队员逐渐减少。不久，这支曾经生龙活虎的硬汉子突击队也完成了它的历史使命，自然解散了。当年留下的许多功绩，至今仍历历在目。现在仍健在的队员们，都已是古稀之年，每当大家聚在一起回想当年战天斗地的情景时，总有说不完的故事和回忆不尽的滋味。

第十一编

军事

第一章　兵工厂遭围剿

1939 年春，八路军冀东军区十三团文书、半壁山村人刘秀松受军区副司令员包森的指派，回到家乡创建兵工厂。在小穿芳峪西头路北原尹家"兴盛隆酒坊"内，建立了小型兵工厂，招用可靠的抗日志士，生产武器弹药。最先参加的有刘秀松之兄刘秀生、刘秀齐，村民裴占坤、尹廷九和两名妇女（名字不详），兵工厂负责人是郑兰棺材铺的木工王伦（地下党负责人），平时由刘秀松指导技术，教学制炸药、雷管发射器等。在无器械无原料缺技术的情况下，他们白手起家，用从敌人手中缴获的手榴弹作为研发样本，边试验边制造，生产出成批的地雷、手榴弹以及爆破用的炸药包和雷管等。除正式的地雷壳（外地铸）交给野战部队外，发给当地民兵组织的多是石头、高筒茶壶、水瓦罐儿等物件做的地雷，同样威力很大。

当时冀东军区的部队，包括包森带领的十三团和马树奎带领的县大队（民兵基干队），以及各村民兵组织使用的地雷、手榴弹，大部分为该兵工厂所生产。

1940 年 10 月 18 日凌晨，日军包围了兵工厂，未及撤退的刘秀松（详见人物李秀松传）和地下党联络员陈杰被捕，二人受尽酷刑，宁死不屈，壮烈牺牲。

解放战争期间，冀东军区大部队参加解放东北战役，兵工厂停止生产。

第二章　东岭子战斗

1940 年春的一天凌晨，蓟县武工队队长刘继抗率领一个排在小穿芳峪堡全户家吃饭，饭未吃完，村民尹廷九就跑来报告，说来了不少日伪军，在清乡搜查八路军的下落。刘继抗带领着武工队和民兵上了英歌山，派两个民兵到东岭子朝西打枪，引敌人出庄。小穿芳峪村民兵尹中自告奋勇，要求完成这项任务，刘继抗就派他和另一民兵跑到东岭子打枪。几股敌人听到枪声，都聚集到小穿芳峪，日本军官指挥下令向东岭子进攻，一些日伪军像群狼一样扑向东岭子，尹中二人随即向北面的英歌山跑去。日军进入武工队射击范围后，队长刘继抗一声令下"打"！武工队员们一排子弹射出，当即打倒两个日本兵。日军见东岭子有枪声，北山也在射击，找不准还击方向，又见被撂倒了两个士兵，日军指挥官一面下令向东追击，一面命令向北山放掷弹筒炮轰击。刘队长指挥武工队队员迂回到英歌寨南黑龙港应战，来到阵地前沿，在土坎处一阵猛打，日本军官左臂被子弹穿透，一阵乱叫后，日伪军扔下被打死的日军，带着多名伤员跑回小穿芳峪，登上汽车向县城逃去。此役，打死日军一人，打伤多人，我方只一人受伤，取得战斗的胜利。

第三章　攻打日军炮楼

1941年4月，日本侵略军在穿芳峪村中间路北建一个长宽各二丈五尺、高五丈的砖木结构三层炮楼，炮楼驻日军守备队和以汉奸马俊臣（外号马大肚子）为首的40个伪军。他们在村里搞强化治安，将民房的后门全部堵死，大街两头有大门楼和铁丝网，大门是白天开，晚上关。整个村子就像一个大铁桶一样把村民包裹在里面，农民干活到时不回家就被挡在大门外。日伪军平时到各村清乡，搜查八路军，抢东西，烧杀奸淫，无恶不作。

1943年，游击队长刘继抗，在半壁山抗战洞召集抗日积极分子蔡祥、尹廷九、郑清、郑澜、惠占国、王汝全、刘泽、张立芳等开会，讨论上级指示，尽快把穿芳峪据点儿端掉。刘继杭分派郑清、惠占国负责联络人员，配合战斗时伤员转移；郑祥、王清负责烧东大门；芦永顺、蔡永全烧西大门；派一个班，守候在刘秀松家，准备接应；其余战士在响泉园和张立芳家等候命令出击。蔡祥、尹廷九负责联系东西门楼上打更人员定时撤离，配合抱玉米秸子和木柴，堆在大门外边准时烧门。由裴占坤在南山听命令点火烧柴堆。两个门处的瞭望人员，如发现南山火起，就立即点火烧门。大门烧开后，队伍赶到冲进去强攻，以迅雷不及掩耳的速度解决战斗，端掉据点炮楼。一切准备妥当，行动时间定在三星正午。在快到预定时间时，刘继抗派一名战士和尹廷九一起，去南山高坎处看看裴占坤是否坚持岗位，此时裴占坤不时抬眼看三星，确认是否到午夜，突然发现有两个人影向他逼近，估计要么是催他准时点火的队员，要么是日伪军。他屏住呼吸，低声问："谁？"尹廷九答："我！"听到是自己人，裴占坤认为是催他点火，当即引着柴堆，二人欲待阻止，火已燃烧起来。此时，东大门瞭望人员一见南山火起，立即引着玉米秸子，不一会大火烧起。岗楼上日本哨兵喊道：

"喂！什么的干活？"门旁人员答："没事！"转眼间两门火起，日本哨兵发现不对，哇啦哇啦叫喊两声，炮楼上机枪步枪一齐向东西方向扫射。打了一阵子不见回应，才停止射击。

虽然这次攻打炮楼失去战机，进攻部队未按时到达，炮楼没被端掉，但还是把日伪军吓得不轻，龟缩了半个月没敢出巢穴。

附：

无名烈士墓

村域有一无名烈士墓，墓主为抗日战争时期县大队长刘继抗的警卫员，年仅18岁。当时村中正召开抗日会议，他奉命去村东诱引前来"清剿"的日伪军，掩护地下组织开会人员往北撤离，不幸被日伪军击中，壮烈牺牲，被就地安葬。因其入伍时间短，未留下姓名，后被立无名烈士碑。清明或抗日战争纪念日，多有村民和学校师生前来凭吊。

第十二编

人物

　　村志人物编收入古代秀才、举人和节妇等品学优异人士。重点收录抗日战争、解放战争期间为打败日寇和解放全中国牺牲与做出贡献的人物，也收入社会主义建设时期为村经济和文化发展做出不懈努力的各方人士，还包括具有高尚品德、有一技之长的普通村民。附记注重教育和良好家风传承的家庭，以彰显小穿芳峪人总体形象，体现时代价值观和村域特色，进而激发人们为社会、为家乡更加发奋努力，取得更优异的成就。

第一章　人物传

一　尹昊

　　尹昊，字显睿，小穿芳峪人。少年敏慧好学，熟读经史。清嘉庆十五年（1810）庚午科中举，蓟州知州亲送蓝地金字"博文"木匾一块。后此匾悬挂于尹家倒房后门内上楣处。尹昊为村中第一个举人。后任滦县通判，曾因错判命案交印回乡。回乡后，因忧虑过度病故，享年48岁。

二　马氏

　　穿芳峪村尹顺之妻马氏年24岁时夫病故，誓志守节不嫁，抚前房所生孤儿如同己出，克笃妇职，极得公婆欢心。马氏苦节 30 多年，颇受乡里赞誉。光绪二年 (1876)，经吏部尚书兼顺天府尹万青藜题旌，朝廷赐与"清标彤管"匾额。

三　李长印（1858—1925）

李长印，字约斋，蓟州小穿芳峪村人，属清镶蓝旗汉军，庠生。李江之子，王晋之之婿。幼承家训，不乐举业，读书专一，更得王晋之、李树屏、于弼清等人师友助益，学问愈进，能诗善文。他一生积极造福乡里，在赈灾救济、开设学堂、创建报纸、劝督团练、训导警察、整理乡邦文献等方面，颇有建树。刘化风曾评论道："自光绪二十一年乙未（1895）春办理平籴起后，凡此劝办团练、积谷与学堂、警察等公务，与予同舟共济者，盖不下二十年，投合无龃龉，殆和平谐练君子也。"光绪十六年（1890），京畿遭遇大水，李长印曾与李树屏等，不辞劳苦，各方奔走，兴办义仓，筹款放粮，救济困乏，抚慰病危，活人无数。之后，他一直兴办慈善，从事地方救济等。在办学之余，李长印还组织研究会，创办报纸，旨在"开智""聪学""团结"，消除乡民愚昧，以保种强国，并曾校勘刊刻于弼清的《恒斋日记》等。民国十四年（1925）春闰四月，李长印因公务病情加剧，并于同月二十六（6 月 16 日）卒于家，享年六十八岁。刘化风曾作诗二首追悼，其二云："曾上棘围战，其如憎命何。过庭诗礼熟，更事见闻多。缵绪孙知学，遗书架上罗。妙沟溪上路，惆怅怕重过。"

四　李露生（1875—1962）

李露生，穿芳峪村人，"穿芳三隐"之一李树屏之子。二十六岁时，考中秀才。第二年，被玉田老酒烧锅掌柜聘教专馆，主教《四书》。初教蒙学书本。六年后，到板桥镇倪家任塾师。实行新学后，因病辞职回乡，病愈后专心撰写《学叙语》《露生诗草》《杂文记述》和散文，擅长书法绘画。

李露生举止文雅，见人笑容可掬，极有礼貌，特别喜爱孩子，尤善待老幼病残者，乡亲们俱尊称为"李先生"。他对穿芳峪的风土人情、民间故事和人物极为熟悉，常为儿童和村民讲述，每讲声情并茂，深入浅出，引人入胜，令人咂口赞叹他常以《朱子治家格言》《弟子规》训教后代，为晚辈约法五章：（1）遵守家规，以身教克己，带领晚辈做事；（2）全家和睦，互相谅解，文明共事；（3）遵守国法，不准侵扰乡民；（4）孝敬长辈，悌待平等，爱育晚辈；（5）买卖公平，不占便宜，礼待乡民。其子成年后，均恪守家教，本分做人，李家也因此被乡里公认是礼义仁厚之家。1962年，李露生以87岁高龄辞世，是村中最长寿的老人之一。

五　刘秀松

刘秀松，蓟州半壁山村人，共产党员。他年轻时参加八路军冀东军区十三团，任文书，后受军区副司令员包森的指派，回到家乡创建兵工厂。刘秀松回乡后，找到地下党组织负责人，向其传达了包森副司令员的指示。在党组织帮助下，选择小穿芳峪西头路北原尹家时被刘秀生收购的"龙泉酿"酒坊院内，建立了一小型兵工厂，招用可靠的抗日志士当工人。最先参加的有刘秀松之兄刘秀生、刘秀齐，及村民裴占坤、尹廷九和两名妇女。他们白手起家，用从敌人手中缴获的手榴弹作为研发样本，边试验边制造，为冀东军区和当地民兵队伍生产了大批地雷、手榴弹和爆破用的炸药包、雷管。

1940年10月18日凌晨，刘秀松等人还在兵工厂内开会，负责监视敌情的岗哨民兵报告说，有一车鬼子兵快进庄了。刘秀松马上要大家撤向庄西，进入大妙沟躲藏，自己把重要的文件塞入灶膛烧掉后，清理地下烟灰和桌上的茶壶，因未及撤离，被日军抓捕。日军将刘秀松和另一村民陈杰一起押到马兰峪，审问二人十三团在什么地方，一起开会的都是谁，人去哪里了。二人拒不回答，日伪军就动用酷刑拷打，二人仍一声不吭。日军头领便来软的，给二人松绑，摆上酒肉，劝二人说出十三团的下落，共产党都有谁，刘秀松昂然说道："我就是共产党！也是十三团的八路军。什么都知道，就是不告诉你们这群狗娘养的！"日军头领恼羞成怒，下令把二人拉到马兰峪东沙河挑死。刘秀松和陈杰宁死不屈，壮烈牺牲。

六　尹中

尹中，小穿芳峪人，自幼身强力壮，靠做零工维持生活。他当上民兵后，胆大心细，平时站岗放哨，埋地雷，危险工作抢着干，很快当上民兵班长，经常晚上参加割敌人电线和侦查敌情等抗日活动。

1940 年春东岭子战斗中，尹中自告奋勇，引敌人出庄，和另一位民兵跑到东岭子打枪。日伪军听到枪声，扑向东岭子，尹中二人立即向北山跑去。日伪军进入武工队射击范围后，受到我军火力打击，当即有两名日本兵中弹倒地。日军指挥官一面下令向东追剿，又命令向北放掷弹筒小炮轰击，这时，一声枪响打中了尹中的裆部，武工队一位副排长背起尹中，跑到山西一颗大石头后，堵住流血。尹中一手按住伤处，另一支手把枪依托在石头上，待敌人上来时拼命。这时，一个日军和两个伪军正猫腰冲来，尹中瞄准敌人打出一枪，日本兵应声倒下，两个伪军待要救倒地的日军，尹中一枪又打在一个伪军的帽子上，两个伪军见状，扭头就跑。这时，武工队已到阵地前沿，一阵猛打后，日本军官左臂被子弹穿透，疼得哇哇乱叫。日伪军扔下被打死的日军，带着伤员向县城逃去。此役打死日军一人，打伤多人，我方只尹中一人受伤。尹中因作战勇敢机智，立下三等功。

七　张福德（1913—1990）

张福德，穿芳峪村人，共产党员，自幼心灵手巧，年轻时靠制瓦盆为生。抗日时期张福德参加民兵连，任村干部。冀东抗日大暴动时，他在村内负责秘密活动，协助妇联发动妇女做军鞋，军袜，帮助儿童团配合民兵工作，站岗放哨，防奸防特，保护地下党干部。

1942 年春，张德福负责对村中的军用物资进行坚壁清野。一天，村中来了一个假扮货郎的日伪特务，用闲话引诱张福德，询问八路军的下落。张福德警觉地用眼一瞄，发现这"货郎"后腰上有东西，知是手枪，便假意向其身后说："大哥买啥？"乘"货郎"回头之际，手疾眼快的张福德伸手一摸，是一把撸子手枪，立即用左手揪住他的脖领子，右手把枪拔了过来，指着来人大声说："别动！动就打死你。举起手来！"这家伙翻身来抢枪，但没有张福德力气大，被一脚踢到膝盖骨，当即被踢倒。张福德像抓鸡一样，把他拎拽向村"五委会"，交给武工队队长刘继抗。经审问，此人是马伸桥伪军团总李午阶手下的密探，叫刘大河，以做买卖为幌子，来探听八路军的下落。因张福德的机警，不仅县武装干部在村开会没有暴露，还抓到一名特务。机智勇敢的张福德受到上级的表彰和人们的一致称颂。

八　孟宪春

孟宪春，亦名孟生祥，祖籍大巨各庄村，祖辈为州衙营管和培育花木，前后达200余年。清光绪年间，吏部尚书万青藜修建响泉园时，广植树木，要孟家人来管园艺。孟氏后人孟宪春早年用心学练，熟谙植物习性，精于嫁接、培植和养蜂。接管响泉园后，孟宪春致力经营，将花木管理得井井有条，枝繁叶茂。万青藜故去后，其子便把响泉园托给园役孟宪春，孟家便成为了穿芳峪人。

抗战时期，穿芳峪村有多个堡垒户，孟宪春一家被认为是最坚强的堡垒户，是"地下革命工作者的家"。住在响泉园的孟家人全是"革命卫士"，经常掩护党组织在响泉园召开秘密会议，从不问不该问的事，受到党组织的特别信任。一次，地下党负责人和地下武装干部商讨如何端掉穿芳峪日本据点时，伪警备队团长马俊臣和两个随从到响泉园找苹果吃，孟宪春的次子孟庆连发现后，立即跑回家告诉父亲，孟宪春马上通知我方人员，但从正门撤出已来不及了，孟宪春便引地下工作者藏入竹林里的巨石后面，自己出面应酬，为其选摘苹果，以防止他们上树有所发现。三人装满衣袋后，满意地离开了。在孟宪春的机智掩护下，抗日同志得以安全脱身。

在敌人的屠刀面前，孟宪春临危不惧，视死如归，坚守党的秘密。一次，日伪军将村上百名群众抓到街头大槐树下，逼问共产党和八路军的下落。一名日本军官将孟宪春拉出来，以砍头相威胁，孟宪春毫无惧色，一言不发。日伪军将孟宪春和另一村民蔡永红绑起，吊在大树杈下，用马鞭和皮带轮番抽打，边打边问，二人咬紧牙关，一声不吭。这时，隐蔽在英歌寨的武工队队长刘继抗得到情报后，带十多名民兵和几名游击队战士，在山顶边打枪边大声喊杀，日伪军听到枪声和喊声，不明情况，忙跳上汽车向东逃走。抗日战士赶到村里，救下孟宪春和蔡永红二人。

孟宪春常说："我虽不是党员，但我能做一个真正的中国人。"由于对党的忠诚和表现优异，党组织曾多次想发展他入党，他总是说："我不够标准。等我条件合格时再解决不晚，但我绝对能做到维护党的工作。"又说："暂不参加党组织，更便于掩护党的活动。"后随着形势变化，准备发展他入党的干部被调往外地或参加东北解放战争去了，他的组织问题就被搁置下来。

九 张杰（1902—1985）

张杰，字继贤，号燕翁。他从小通读四书五经，品学兼优，后从事乡村教育，不怕辛苦，常年徒步上山，把古庙作教室，教课非常认真。在主课之外，他还讲授《三字经》《弟子规》等，让学生懂礼貌，守规矩。

张杰善书法，学颜习柳，也练其他碑帖。他认为颜体是基础，柳体是骨架。尤其写小楷非常工整潇洒，清秀美丽，笔笔见功力。村里谁家买卖房屋、典卖土地求写文契，或有村官向上级求助写申请及打官司写诉状，都请张杰代笔。过年时为敬祭天地发的大纸、求雨祭烧的黄表（统称"纸纡"），只有张杰会写。晚年编有《张氏家谱》《莺山日记》《家事辑文》等文稿。

抗日战争时期，张杰思想进步，热爱祖国，经常与中共地下县委领导李子光、马力及县大队队长刘继抗等接触，参与抗日活动，为八路军编写识字课本、传单、标语，填写出门用的路条（证明）等，还编写过一段脍炙人口、流传颇广的抗日歌曲。

有一次，英歌寨村张立芳参加半壁山抗战洞中会议被叛徒告密，张立芳被捕，敌人将他押到马伸桥据点，进行严刑拷打，逼问地下党八路军的消息，他始终坚持三个字"不知道"！气急败坏的日本中佐岸岗将全村百姓驱赶到一个提前挖好的几个大坑边上，把张立芳全家十几口人捆绑在坑边，让翻译官向众人说："大家听着，谁知道八路军的下落快说，说出来立即放人，并奖赏大洋两块。如果不说，也和这些人一样活埋！"正当紧急关头，在英歌寨教书的张杰悄悄地离开人群，装作去大便，从青纱帐里跑回穿芳峪通知联络员郑清和郑兰，赶快去果香峪找十三团二营营长张国志求救，一面又急报给小穿芳峪村地下党刘秀松，让他立即去马伸桥警备队找内线。临近中午，敌人正要下手活埋人时，内线王丰赶到，向日本中佐和翻译官说："千万不要误会，老张家都是好人，别听有人瞎说。张立芳更是老老实实的本分人，他不敢与八路军有联系的！"日本中佐对王丰的话犹豫不决，此时北山上数十名八路军高喊"缴枪不杀"的口号，冲下山来，日伪军见状，忙向东遁逃，张立芳一家和村民们得救。这次能够解救村民，张杰的报信起到了重要作用，受到地下党和村民的称颂。

十 张健（1905—1986）

张健，字子安，张杰二弟，自幼长得秀气聪慧。他念过私塾，年轻时在马兰峪一商号学徒，几年后升为掌柜并兼记帐先生，闲时喜练书法，临摹颜柳赵等家碑帖，常有人求写牌匾。

1939年7月14日，日军在马兰峪制造了残杀4名抗日志士的惨案，在场的张健随即找到东大门里卖烧饼的地下联络员翟广路，向他说明情况。翟广路化装后去穿芳峪报告死难者家人，家人趁夜将尸体运回装殓埋葬。地下党为感谢张健和翟广路，分别送给他们200斤小米票和一双军鞋。

新中国成立后，村青年结婚都请张健写喜字、写对联。每逢过年，请他写春联的人数都数不清。50年代，村评剧团幕布绣的"移风易俗""推陈出新"就出自其手。1972年，他还为水力发电站书写"穿芳峪水电站"牌匾。

张健写有自述体《故事缉文》和《马兰峪纪实》文稿。

十一 张伦（1907—1998）

张伦，字全五，张杰三弟，心灵手巧，擅长珠算记账，年轻时在玉田县"玉田老酒"烧锅当外柜。日军占领玉田后，把窖藏多年的大批老酒和新酿酒强掠到唐山、昌黎等据点，烧锅生意被毁，张伦只得去一茶馆当记账先生兼柜台掌柜。新中国成立后，回村里任财粮会计。晚年写下8万字的《六十年的回忆》《贤孝故事》等书稿。

十二 张九龄（1920—1984）

张九龄，别号村樵，自幼聪慧好学，心灵手巧，曾担任村里民校老师、小学教师。他从小喜好文墨绘画，书法以隶书见长，还善楷书、美术字、钢笔字，绘画以画风景、花草、人物为主，用色彩着调匀称，能在美术字、艺术字里画些花草鱼虫等。他为村所作的木雕《毛主席去安源》人物传神，栩栩如生，备受好评。他还喜好吹拉弹唱，识谱，能编写歌词、快板、诗歌等，会唱歌、唱评戏，对笙管笛箫、二胡等民族乐器都能运用自如，在村里成立评剧团时，负责掌鼓板，打武场乐器。

新中国成立后，张九龄在村小车花会乐班负责吹唢呐和竹笙。村花会30个灯笼上的图案（花草、灯谜、美人、山水画）和花会大旗"穿芳峪花会"5个大字，均出自张九龄之手。

晚年的张九龄经常为村文艺队编写唱词、快板和诗歌，为村文化建设和活跃村民生活出力。在穿芳峪村和周边村，流传着不少关于张九龄对事叫真儿、对艺术痴迷的故事。他被称为穿芳峪"三樵"之一，是公认的聪慧、多才多艺的能人、奇人。

十三　张金

张金，穿芳峪村人。1978年，张金被抽调到林区担任护林员，春季在山上种树，夏季栽树，秋季管树，冬季护树。春天他挑水上山种树，夏季借助雨水栽树，还要要看护好树木，防止有牲畜啃树苗，禁止有人上山打柴割草时伤害树苗，特别防止有人上山带火种引起森林火灾。他每天往返15千米，年复一年，日复一日，每天从家里带干粮，坚守在护林岗位近20年，在平凡的岗位做出了不平凡的业绩，受到人们的普遍赞扬。

十四　孟庆忠（1924—2007）

孟庆忠，1943年加入中共蓟县二区区小队（武装工作队），后改编到县大队，成为一名抗日战士。1946年初，加入第四野战部队后开往东北，参加辽沈战役，在战场上加入了中国共产党。1952年，参加抗美援朝战争。援朝期间，立小功12次，二等功2次，一等功1次。1955年回国后复员回家。孟庆忠为人忠厚朴实，善良勤劳，热心助人，经常为村人和学生讲解放战争和抗美援朝战斗的故事，以激励和教育后人。2007年病故，享年80岁。

孟庆忠最为村人称道的不仅是立有多次军功，还有一件幼年的往事一直被人津津乐道。那是在抗日战争时期，年幼的孟庆忠凭着机智勇敢，掩护了地下党的秘密。那一天，几个日伪兵闯入小学所在的响泉园，奔向园内养鱼池西面的竹林，要去砍竹子。竹林是地下党活动和收藏秘密物资的地方，前晚师生们给地下交通站用牛皮纸做成的几大包小信封就藏在竹林里，打算烤干后再打包送出，这些信封一旦被敌人发现，后果不堪设想。在这危急时刻，正在园中上课的孟庆忠灵机一动，对着敌人高喊了一声，"喂！那的竹子不好，我领你们砍好的！"说完，引着日伪军从鱼池东绕到南面去砍高竹子。这一举动，不仅保护了为地下党糊的信封，也保护了几十名师生的性命。这一声吆喝，日后被村里人说成是"一字千金"。

十五　郑济川（1927—2007）

郑济川，原名郑泊，穿芳峪村人，中共党员。早年当过儿童团长，思想进步，积极参加抗日和解放战争工作，曾组织群众学习文化，宣传革命道理。18岁参军，曾在战斗中负伤。新中国成立后，转业到国家农业银行河北分行，先后任调研员、股长、科长、处长、副行长等职。"文化大革命"期间，被打成走资派，后下放到五七干校劳动，1979年落实政策恢复工作，任河北省农业银行行长、党组副书记、中国农村金融协会理事等职，高级经济师职称。1989年离休，被安置在天津市河西区高干小区，2007年8月病故，享年80岁。

十六　梁国全（1930—2014）

梁国全，穿芳峪村人，一生以放牛为生，未曾读书，自幼酷爱画硬笔画，从20岁起就在墙壁上用粉笔绘人物像，在山石块上用石头作笔绘画。画作主要是人物、马匹、牛羊等。所画的人物带有故事性，如穆桂英骑马手握大刀大破天门阵、岳飞手持长枪勇战金兀术、关羽手持大刀斩蔡阳等，均形象生动逼真。他还擅长画皮影戏中的人物，如片、髯、丑等，人物形象各异，造型逼真，画作内容可谓多种多样，各有特色。曾有内行点评说，他的硬笔画功底深厚。其探究精神和作品都值得人们赞赏。

十七　蔡荣贵（1928—2016）

蔡荣贵，别号农樵，穿芳峪"三樵"之一。自幼能写善画，临摹的柳体楷书很见功底。村大街墙体标语、宣传画，大多出自他手。

蔡荣贵还是个劳动能手、巧手，村民建筑砌墙、盖房或打窖、甃井、墩磉等都请他帮忙。砌墙平整牢固，砌各种形状石头摆放恰当，平整如砖墙一样，人见人夸。农活耕种薅锄无一不会，无一不精。改革开放前，曾担任生产队队长和农业技术员，掌握苹果树管理技术，十多年精心管理集体苹果园，创出很好的效益，连年被评为"先进生产者"。

十八　马淑荣（1927—2017）

马淑荣，虽不识字，但自小心地良善，勤劳朴实。嫁入穿芳峪后，与家人相处和睦，勤俭持家；与邻里友善，乐于助人，颇得村民好评。最受人称道的是她照顾难中的义父和孝养本族叔公，成为村里的美谈和学习的榜样。

"文化大革命"期间，马淑荣义父王某是邻村大队书记，挨批斗时，被关在她家对门，马淑荣不避嫌疑，不怕牵累，在家里缺粮少吃的情况下，每天去给义父送饭，使义父和村民极受感动，都称道她心地善良，为人厚道。

她家有一位智力缺陷的族叔公，没儿没女，年老后，村干部让他选和谁生活，他毫不犹豫地说："我就和老二家过（马淑荣丈夫排行第二），她人好心好……"从此，马淑荣承担起赡养这位老人的职责。当时粮食紧张，叔公食量大，每次吃饭，马淑荣都让叔公先吃饱，然后才让自己的孩子们吃，宁可自己和大些的孩子挨些饿，也要照顾好老人。老人生病，她精心细致地伺候。有时老人大便失禁，弄得炕上地上身上都是，她弄盆热水，抱起叔公就洗起来……做到了一个亲生女儿都难以做到的事。

中年后的马淑荣生活在四世同堂之家，对晚辈一直疼爱有加，自己从不挑吃喝穿戴，总是心境澄明，乐观生活。对每一个村里人都热情和善，特别是对那些残疾孤寡的人，更是特别关心照顾，被公认为是最具贤淑美德的女人。邻村认识她的人也说："马老太太真是个好人，天下少找这么好的人！"

2015年，马淑荣被蓟县妇联授予"模范母亲"称号，成为全县10位获评模范母亲之一。马淑荣于2017年5月19日辞世，享年91岁。

十九　郑中迅（1928—2017）

郑中迅，生于1928年，中共党员，先后在半壁山、刘相营小学任教。1947年参加中国人民解放军，历任文工队员、文印组长、师报编辑、政治

部干事、秘书、科长、济南
军区某炮团副政委等，多次
立功受奖。

解放战争时期，参加解
放东北的杨仗子、朝阳、义
西、锦北、营口等大小战役。
辽沈战役后，又参加平津战
役和湘西剿匪。1952 年，参
加抗美援朝，曾在朝鲜新安州
中立国办事处工作。抗美援朝
后，回国在吉林省蛟河县任师
部秘书、科长等职。"文化大
革命"期间，到地方支左，曾
任吉林市《江城日报》社主任。
1975 年，随部队调防山东临沂
市，作为军代表任临沂师范学
校党委副书记。1981 年患脑中
风，1982 年离职休养。

郑中迅赴朝前留影

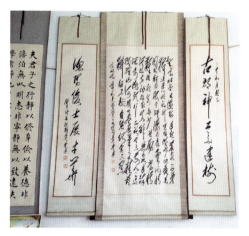

郑中迅书法作品

离休后，郑中讯开始写短文、诗词、练书法，著书立说，出版理论性
书籍《论典型》《心曲》等，在报刊上发表多篇诗词文章和书法作品，军
内外报刊曾多次报道他的事迹，称他为"遨游墨海一愚公"。郑中迅是中
国老年书画研究会会员，山东临沂市老年书画研究会会员，临沂诗词学会
会员。

二十 蔡金霞（1931—2014）

蔡金霞是小穿芳峪一带三里五村都认识的热心人，人们都尊她为"好
大姐"，大家无不敬佩她，夸她是热心肠儿。

蔡大姐年轻时受过接生技术培训，村里谁家生小孩儿，都请她助产接
生。有时遇到难产，她都亲自陪送到医院，守候到小孩生下来，母子平安，

才放心回来休息。有时连饭都顾不上吃，抬腿就走，从不收取报酬，再饿再累也不收礼。每遇主人家想用钱财表示谢意，她只是笑着说"那等喝个喜酒吧"！

几十年中，谁家有个大事小情求她帮忙，她有求必应，自家的事再忙也要放下，先帮助别人，从不图名不求利。她还是位热心的"红娘"，经她撮合的小夫妻有很多对。她还会张罗有白事人家的活计，从为死者装丧衣、入殓及追悼仪式等，都料理得井井有条。年逾古稀后，蔡金霞仍然保持年轻时的达观心态和做人风格，受到村里人的普遍赞扬，大家都夸赞她助人为乐的精神可贵，都说社会上需要更多这样的"好大姐"。

第二章　人物介绍

一　孟庆志

孟庆志，1934 年 10 月出生。幼年时，孟庆志是村儿童团员，在村干部的指导下站岗放哨，查路条，防奸防特，还参加农村抢荒（帮助军属户种地、薅草、间苗）、"拿懒汉"等活动。抗战胜利后，曾帮助驻村司法人员抓回外逃犯人，受到县司法处处长表扬。土地改革时，他和儿童团员一起，通知地主、富农开大会，喊口号，贴标语，站岗，放哨。他还参加村小学广播小组，用纸筒做喇叭宣传《土地法》。1950 年开春，担任民校老师。1952 年 3 月，任学校代课老师。1955 年底，国家实行义务兵役制，孟庆志报名参军，经体检政审合格后，于 1956 年初参加了中国人民解放军，成为村中第一个义务兵战士。

孟庆志与战友合影（1957）

孟庆志

服役期间，他认真学习，踏实肯干，勤奋工作，成绩突出，经常受到首长表扬，并成为一名共产党员。服役期满后，转业到北京通信部门工作。几年后，由于政策变化，孟庆志退职返乡。回村后，担任生产队会计、队长和村大队长多年。在工作中，孟庆志一心为公，勤奋肯干，勇于担当，时刻以共产党员的高标准严格要求自己，为群众作出表率。

1970年，县土产公司与村干部协商加工数十吨红石米。与会者众说不一，大多有畏难情绪，时任小穿芳峪第一生产队会计、大队果树技术员的孟庆志明确表示说："小穿芳峪想试一试。"回村后，生产队长和村干部中有的持怀疑态度，有的不明确支持，孟庆志说："可以先派几个妇女搞点儿样子实验一下。不试一试，怎么知道成功还是失败呢？"他的坚持打动了大家，村里决定组建粉料加工厂，由孟庆志负责红石米的生产。建厂后，在孟庆志的努力下，很快实现机械化作业，并能保质保量地完成县里的订购任务。红石米加工给集体和村民带来了收益，1973年，在本村和邻村购买返销粮困难时，石米厂垫付出资金，帮几个村度过了难关。

20世纪70年代中期，孟庆志积极参与村水利工程建设，刻苦钻研农业技术和果树管理技术，为村农业生产和果树稳产高产付出大量心血。改革开放以后，他带头搞苗木经营，探索山区经济发展和致富门径。

暮年的孟庆志始终保持乐观向上的生活态度，平时看书读报，热心公共事务和调解邻里关系，为村经济和旅游事业发展出力献计，发挥出老共产党员的先锋模范作用。他积极参与村文化建设，写出近十万字的回忆录和穿芳峪历史文化资料，不仅记述了自己数十年的人生经历，保存了小穿芳峪村发展历程的丰富信息，还搜集整理了很多穿芳峪历史人物、事件和传说资料。在本书的编修中，又提供了大量口述资料和多方帮助，做出了突出贡献。

二　郑中和

郑中和，1937年生，别号山樵，中共党员，大专文化，穿芳峪"三樵"之一。郑中和自幼聪颖好学，多才多艺，深受老师和村民器重。1954年，曾任小学民师，参加村夜校扫盲。1955年，参加测绘队工作。1958年起，参与修建于桥水库测量、穿芳峪管区环山渠道测量、小塘坝建设前测量和农业学大寨工程测量等工作。1960年，被评为"县级青年红旗突击手"。多年中，他边测量边施工，参加了修渠挡坝、挖水泉、鳌大井等多个工程。后专一从事农村建筑。他坚持参加天津市管理工程技术培训班学习，学会预决算、工程管理、建筑力学、结构力学，获市科委颁发的土木工程建筑工程师职称。他多次参加中国文物学会举办的古建技术培训，成绩优秀，获"古建技师"证书，是穿芳峪一带著名的测绘师和建筑师，经常为集体和村民设计并指导各种建筑。20世纪70年代，公社抽调他任穿芳峪公社驻天津市建筑总队任技术队长，负责16个建筑分队的技术指导。1981年秋，天津市内修建第一座立交桥——十一经路立交桥时，跨越路中段的工程被穿芳峪公社建筑总队中标承揽，由郑中和负责指导施工。工程验收时，天津市代市长李瑞环为郑中和发立功证书，另发给总队奖旗一面。李瑞环拍着郑中和的肩膀说："农民队能完成这样高难度的工程，了不起！"

1983年，穿芳峪乡调郑中和到乡企业办公室主管规划，协助设计和建设乡服装厂、箱包厂、卫生材料厂、化工厂、卫生院等。1995年，九龙山森林公园聘请他规划设计和测量龙泉洞、小木屋、六角亭和黄花山休闲房等。1997年，受聘北京阳光商贸集团公司，任总工程师。

郑中和1974年担任村果树技术员，1975年被评为"县级先进生产者"，1986年加入中国共产党，1989年、1992年连续两届当选为蓟县党代会代表。1994年，被评为"县优秀党员"和"先进生产者"。

2001年后，郑中和抱病坚持练习书画，专心穿芳峪镇村文史创作，出版

郑中和

有《小穿芳史话》《郑家世系》《穿芳风物》《坎坷岁月》等史记谱牒和传记。为发展当地的旅游业，他又先后撰写《英歌寨简史》《果香峪古建园林考》《半壁山景观析谈》《东井峪生态旅游规划》《穿芳峪园林古建的记述》等论文，并另著有《带数字的常识》和《山樵诗集》等。

三　王玉合

王玉合，1929 年 8月 出 生。1945 年 2月 1 日在河北省玉田县参加 八 路 军，1946 年 至1948 年 间， 参 加 锦 州战役等多次战斗，在战场上双耳震聋，身体多处 轻 伤。1950 年 参 加抗美援朝，负责前线物资 补 给 工 作。1953 年 7月 23 日从朝鲜回国，至今在村生活。

王玉合

四　张文

张文，1952 年生，教师，中共党员，笔名龙泉山人，穿芳峪村人，蓟县书法家协会会员，其书法作品多次参加展览，获 2014 年蓟县书法协会参展优秀作品奖。

五　孟凡全

孟凡全，1964 年 6 月出生，中共党员。改革开放后，孟凡全先后带领村民进城承包绿化工程、投资办工厂、兴办养鸡场、苗圃场。2009 年，孟凡全拆掉原破旧老房，改造成新四合院，率先发展农家院。还投资改东小街土路为水泥路面，扩建过路桥。

2012 年，在党员和村民推举下，孟凡全当选为小穿芳峪村党支部书记。他带领乡亲开始了脱贫致富、建设家乡的乡村振兴之旅。在全面分析考察的基础上，村两委会做出发展乡村旅游的产业定位，确立了壮大集体经济的发展模式。

2014年5月，小穿芳峪成立了集体企业"井田庐景区管理中心"，孟凡全担任法人代表。井田庐践行了三产融合、文化提升的发展理念，在经营上以乡村旅游为主业，将苗木培育作为绿化

孟凡全

手段，助力合作社的发展，挖掘地域优秀传统文化，以文化创意提升旅游产业的竞争力和持续发展力。孟凡全大胆实施乡村旅游的集体管理模式，积极引进先进地区的品牌与合作，逐渐构建起布局合理、成长性强的产业体系，成为实施乡村振兴战略中产业兴旺的践行者。经过几年的努力，小穿芳峪成为天津市有名的旅游特色村。

在企业管理和村务管理中，他耐心做好村民的思想工作，克服农民的短期化趋利思想，引领全村在村庄建设、民宿经营等方面走上健康发展的道路。2015年，中共天津市委授予孟凡全"天津市劳动模范"称号；2016年6月，授予其"优秀共产党员"称号；同年，孟凡全被天津市精神文明建设委员会誉为2016年"天津好人"。2017年被穿芳峪镇党委誉为"优秀党支部书记"。

六　书香门第：张铁龄一家

张铁龄一家祖孙四代重视文化教育，教导后辈以礼教为先，按《弟子规》的标准为人行事，全家通情达理，家庭和睦融洽，与邻里和谐相处，是乡里公认的"书香门第"和"礼义之家"。

铁龄的父辈都有较深的文化素养。老大张杰从小熟读四书五经，知识渊博，经常讲古论今；新中国成立前在富户教专馆，新中国成立后成为人民教师；能写能画，善写诗词。老二张建写得一手好字，在村中经常写牌

匾，曾在店铺当记账先生，逢年过节为邻里写对联，村民尊称为"老先生"。老三张伦年轻时聪慧过人，从小博览群书，曾在外地当"文笔先生"，退职后学会制羊毛毡手艺，做工精巧；晚年撰写两本回忆录，对村情文化多有记载。

张铁龄这辈也全是文化人。大哥张九龄当过教师，吹拉弹唱、写画全能。三哥张祝龄早年任村和农村信用站会计，喜好文艺，曾在村剧团扮演老生，声韵圆润。张铁龄出校门后任会计和村主任，曾在村评剧团任文场二弦。擅书法，写得一手好篆字。幼弟贺龄、春龄也知书达理，春龄对木工理论很有研究，技术精湛。张铁龄的晚辈均是高中以上学历，很多从事文化工作。

七　重教之家：蔡雨林家庭

穿芳峪村蔡雨林家庭，像《三字经》中古蓟州人窦燕山家一样，是个重教且教子有方之家，蔡雨林是个以身作则的好家长，子女们在良好的家教下，刻苦努力，都成为国家的有用人才。

蔡雨林自幼家境贫寒，读过五年书，早年靠小本经营维持生活。成家后，相继生四子两女，生活负担很重，夫妻俩省吃俭用，艰难度日，但不忘引导孩子如何做人、对人讲礼貌，要刻苦读书，求知上进。20世纪六七十年代，因家庭生活困难，六个孩子没有可换洗的衣服，总是晚上脱下来洗干净，烤干后第二天接着穿。在这样的艰苦条件下，孩子们都很懂事，相互关爱体贴，从不争吃争穿，六个子女全部高中毕业，又各自努力拿到大学文凭，工作上都有所成就。长子任天津农业银行行长，次子任镇教委主任，三子供职于北京市民政局，四子任镇农行营业所主任，长女是县财政局干部，幼女是小学教师，他们都在各自岗位上为国家建设出力。

第十三编
专记

创办"小穿论坛"

天津社会科学院依据中办、国办印发的《关于加强中国特色新型智库建设的意见》，开始鼓励科研工作者走出书斋，从党和政府以及经济社会发展的需要出发，以解决现实问题为导向，进行不同以往的实践调查和科学研究。研究人员以蓟州区乡土文化资源的挖掘、保护、开发、利用为对象，开展了《蓟州民间文化的田野调查与挖掘》和《天津地方古籍文献资源的建设、开发及利用》调查研究，发现小穿芳峪等村镇在乡村建设和旅游开发中，许多传统文化资源未被很好利用，在传承文脉科学发展、因地制宜特色发展、创意引领融合发展、政府引导市场运作等方面，尚有较大的作为空间。为挖掘、保护、开发和利用这些资源，研究人员与小穿芳峪村共同成立"小穿芳峪文库"工作委员会和编撰委员会，搜集整理乡贤的珍贵文献，对清人李江《龙泉园集》、王晋之《问青园集》、李树屏《八家村馆集》和《龙泉师友遗稿合编》进行标点、注解、白话翻译等整理工作，汇集成《小穿芳峪艺文汇编》初编、二编，由天津社会科学院出版社出版。汇编对地方文脉传承进行了恢复，填补、丰富了天津文化史和文学史，提供了详尽的穿芳峪园林复建的文献史料和相关信息，为当前的乡村旅游指出了自身特色优势发展的新方向。

一 主旨

本届论坛旨在通过对天津市蓟州区乡村典型案例的研究与实践经验总结，深入挖掘地域优秀传统文化的当代价值，激活沉睡中的历史文化资源，探索乡村优秀传统文化传承与产业开发新模式，解析产业发展和乡村治理环境的优化路径，打造"处处有历史、步步有文化"的特色村落，建设生态、文明的现代美丽乡村，为蓟州区生态环境建设与农业协调发展发挥引领和示范作用。

二 举办论坛

2017 年 9 月 29 ～ 30 日，由天津社会科学院与中共天津市蓟州区委宣传部联合主办，天津社会科学院京津冀及城市群发展研究中心、天津市蓟州区穿芳峪镇人民政府共同承办的"三农"发展高端智库论坛"小穿论坛"在天津市蓟州区穿芳峪镇小穿芳峪村举行。蓟州区委书记于立军发表讲话，向与会人员介绍了蓟州区丰富的自然和历史文化资源及其发展优势，希望以"小穿论坛"为切入点，通过加强与社会科学院的全面合作，深入挖掘蓟州区的历史文化资源，创造推动蓟州发展的丰硕成果。区委副书记金汇江、天津社会科学院院长史瑞杰在论坛开幕式致辞。

论坛开幕式和主旨演讲分别由蓟州区委宣传部长魏继红和院副院长钟会兵主持。蓟州区有关部门负责人和天津社会科学院、市委宣传部研究室、南开大学、天津财经大学、天津工业大学、天津图书馆、人民日报社《中国

会议现场

罗澍伟先生发言

城市报》、北方网、《天津社会科学》、《道德与文明》、《现代财经》等单位的有关领导、专家学者和媒体人士80余人参加了论坛。论坛围绕"挖掘优秀传统文化资源、建设现代生态文明乡村"这一主题，就传统文化的挖掘保护和利用、生态文明乡村建设、农村经济社会发展等议题展开深入探讨。

　　三　论点摘要

　　南开大学教授查洪德提出，天津有数量可观的古代典籍，应该通过整理地方古代典籍，延续地域文脉，增强地域文化自信。并认为，倡导传统文化，应该思考并明确中国传统文化与马克思主义之间的关系，认识这两者的契合点，也必须处理好两者关系，同时，珍惜祖先留下的思想遗产，消除对中国传统思想的一些误解。

　　南开大学教授薛义认为，"乡村文脉"彰显着民间传统文化的精髓，是中国农业大国文明进程中宝贵的生存基因与文化遗产。挖掘凝聚"乡村文脉"的内涵、追溯其本源和形式元素，对于当前迅猛发展的特色小镇、田园综合体的规划建设，对于中国人文与生态观念、文化价值体系的架构重塑意义重大。

康军先生发言

天津市委宣传部研究室原主任李晓敏认为，由于社会环境和自然环境都发生了巨大变化，对历史文化资源的产业化设计利用，就不能简单地仿造再造古迹，要发掘其合理内核，拓展其文化内涵。

天津图书馆研究员康军认为，龙泉诸园是以休闲生活为目的的"乡隐"。穿芳诸园的晚清文人以乡隐生活方式实践京城不可得到的近代文人追求"耕读传家"农本主义思想，体现追崇大自然中实现诗文爱好的闲逸士大夫生活的积极意义。

天津财经大学教授蔡双立以蓟州区渔阳古街为例，指出在古文化街区的传统文化挖掘保护和开发过程中存在的一些问题，如对与千年古蓟州相关的文化资源挖掘不够、古街区过度商业化导致古韵消失、对传统文化资源的开发利用还处于较低层次等。

天津社会科学院研究员王琳认为，推动农村优秀传统文化的活化利用，需要重视对农村文化要素的挖掘与活化利用。农村原有的农耕文化可以演化为现代农耕种植，包括采摘、生态体验等；农村传统风俗可以演化为现代文化风俗活动；农村原有的乡贤文化可演化为现代新儒贤文化；农村原

闫立飞先生发言

有的非遗文化可转化为现代非遗衍生品和非遗活动；原有的农村养生文化可转化为现代养生文化。

天津社会科学院研究员闫立飞认为，蓟州区地方古籍文献具有完整、丰厚和广博的特点，应对蓟州区的这些古籍文献继续进行不同层面的开发和利用，包括扩大文献整理范围、构建平台深度研究、跟进文化普及、旅游开发、培育创建市级和国家级特色小镇。

南开大学教授谢思全认为，未来创意农业品牌化发展的方向主要有五个方面：以农家乐为基础的休闲创意农业、以农业观光园为基础的农事体验创意开发、以古建和乡隐遗存为依托的乡隐文化创意开发、以教育体验为目标的亲子活动基地、以康养产业和房地产业为依托的创意农业开发。

天津社会科学院研究员罗澍伟认为，乡村的重建与复兴，需要发挥乡村的独特禀赋，需要自下而上的内生动力，需要以田园生产、田园生活和田园生态为核心要素，重塑"山水田林人居"和谐共生关系，只有如此，才能促进乡村经济的整体进步，促进承载乡愁记忆、富有传统意境和充满桃源意趣的当代田园乡村的形成。当代田园乡村建设，既是乡村生产、生活方式螺旋式上升后的回归，也是生产、生活、生态三生空间的融合，更是从农业文明、工业文明向生态文明跨越的探索。只有认知古老乡村文明的现代价值和使命，形成有生命力的田园文化和新时代的乡村美学，让历史古村落拥有未来，拥抱未来，才能使我们的城镇化、现代化成为守住中华文化之根的现代化。

《中国城市报》副总编陈柳钦认为，特色小镇是生态文明乡村建设的重要方向。乡村传统文化是推动特色小镇建设的"资本"，是特色小镇创建的鲜明特质，是改善特色小镇产业结构的"助推器"，是提升特色小镇建设水平的"动力源泉"。要把强化文化特色、彰显独特文化魅力贯穿于特色小镇建设全过程，提升特色小镇的文化形象、文化品位。

天津工业大学教授魏亚平认为，农业休闲文化旅游"跨界"融合路径包括三个方面：与创意融合，要创意出新、突出体验。与科技融合，通过"互联网+"，渗透、跨界打造新业态，实现"景观观赏型－表演欣赏型－文化科技体验型"的乡村休闲旅游项目链条升级。与资本融合，推动文化产业与旅游业并购重组，鼓励文化企业上市，发展文化共享经济模式。

天津社会科学院究员王琳研认为，应从三方面提升农村文化休闲旅游品质，一是主题提升，深挖当地历史文化内涵，打造独一无二的乡村文化休闲旅游发展主题；二是做好综合开发，形成可持续的商业运营模式；三是推动综合改革，协调政府、建设运营商、合作伙伴、农民和客户五个方面的核心利益和诉求，形成一体化方案。

天津社会科学院研究员张宝义认为，乡村社会治理过程中，文化的约束、习惯的制约、共同价值的信仰这些对秩序的维持有时比粗暴的管理更有效。要关注传统乡村文化与现代文化的衔接，提取传统乡村文化中的组织性基因，服务于现代乡村社会；加强乡村文化与乡村经济的融合，以集体经济为纽带，促进乡村自治组织的发展。

最后，小穿芳峪村党文部书记孟凡全表态发言，对论坛的举办表示热烈欢迎，对专家学者提出的建设性意见表示衷心的感谢，决心带领全村人在社会各界"强大智力"的支撑下，一定把小穿芳峪建设成为现代生态文明乡村的典范。

小穿芳峪村党支部书记孟凡全发言

人物专访

——小穿芳峪发展历程与未来设想

采访对象：村党支部书记、村委会主任 孟凡全

采　访：村志编写组

采访者：孟书记，您是土生土长的小穿芳峪人，这么多年村子的发展变化是您亲见亲历的。据我们所知，您上任之后，两委班子齐心合力，进行村庄改造，利用得天独厚的环境资源发展旅游业，创建乡野公园，实现了村庄的跨越式发展。从某种意义上说，您是村子面貌改变和旅游业发展的奠基人，在党员干部和群众中享有很高的威望。我们对您的人生经历很感兴趣，请介绍一下您的成长经历。

孟凡全：是的，我是在小穿芳峪出生和长大的。我的成长首先应该说得益于家教，早年我父亲是村干部，母亲善良贤惠，勤俭持家，他们一直教导我们姐弟几个做人要正直、诚实，活在世上不管是何身份地位，要有作为，有担当，帮助身边人，做到滴水之恩涌泉相报。

我十八岁高中毕业后就到了县啤酒厂工作。由于文字功夫比较好，被选为厂办的文员。一段时间后，厂长觉得我社交能力强，就让我当业务员，当时称为"跑外"。这个工种工资待遇高，见世面多，当时是让人羡慕的职业，我欣然接受。

那年我只有十九岁，从未出过远门，可以说这是人生的第一个考验。这期间我学到了课本之外的许多知识，积累了社会经验，领悟了许多人生道理。四年后，我调到镇食品厂，后改为新型建材厂，我仍然当业务员。建材厂的业务广及北京、天津、河北唐山和南方几个省，在与各地人打交道的过程中，我扩展了视野，更新了观念，也积累了许多经商的经验。后

被穿芳峪镇外贸包装厂任命为供销业务经理，厂里和我定了"军令状"，年产值达到60万元才发工资，达不到就辞职。这一年，我辛苦奔走于北京、天津和河北承德等地，拓展业务，当年完成产值80万元，大大超过规定的指标。两年后，指标增加到260万元，我依然如期完成。不仅为厂子创造了效益，个人增加了收入，也由于在联系业务中，注意诚信和真诚待人，结识了不少朋友，为后来的发展打下了一定的人脉基础。

采访者：您就是在这个时期下海经商的吗？

孟凡全：是的，当了三年业务经理后，决定自己下海，承包了亏损的化工厂。初期，是合伙承包，因发生火灾，损失了20多万元。后我独自经营，改为京东橡胶制品厂，贷款17万元，恢复生产。同时为几个厂家供应燃煤，当年不仅收回20万元投资，还挣了20万元，成为日后发展的"第一桶金"。

因化工厂属污染企业，受到政策限制。我于2000年转行，改建益民养殖厂，最高峰时养殖蛋鸡6万只，产蛋均由康师傅方便面和龙凤集团收购。不仅如此，我们还带动周边散养鸡户的销售，不论淡季旺季，附近养鸡户的鸡蛋都由我们收购后，统一销售，解决了这些散养户销售难的问题。后来改成合作社方式，一直干到2004年。

由于我家过去就住在响泉园，祖上有园艺流传，我自小也对园林有情结，加上养殖业市场波动大，2005年开始转型做景观绿化业务，成立了益民园林绿化公司，参与外环线等绿化投标，并成功中标（一段）。绿化公司一直做到今天，这些年中，村中很多人和我一起外出干绿化，村剩余劳力得到消化，收入大幅增加。我和大家和睦相处，建立了很深的感情，这也为我日后当村干部打下了一定的群众基础。

采访者：您是什么时候当选的支部书记？

孟凡全：2009年换届选举时，许多党员就推选我，从票数上也最多，但当时我自感条件还不成熟，心理准备也不足，就没有接受。到2012年换届选举前，觉得年纪也比较大了，日后也要回家发展，说得高调点儿，这时也有了一定的经济基础，也想回报家乡父老了。

采访者：我们听说，您上任时村集体没积累、没收入，这"无米之炊"的"家"是不好当的，那么您是如何开展这"前三脚"工作的呢？

孟凡全：当时的小穿芳峪，应算是各方面都落后的村。周边很多村搞起旅游，有的很红火，经济也上去了，而小穿芳峪一切都是停滞不前，村里到处都脏、乱、差，群众怨声载道。我审时度势，觉得第一步先从整治村容村貌做起，一定要改变环境，为日后发展先打下外在的基础——说一句最朴实的话：要让外人能进得来小穿芳峪村！

没钱确实没法儿办事。但我早已下定决心：就是个人先垫资，也要干！于是我和村主任商量好，由我二人垫资二百多万，重修主街路，整治村落面貌，绿化美化街容，设置景观，让小穿芳峪与美丽如画的周边环境相协调。

采访者：就局外人看来，这投入也是有某种"风险"的，如果村子经济上不去，集体拿不出资金偿还二位。

孟凡全：这肯定想过。当时觉得作为支书也好、村主任也好，首先要有担当，要有自我牺牲精神，只有做出实事来，才能让群众信服。至于能不能收回这笔钱，在内心已不重要了。

经过近两年的整治，小穿芳峪村子面貌大为改观，卫生落后村的帽子摘掉了，我们的目的达到了，我心里特别高兴。

采访者：您施政的第二步是怎么走的？

孟凡全：我多年生活在农村，深知改变群众传统观念、使村民从小农意识中走出，用现代理念充实头脑，进而谋求发展，是当代村干部最重要的职责之一。于是，我们对小穿芳峪的发展进行了长远规划，定位发展旅游村，同时说服群众放开眼界，转变观念，摒弃急功近利的思想，谋划村庄长远可持续发展。我自己向党员群众承诺：如果能连任，期望干三届九年，实施"三部曲"：发展中高端旅游业，壮大集体经济，提高村民收入水平，使村庄实现跨越式发展。达不到目标，辞职让贤。

采访者：接下来实施了哪些举措呢？

孟凡全：最重要的是实行土地流转到村，成立合作社，村民以土地入股，由村统一经营。由合作社每亩每年给承包费不少于 800 元，使村民收益比种地多，而且由我和主任包股，一旦经营亏损，由我二人包赔，确保土地钱到位。

接下来是典范引领，我在自家老宅投资 170 万元建起高标准的旅游民宿，带动起一批农家院的建设。形成一定规模后，我们制定出产业规划，进行配套服务和旅游产业跟进，如制作根雕、打造特色饮食、完善服务设施等。当时定位"一园二景四文化"的发展方向，注重与周边旅游村错位发展，力争"你有我优、你无我有"，特别是根据小穿芳峪的历史文化资源，把隐逸文化作为特色资源，充分进行挖掘整理，还拟建"故事堂"、村史馆，讲小穿芳峪人自己的故事——打造文化品牌，把文化元素揉入旅游中。

另一方面是持续并不断加大旅游资源和设施建设，实施"乡野公园"工程，使旅游资源和村庄面貌都得到了综合提升。工程实施三年来，小穿芳峪更美了，旅游业也更红火了。

采访者：村里很多人说，没有孟凡全就没有今天的小穿芳峪。您怎样看待个人在村庄发展中的作用？

孟凡全：小穿芳峪的发展是大家干出来的，不能归功到我一个人头上。作为村子的领导者，我最深的体会是：所谓领导就是要领着大家往前走，你是要带领着大家向前行的，不是跟在大家后面跑的。虽然你的决策可能引起争议，短期内也许会有人不理解，甚至说这说那，但只要你出自公心，看得准，又经过两委班子集体讨论通过，就要义无反顾地干下去，这样才可能获得成功。

当然，还有很多因素，好的愿望遇上好的政策，遇上了想干事的领导，特别是区、镇领导和天津社会科学院专家都给予了很多帮助，帮助我们选择正确的发展道路，为我们争取政策和资金支持，这些人都是小穿芳峪村发展的"功臣"，我们永远不会忘记，会永远感恩他们。

采访者：请您谈谈对村庄发展的目标是什么？

孟凡全：我曾在大会上讲，我近期的愿望就是十六个字：村民回乡，生态疗养，结构调整，实现梦想。近期目标就是村庄发展后，外出打工的都回家来发展，收入比在外挣得多；把脏乱差的环境改变成生态疗养的安乐之地；结构调整就是通过种植合作社，使原有产业农民职业化——成为新型农民。在小穿芳峪，他们从事的是旅游行业而不再是祖祖辈辈面朝黄土背朝天的农耕劳作。最终的梦想就是大家都能过上富裕的生活。

采访者：太好了！最近农业部部长讲过：乡村振兴的目标就是要让农民的职业成为人们美慕的职业，能致富的职业，成为比城市人收入不低的职业。这与您追求的目标是完全一致的。那么，从更长远的角度上讲，您心目中小穿芳峪的愿景是什么样的呢？

孟凡全：是一个更加富庶、文明、美丽的社会主义新农村，能成为物质和精神文明的典范。这主要反映在两个方面：一是物质繁荣发达的小穿芳峪，一是高度文明和谐的小穿芳峪。就是说村子富裕后，既要有和谐自然的生态文明，又要有高度的社会文明，村民的综合素质大幅度提高，包括改变不良生活习惯，待人有礼，言行文明，讲究公德等各个方面，不仅要让人看到三季有绿有花、处处有景的外在的小穿芳峪，更要让来的人感受扑面而来的文明气息，接触到与景观一样美丽的人，这是我的终极目标。

我们相信，三五年后村中一定会有更大的变化，我们的目标在不远的将来一定能够实现。

附录：小穿芳峪村规民约

为提高全村村民自我管理、自我教育、自我约束力，保障实行村民自治，促进全村的安定团结、经济发展和精神文明建设，根据法律法规和有关规定，结合本村实际，征求村民意见，经村民代表会议审议通过，制定本村规民。

第一章　村民及村组织结构

第一条　凡户口在本村的人均属本村村民，其社会地位一律平等。年满十八周岁的村民，除依照法律被剥夺政治权利的人以外，都有选举权和被选举权。

第二条　村民代表以村民小组为选举单位，由村民小组推选产生，每届任期为三年。

第三条　村民代表会由村民委员会召集，每年不少于两次，听取和审议村民委员会、村经济合作社汇报有关行政管理、农业承包管理、资产经营和企业管理、财务管理等工作报告，讨论决定本村重大事项。

第四条　根据村民会议授权，涉及村民利益的下列事项，村民委员会必须提请村民代表会议审议通过：

（一）本村发展规划和年度工作报告；

（二）本年度财务收支预决算报告；

（三）重大建设项目和大宗开支；

（四）集体资产经营的重大决策及收益情况；

（五）修改和完善村规民约；

（六）其他需要村民代表会议审议通过的重大事项。

第六条　村民委员会在村党支部的领导下开展工作，实行集体领导，分工负责。村民委员会应及时向镇人民政府反映村民的意见、要求和建议，协助镇人民政府完成各项任务。

第七条　村民委员会按上级有关规定建立村务公开制度。公开内容做到真实、及时，村民对公开事项提出的意见应及时予以答复。

第二章　经济合同和企业等方面管理

第八条　股份制合作社和是农村经济的重要组成部分，村民委员会应积极支持其健康发展，并为企业做好协调服务工作。

第九条　村经济合作社和农户每年签订经济承包合同，并严格履行。

第三章　财务管理

第十条　村建立民主理财小组，按月对村的财务收支进行民主理财活动，对原始凭证逐章审查，并将理财情况予以公布。

第十一条　村建立财务预决算制度。

（一）年初对当年的收入、支出、主要资金使用等项目作出预算，编制计划，交村民代表会议审议通过。

（二）年中由村民委员会向村民代表会议汇报半年来财务收支执行情况。必要时，可提请村民代表会议对年初的财务预算做适当的调整。

（三）年终进行收支预算，并在村民代表会议上报告全年收支情况。

（四）各种预领款，领款人须填写领款单，报明用途，经审批后，出纳方可付款。出差回来或业务结束后须在七天内结清。

（五）会计出纳每月结账一次，核对现金和存款。

第四章　土地管理

第十二条　本村土地，除法律规定属国家以外，均属村集体所有。各农户对承包田、自留地、宅基地等土地只有使用权，村内任何组织和个人使用土地，都应经村民委员会同意，按规定办理用地手续，经批准后方可使用。

第十三条　村民建房，必须服从本村规划，并事前写出申请，由村土地管理领导小组审核同意后，方可办理报批手续，须调地的由建房户与土地承包户协商解决，建房前，必须就房屋的宅基，楼层高低等与左邻右舍签好协议，经村土管员放样定桩，才能施工。

第十四条 村进行经济和公益事业建设，需使用农户承包田的农户应积极给予支持和服从。

第十五条 凡发现未经批准擅自建房和不按批准的地点、面积建房的，村民有权向村或上级土管部门汇报，村民委员会应即予以制止施工，并报上级主管部门处理。

第五章 治安管理

第十六条 认真学习有关法律、法规，自觉遵纪守法，用法律武器保护自己，勇于同坏人坏事做斗争，做遵纪守法的公民。

第十七条 树立高度的防范意识，落实好安全防范各项措施，增加自防自治能力。

第十八条 家庭和睦，邻里团结，大事讲原则，小事讲风格，党团员干部要起模范带头作用。

第十九条 村民委员会应认真落实社会治安的综合治理。村民应自觉搞好门户联防，人人关心安全防范。

第二十条 任何人不得以各种借口煽动群众到学校、企业、村民委员会办公地、他人住宅起哄捣乱、寻衅滋事、制造事端、扰乱社会治安秩序。

第二十一条 不拖拿国家、集体、他人财物，不在公路、水域、航道上设置障碍、不损坏、移动指示标志。不得损坏村组道路、排灌渠道，不乱扔杂物，保持排灌畅通、违者进行批评教育、责令其恢复原状或作价赔偿。

第二十二条 提倡村民参加有益的文体活动，反对封建迷信活动。

第二十三条 村民家庭或邻里间发生纠纷，由村调解委员会进行调节。调解不成的，可向镇调解委员会申请调解或向人民法院提起诉讼。

第二十四条 外来人员留宿本村农户或企业的，由农户或企业主报村民委员会，做好外来人口登记及办理暂住证和管理工作。房东或企业发现外来人员有违法犯罪行为或可疑行迹的，应及时报告公安机关。

第六章 教育与卫生

第二十五条 适龄儿童和青少年有依法接受教育的权利和义务，其父母或监护人应保证子女接受九年制义务教育，并积极配合学校和社会做好被监护人的思想品德教育。

第二十六条　绿化植树是全民的义务，村民应自觉爱护树木，无故损坏集体或他人树木的，应补植或作价赔偿。

第二十七条　农户必须自觉搞好家居卫生，垃圾不乱倒，污水不乱泼，农户必须将垃圾倒入指定的垃圾池内。

第二十八条　自觉保持好房屋周边的环境卫生，做到房前屋后无积水、无杂草、无垃圾，确保水渠流水畅通。

第二十九条　不得在村道、主道边搭建违章建筑，堆放废土、乱石、杂物，自觉养路、护路、捐款修路，不得在路道上乱挖排水沟，不得在道路上晒、打农作物，不得在道路上种植作物，侵占路面。

第三十条　每户每月出好一次义务工，主动参与环境卫生清洁的实施管理和监督工作。村卫生清洁员要认真履行清扫管理责任，村民要积极配合卫生清洁员的工作。

第七章　旅游管理

第三十一条　凡在本村行政区域内进行乡村旅游开发建设和经营活动的，均须遵守本办法。

第三十二条　开发乡村旅游，必须符合小穿芳峪村旅游发展总体规划，坚持社会效益、环境效益和经济效益相统一的原则，有利于生态环境保护、文物保护、风景名胜保护。

第三十三条　小穿芳峪村的建筑风格应与小穿芳峪乡野公园风格相适应或与乡村旅游发展相匹配，由天津市井田庐景区管理中心负责监理。

第三十四条　为发展乡村旅游，小穿芳峪村建筑除卧牛山脚下农户可建二层以上建筑，其他农户须服从旅游公司管理只可建一层。

第三十五条　禁止任何单位和个人开发破坏旅游资源和生态环境、有害旅游者身心健康的旅游项目。

第三十六条　举办乡村旅游节庆或者以旅游名义举办的公众咨询、展销、促销、交易会、赛事等各种活动，按照"谁主办，谁负责"的原则，举办方要制订安全保卫方案和应急预案，按照有关规定报批。在相关行政管理部门审批后，要报旅游行政主管部门备案。

第三十七条　旅游公司应当设置区域界限标志、服务设施标志、与小穿芳峪乡野公园风格相适应的游览导向标志和安全警示标志，并在显著位置公示旅游咨询、投诉和救助电话。

第三十八条　旅游公司按照旅游规划、相关规划及等级、星级标准设置游客服务中心、停车场、餐饮、购物、表演、摄影、座椅、公厕、垃圾箱等配套服务设施。禁止擅自在村内摆摊、设点。乡村旅游点及所在村负责规范摆摊设点。

第三十九条　农家院经营者及其从业人员应当参加旅游部门及其他相关部门组织的职业道德、职业技能、相关法律法规政策等培训。农家院经营者应当定期对其从业人员进行旅游职业道德教育和在职岗位专业培训，提高从业人员素质及服务质量。

第四十条　取得星级、等级的农家院，应当按照相应的标准和范围提供服务。禁止违规使用星级、等级标志或者称谓。

第四十一条　本村地域内的企业及外来人员参照本村村规民约执行。

第四十二条　本村村规民约的解释权属于村民委员会。

第四十三条　本村规民约自二〇一四年八月一日起施行。

后 记

终于完成了这本记述小穿芳峪发展脉络的作品，过程中的艰辛和曲折在这一刻都转化成有价值的记忆，融入这部厚重的书稿中。

两年前，我为调研乡村旅游（我的专业研究领域）来到了小穿芳峪村，发现了令人震惊的历史文化遗存，其后迈进了跨学科的调查和研究活动。因为这些来源于农村基层的文化挖掘工作，不仅需要专业知识，还需要社会工作的经验，更需要对"三农"的热爱与贴合，责无旁贷地，无暇顾及自己的本专业，我投入紧张的文史专业学习和研究中。

除了书稿，回望两年的经历，更多的是在交流和碰撞中，对以小穿芳峪为代表的中国新农村有了逐渐深入的了解和理解，对乡村振兴的意义和路径有了更加深刻的认知。

农村的发展还有很多瓶颈，需要我们用耐心、恒心和技巧去突破。本书写作过程中，历史档案资料匮乏，而让村民认识到回忆、整理资料的意义，也是一个曲折的过程。当我在村里失落地散步，几乎灰心放弃的晚上，意外的攀谈聊天，打开了一个村民尘封的记忆，也点燃了我心中希望的火花。

当村民把带着历史痕迹的珍贵照片、古旧物品交给我的时候，我感到了收获的快乐。村民朋友对我工作的接受和配合的过程，其实也是他们对文化保护、文化传承的认知不断提升的过程。这也是我们社科研究人员期盼的结果。

对我的单位——天津社会科学院领导的支持表示感谢！对康军、罗海燕、张殿成等老师的合作表示感谢！对罗澍伟先生的支持和指点表示感谢！向村派助手孟凡河先生道声辛苦！感谢刘学良、张小猛、赵波等村民的配合！

最后，与小穿芳峪村支书、村主任孟凡全大哥握个手！两年来的合作，让我学到了很多，科研能力也有了提高。

祝小穿芳峪村在乡村振兴的道路上勇往直前！祝乡民们的生活更加美好和幸福！

范雅文

2018 年 8 月

图书在版编目（CIP）数据

小穿芳峪发展志略 / 苑雅文，罗海燕著 . -- 北京：
社会科学文献出版社，2018.8
ISBN 978-7-5201-3402-6

Ⅰ . ①小… Ⅱ . ①苑… ②罗… Ⅲ . ①农村经济发展
－概况－蓟州区 Ⅳ . ① F327.214

中国版本图书馆 CIP 数据核字 (2018) 第 205196 号

小穿芳峪发展志略

著　者 / 苑雅文　罗海燕

出 版 人 / 谢寿光
项目统筹 / 杜文婕
责任编辑 / 杜文婕

出　　版 / 社会科学文献出版社·区域发展出版中心（010）59367143
　　　　　　地址：北京市北三环中路甲 29 号院华龙大厦　邮编：100029
　　　　　　网址：http://www.ssap.com.cn
发　　行 / 市场营销中心（010）59367081　59367018
印　　装 / 三河市东方印刷有限公司

规　　格 / 开　本：787mm×1092mm　1/16
　　　　　　印　张：22　字　数：320 千字
版　　次 / 2018 年 8 月第 1 版　2018 年 8 月第 1 次印刷
书　　号 / ISBN 978-7-5201-3402-6
定　　价 / 98.00 元